新たな時代のESD
# サスティナブルな学校を創ろう

世界のホールスクールから学ぶ

永田佳之 ［編著・監訳］
曽我幸代 ［編著・訳］

明石書店

## はじめに

　みなさんは「いい学校」と聞くと、どのような学校を想い浮かべますか。成績のよい学校、校長が優れたリーダーシップを発揮している学校、先生達が生徒思いの学校、いじめのない学校、PTAがしっかりとサポートしている学校、地域との交流が盛んな学校……等々、さまざまな学校が想起されることでしょう。しかし、「持続可能な未来につながる、いい学校はどのような学校ですか？」と問われると、それはどのような学校になるでしょうか。

　このような問いを掲げた場合、その答えは必ずしも成績優秀校であるとは限りません。なぜならば、いくら知識や技能を身につけていても、そういう人たちが自然を守り、人を思いやり、本当の「豊かさ」を大事にしていくとは限らないからです。

　では、気候変動や生物多様性など、持続可能な未来の創造に役立つ知識を授けてくれる学校はどうでしょう。確かに、そうした学校では生徒達は持続可能な社会に関する知識を習得するかもしれません。しかし、それが身についたとしても、実際に持続可能な社会を創造する市民になるとは限らないと言えましょう。残念ながら、環境保護の知識を習得しながらも自然を傷つけてしまう若者はいますし、皮肉なことに、歴史をふり返り見れば、戦争や自然破壊など、持続不可能な状況をつくり上げた人たちは立派な教育を受けてきた知識人が少なくありません。

　本書は、上記の問いを意識して編まれました。ここでお伝えしたい「いい学校」とは、教室の中で自然を慈しむことや気候変動の科学的知識を教えることのみならず、学校全体で持続可能な未来につながる実践をしている共同体です。「実践をしている」と記しましたが、より正確に言えば、学校のあり方そのものが持続可能な学校です。そうした学校とは、子ども達が教室で習ったことが、校内のどこを見ても、矛盾なく体現されているような生活共同体です。具体的には、物を大切にし、人をケアし、節水・節電をし、エネルギーを自ら生み出し、

校内の食べ物は健康的で、自ら作るか地産地消であり、未来の担い手である子どもも学校の方針に関する意思決定に本格的に関わる……というような学校をイメージしています。本書では、このような学校を「サスティナブル・スクール」と称し、それを達成するアプローチを「ホールスクール・アプローチ」と呼びます。

　実際に、こうした構想は、国連や国家（例えば、本文で紹介するイギリス）のイニシアティブによっても実現されようとしてきました。その代表的な教育運動が「国連ESD（持続可能な開発のための教育）の10年（2005-2014年）」でした。ただし、10年をかけて試みてきたものの、なかなか達成できなかった課題として、「ホールスクール」（学校まるごとESD）があげられます。このことは、「10年」の最終年に採択された「あいち・なごや宣言」にも記されていることや、後継プログラムであるグローバル・アクション・プログラム（GAP）の優先的行動領域として指定されていることから、世界的な課題であることがわかります。

　本文でも紹介するホールスクールに関する国際的な決議文は、ESDを実践しようとしても、大抵は授業による試みに、それも総合的な学習の時間のような限られた教科での試みに終始し、教室の外には広がらなかったという問題に各国が直面していたことの裏返しとして捉えることができます。ホールスクール、つまり学校全体でESDにチャレンジしようとすることは、世界的に見ても学校教育の最先端の課題なのです。

　なかなか手強い課題ですが、本書ではそれに応えるために、国内外で培われてきたさまざまなツールについて述べ、実際にホールスクールやホールコミュニティを実践している事例も紹介していきます。また、イギリスで試みられたホールスクールの体系的な理論の翻訳も盛り込んでいます。ESDは2019年のユネスコ総会及び国連総会にてSDGs（持続可能な開発目標）を実現させる教育として決議され、'ESD for 2030'という新しい国際的な枠組みが始動しました。本書に盛りこんだ知見が新たな時代のESDを創っていく一助となれば、幸いです。

# 序

　ここに一枚の絵があります。一目瞭然、すぐに学校であるとわかるのですが、そこにはいろいろな要素が散りばめられています。個々のディテールもさることながら、全体を鳥瞰すると、楽しそうな雰囲気が醸し出されていて、どこか希望に満ちあふれた空間です[1]。

　実は、この絵、トニー・ブレア政権時代（1997-2007）にイギリスの民間組織によって作成された絵なのです。ブレア首相（当時）は「政府の３つの優先課題をあげれば、教育、教育、教育である」という演説で教育をこの上なく重視した首相として知られています。市場と個人を強調した首相であるサッチャーと異なり、寛容な精神をもつ市民の育成と地域社会の持続可能性に着眼

出典）Suschoolホームページ＜http://www.suschool.org.uk/＞（© The Alternative Technology Center's SUSchool project）

したブレアが在任期間中に推進した構想として「サスティナブル・スクール」があげられます。2020年までに英国全土の学校をサスティナブル・スクールとし、持続可能なコミュニティのコア（核）にするという構想です。この絵には、よく見ると、71の持続可能性(サスティナビリティィ)が描かれています。紙のリサイクルから地産のヘルシー食品まで、その一つひとつは実にユニークです。

この絵は、気候変動や生物多様性の喪失という地球規模の課題から、若者の道徳低下という当時のイギリスが抱えていた地域社会の問題まで、持続不可能性の様相を帯びて久しい現代社会を、どうしたら持続可能にしていけるのだろうと考えた末に生まれた希望の絵だと言えます。

当時、ブレア首相みずから次のように語っています[(2)]。

「持続可能な開発」はただ単に教室内での教科でおさまるものではありません。それは、学校が煉瓦やモルタルなどをいかに使用しているのか、さらには学校がどのように自分でエネルギーを生み出しているのかに見出されるのです。私たちの生徒は単に持続可能な開発が何かなどと告げられるようなことはないでしょう。彼らはそれを実際に目にし、その中で活動するのです。それこそ、持続可能なライフスタイルが何を意味するのかを探求できるような暮らしや学びの場だと言えましょう。

（トニー・ブレア首相、2004年9月、翻訳筆者）

「持続可能な開発」はどこか捉えどころのない概念かもしれません。一般的には、社会全般について、特に環境破壊や世界同時不況など、持続不可能な様相を帯びるようになった現代社会について言われる概念です。ここでは、私たちの社会が持続可能になるように、教科の中で子ども達にその重要性を教えることのみならず、学校そのものを持続可能な共同体として変容させ、子ども達が心身で持続可能性の意味を感じ入るような学校にしていこうと、首相みずから述べているのです。つまり、持続可能な社会を具現化したモデルとして、学校コミュニティを捉え直す構想です。

この考えは、イギリスでも公立学校は全国に隈なく存在しますから、うまく実現されれば、国全体が持続可能な地域社会から構成されるという一大構想で

した。しかも、実に手堅い。詳しくは、本文で説明をしますが、構想が「夢物語」に終わらないように、後述する「8つの扉」を設けていたり、自己評価・採点できるように工夫されていたり、実現に向けた精緻な裏打ちがなされています。

　しかし、この国家構想は、残念ながら、ブレア政権の交替を契機に文字どおり夢物語として消えてしまいました。当時、世界各地で実践されているESDをモニターし、評価するユネスコ本部の専門家会合に所属していた筆者（永田）は各国の専門家仲間とともに、道半ばで途絶えたこの構想を「幻の構想」と呼び、残念に思っていました。実際に、この国家構想の頓挫はイギリス国内でも惜しまれ、新たな政権が異なる教育政策を打ち出した際、サスティナブル・スクール構想を維持するように訴える嘆願書が国内外に出回ったほどです。

　高等教育におけるESDが専門のスティーブン・スターリン氏（英国プリマス大学教授（当時））は「こうした不幸が起きたのは、サスティナブルな教育を支える政府のほうが持続可能ではなかったから。持続可能な社会には良質なガバナンスが持続することも大切だ」[3]と述べています。

　しばらくして、これを「夢物語」に終わらせてはならないと筆者も思うに至り、日本でも同様の構想ができないものかと可能性を探るようになりました。しかも、イギリスの構想を批判的に見ることにより、日本の文脈により適合した構想ができるのではないかと思ったのです。いろいろ調べてみると、イギリスの例のみならず、他国や国連においても同様の試みがなされつつあることを知るに至りました。持続可能な社会形成と教育との関係について建設的な議論がなされてきた欧米諸国では、例えば学校での活動が持続可能な未来につながるような活動をしているか否かをチェックするためのツールが開発されてきていたのです[4]。

　本書は、一つひとつの構想を紹介するのではなく、海外で開発された多様な構想や評価ツールを吟味し、日本の学校が、そして学校を取り巻く地域社会がより持続的になるように、日本の文脈に相応しい評価ツールを読者のみなさんと考える契機にしたいという願いのもとに、生まれました。

　第Ⅰ部では、本書のメインテーマであるサスティナブル・スクールに関する基本的な用語を解説します。イギリスの「サスティナブル・スクール」をはじめ、海外における持続可能な学校づくりに関する理論や手法を紹介しながら、

学校全体で持続可能な未来への取り組みを行うホールスクール・アプローチについて概説をします。また、実際にホールスクールで実践している学校を内外の事例をもって紹介します。第Ⅱ部では、世界的に見ても最も体系的に作られたサスティナブル・スクールの評価手法であるサスティナブル・スクール自己評価ツールを翻訳・解説します。さらにサスティナブルな学校づくりのための枠組み（ナショナル・フレームワーク）と指標（パフォーマンス・マトリックス）、ワークショップ・ツールである「サスティナブル・スクール計画」、サスティナブル・スクールの影響力を裏づける資料"Evidence of Impact of Sustainable Schools（DCSF, 2010）"の和訳を掲載しました。本書の主な担当は、第Ⅰ部第1章・第2章2節・第Ⅱ部第1章が曽我編著、第Ⅰ部第2章1・3節、第3章が永田編著、第Ⅱ部が曽我訳、永田監訳です。

　各章に掲載した理論や実践が、愉(たの)しい学校づくりの、ひいては日本社会がより持続可能になるための一助となれば、この上ない喜びです。

【注】
(1) Suschool ホームページ〈http://www.suschool.org.uk/〉より（2009年12月7日参照）。
(2) SEEd　ホームページ〈www.se-ed.co.uk/edu/〉より（2014年9月8日参照）。
(3) 筆者（永田）によるユネスコ本部でのインタビュー（2016年6月30日）。
(4) 永田佳之・曽我幸代（2015）「ポスト『国連持続可能な開発のための教育の10年』におけるESDのモニタリング・評価の課題：国内外の評価枠組みに関する批判的検討」聖心女子大学『聖心女子大学論叢』第124集、pp.53-99.

# 目　次

はじめに………………………………………………………………………………3
序………………………………………………………………………………………5

## 第Ⅰ部　サスティナブルな学校とは

### 第1章　ESDは学校を元気にする！　14

1．ESDとは……………………………………………………………………14
2．ESDとホールスクール・アプローチ……………………………………20
3．サスティナブルな学校とは………………………………………………23

### 第2章　ホールスクールとは　29

1．「10年」をふり返る…………………………………………………………29
　　1．「あいち・なごや宣言」29
　　2．理解困難だったESD　31
　　3．ESDはいかに紹介されてきたか　33
　　4．ESD構成図の落とし穴　35
2．海外におけるホールスクール・アプローチ……………………………39
　　1．南オーストラリア州のサスティナブル・スクールのための枠組み　39
　　2．ニュージーランドのEfSの枠組み　49
　　3．ユネスコによる「ESDレンズ」56
3．ホールスクール・アプローチの特徴……………………………………64
　　1．「断片化」しないための学校づくり　64
　　2．ホールスクールの特徴　66
　　3．20世紀型学校計画から21世紀型学校デザインへ　72

## 第3章　ホールスクールの実際　78

1．私立学校での取り組み
　　――自由学園のホールスクール……………………………………… 78
2．公立校での取り組み（海外①）
　　――クリスピン・スクールのホールスクール………………………… 83
3．公立校での取り組み（海外②）
　　――アシュレイ・スクールのホールスクール………………………… 87
　　1．ハーモニーの教育　88
　　2．学校と地域の変容をもたらした子ども達　89
　　3．カリキュラム全体に埋め込まれたサスティナビリティ　92
　　4．これからの可能性　93
4．公立校での取り組み（国内）
　　――永田台小学校のサスティナブル・スクール・マップ…………… 93
　　1．「生ゴミワーストワン脱出大作戦」～地域を持続可能にしていく子ども達～　94
　　2．サスティナブル・マップ　96
　　3．変容の好循環　97
5．NPO法人による取り組み（国内）
　　――フリースペースたまりば……………………………………………100
　　1．フリースペース誕生の背景　100
　　2．〈いのち〉に制度を引きつけるということ　102
　　3．フリースペースでの学び　104
6．国内外のホールスクール事例のまとめ……………………………………105

## 第Ⅱ部　サスティナブルな学校づくりのために

### 第1章　サスティナブルな学校づくりのための枠組みとその使い方　113

イギリスのサスティナブル・スクール自己評価ツールの解説……………113

### 第2章　自己評価ツール　123

サスティナブル・スクールのためのナショナル・フレームワーク…………200
s3　パフォーマンス・マトリックス…………………………………………203

### 第3章　ホールスクールのためのワークショップ・ツール　212

### 第4章　サスティナブル・スクールが与える影響を裏づけるエビデンス　297

1. 学校を改善する——若者の学びとウェルビーイングを高める……………298
2. 若者の学びの経験を統合する………………………………………………301
3. 若者の参加を促す……………………………………………………………303
4. 学校、コミュニティ、家庭生活に貢献する………………………………305
5. サスティナビリティの実践をモデリングし、検討して、計画する……308

おわりに…………………………………………………………………………316
編著・訳者紹介…………………………………………………………………318

# 第Ⅰ部
# サスティナブルな学校とは

# 第1章　ESDは学校を元気にする！

ここでは、本書を貫くキーワードであるESDとホールスクール・アプローチについて概説します。その上で、本書のタイトルにもある「サスティナブルな学校」とはどのような学校を指すのかについて説明します。

## 1．ESDとは

ESDはEducation for Sustainable Developmentの頭文字をとった言葉で、「持続可能な開発のための教育」または「持続可能な発展のための教育」という日本語訳が使われています。Developmentの訳語に「開発」か「発展」かのどちらを用いるかは使う人によって異なりますが、本書ではより一般的に使われている「開発」を用います。

ESDの始まりは地球サミット（1992年）[1]で合意された「アジェンダ21」[2]であると言われています。国際的な文書に初めてその名前が登場したのが、その第36章です。持続可能な開発のためには、すなわち、環境問題と開発問題両方の解決に向けて取り組むためには、教育が必要であるということが確認されたのです。それがESDでした。10年後のヨハネスブルグ・サミット（2002年）[3]でその重要性が再確認されました。それを受けて同年12月の国連総会で2005年からの10年間を「国連ESDの10年」（以下、「10年」）と定めること、またESDの認識および実践を広げていくことが決まりました。

ESDの訳語、すなわち「持続可能な開発のための教育」という言葉からもわかるように、この前提にあるのは持続不可能な社会です。私たちは現在、気候変動による異常気象、環境破壊、戦争、テロ、貧困、他者への差別や偏見、金融危機、地域文化の喪失といったさまざまな問題に直面しています。こうした危機的な事態を引き起こしている原因はどこにあるでしょう。私たちには関係のないところで起きているのでしょうか？　遠

いどこかに住む誰かによるものなのでしょうか？

　いいえ、そうではありません。実は、私たち一人ひとりに関わる問題なのです。「10年」の前半期の半ばに開かれた国際会議で、そのことが指摘されました。インドのアーメダバードで開催された第4回国際環境教育会議（2007年）で採択された「アーメダバード宣言」[4]の一部をここで紹介します。

　　人間の生産と消費はこれまでにも増して止め処を知りません。そのために、地球上の生命を維持しているシステムは急速にむしばまれ、生きとし生けるものの命が輝く可能性も消失しています。ある人々にとっては許容範囲であると当然視されている生活の質も、他の人々にとっては権利の収奪に等しいことも珍しくありません。裕福なものと貧しいものとの格差は開く一方です。気候変動、生物多様性の喪失、健康を脅かす危機の増大、そして貧困。これらが示唆するのは、持続不可能な開発モデルとライフスタイルです。持続可能な未来に向けたオルタナティブなモデルとビジョンは確かに存在し、それらを現実のものとする迅速な行動が求められています。
　　　　　　　　　　　　　　（ICEE, 2007＝2008: 225、傍点、筆者）

　こうした問題は経済や政治に関わるものであり、私たち一人ひとりには関係のない他人事として捉えてしまうかもしれません。しかし、それが私たち一人ひとりにも関わる問題であることが示されたのです。ライフスタイル、すなわち、私たちの暮らしや営みに関係するのです。

　私たち人間はより便利に、そして豊かに生活するために、科学技術の進歩を重ね、経済成長を遂げ、社会を発展させてきました。私たちの生活は近代科学技術の発展なくしては語れません。けれども、こうした成長モデルがすべてうまくいくとは限らないことは言うまでもありません。環境問題や地域紛争、グローバル企業による経済開発のように、遠く離れたところで起きている出来事がいつの間にか手遅れになるほど深刻化しています。経済格差が情報、医療、教育、福祉などさまざまな領域でさらなる格差を招いています。異常気象による被害は世界各地で報告されています。こうした問題を他人事ではない自分事として捉え、「持続不可能な開発モデルとライフスタイル」を持続可能なもの

にするために、私たちに何ができるのかを考えなければなりません。一人ひとりの暮らしや営みの中に持続可能な開発を取り入れていくことが求められています。

　では、持続可能性とはどういうことでしょうか。この言葉からイメージできることは、単に「継続すること」と受け取れるかもしれません。この言葉には２つの意味があると説かれています（菊地、2006: 190）。一つは「浅い持続可能性」です。他者に対する差別や偏見などがあっても「状況が破綻していないこと（継続できること）」を意味します。もう一つは「深い持続可能性」です。持続可能性とは本来「支持するに値する」（sustain-able）という意味であることを踏まえ、「単に続けばよいというものではなく、『ほんとうに価値ある姿（尊敬に値するありよう）』であるかどうかを一人ひとりが批判的・反省的に見定めることが求められる」とされます。持続可能性とは、物事の本質を捉えることと言えるでしょう。またそれは、私たち一人ひとりの「いのち」や「生」に関わっていると考えます。

　経済成長が優先される開発モデルでは、時に人は機械や道具のように見なされ扱われます。ある組織や集団の維持や存続が優先され、その中にいる一人ひとりの存在、すなわち個々の「生」が見えにくくなっている社会がつくられてきたように思われます。環境問題や社会問題の渦中にいるのは、＜いのちの次元＞で悩み苦しんでいる人であり、絶滅の危機に瀕する幾多の生き物です。単に続けばよいという社会づくりでは、「ほんとうに価値ある姿」が評価されず、一部の人が描く利害／関心に合わせ、状況を継続させるために必要なものが強調されます。

　開発モデルやライフスタイルを変えるためには、私たちの考え方や価値観を変えることが求められます。先に紹介した「アーメダバード宣言」内でESDは「変容をもたらすために極めて重要です」と説かれました。換言すれば、ESDはマインドセットへの挑戦です。持続不可能性から「深い持続可能性」に向けて、私たちの考え方や価値観、行動を変えることが求められています。その原動力となるのが教育であり、ESDです。

　「変容」、それは内側からの変化を意味します。卵から幼虫へ、さなぎになり、そして蝶になるように、種から木へ、そこにりんごの実がなるように、外から

の影響を受けながら、生きとし生けるものは形を変え、成長していきます。もちろん、人間も同じです。子どもがさまざまな関わりの中で成長し、大人になっていくように、私たちは日々変容のプロセスを歩んでいます。

　こうした個々の変容が、これまでの社会の成長モデルを持続させる方向性とリンクしたままでよいのかが今、問われているのです。「10年」の主導機関であったユネスコ（2005：6）は「10年」のビジョンに「すべての人々が教育を受け、持続可能な未来や積極的な社会変容に求められる価値観や行動、ライフスタイルを学べる機会のある世界」を掲げました。「持続可能な未来や積極的な社会変容」が目指されたのです。すなわち、これまでのあり方を一度立ち止まって考え直す必要があること、そして改めて「持続可能な未来」とはどのような社会であるのかを想像することが求められたのです。そのために「教育と学習のあらゆる側面に持続可能な開発の原則と価値観、実践を統合させる」（同上）ことを「10年」の目標として、教育と社会、学びと日常、そして理論と実践をつなげ直す試みが始まったのです。これに向けたアプローチとして、ユネスコはESDの特徴を7つ示しました（図表1-1参照）。

図表1-1　ESDの7つの特徴

| 項　目 | 内　容 |
| --- | --- |
| 学際的・ホリスティックであること | 個々の教科としてではなく、全教育課程の中に埋め込まれた持続可能な開発のための学びである。 |
| 価値志向性 | 当たり前と思っていることや習慣を問い直す。 |
| 批判的思考と問題解決 | 正解のない問いに向き合い、考え、取り組む。 |
| 多様な方法 | 一方向的な講義だけでなく、ことば、アート、演劇、ディベート、体験学習などさまざまな方法を通して、学びのプロセスをつくる。 |
| 参加型意思決定 | 学習者が、さまざまな意思決定のプロセスに参加する。 |
| 適用可能性 | 学びを通して日常の私生活と職業をつなげる。 |
| 地域との関連性 | 学習者が「言葉」を共有して、グローバルな諸問題と同じように地域的な問題にも取り組む。 |

出典）UNESCO（2006: 17）をもとに作成。

教科によって分断された知識や思考、価値観につながりをもたらすために、カリキュラムやプログラム全体に持続可能な開発のための学びを埋め込むこと（学際的・ホリスティック）、当然視される価値観や規範、習慣を一度立ち止まって捉え直し、どのような価値観が今求められているのかをその理由とともに検討すること（価値志向性）、グローバルな諸課題を多角的に捉え、その複雑性や不確実性に向き合いながら、どのようなアプローチが求められているのかを考えること（批判的思考と問題解決）、学習者への一方向的な知識伝達に加えて、ことばや音、身体などに注目したり、アート、演劇、ディベート、体験学習などの手法を用いたりすること（多様な方法）、学習者自身が主体的に関われるよう教育環境の改善に努め、さまざまな意思決定に参加できること（参加型意思決定）、学びが日々の暮らしや営みにつながっていること（適用可能性）、グローバルな課題が地域課題にいかにリンクしているのか、また持続可能な開発自体が何であるのかについて地域で捉え直して自分自身に引きつけながら考えること（地域との関連性）が特徴としてあげられました。

　ESDはその名のとおり、最初の文字のEがEducationの頭文字であることから、教育です。人と人が、人と自然が、また人間自身が自分自身とつながり直す教育と捉えることができます。教育があたかも学校教育と同義であるかのように、その場を学校に限られる印象が強いですが、ESDの範囲は学校にとどまりません。「10年」の枠組みを示した実施計画には「ESDはいかなる生活状況であっても、すべての人のためにある。したがって、それは生涯学習の視点をもち、フォーマル・ノンフォーマル・インフォーマルといった、幼児から大人までの考えられるすべての学びの場に関わる」とあります。ESDが家庭や地域社会、企業、官庁などさまざまな場における学びに関係していることがここからわかります。学びの場がつくられるところにおいて、上記の7つを意識しながら、ESDに取り組みます。

　繰り返しになりますが、ESDでは教育を通して、一人ひとりが考え方や行動、暮らし方を変え、社会を変えていくことが目指されています。このことは「10年」の後半期に特に強調されました。「自分自身と社会を変容させるための学び（learning to transform oneself and society）」[5]がESDを特徴づける一つであると示されたことは注目すべき点です。さらに次の章で詳述しま

すが、「10年」の最終年会合で採択された「あいち・なごや宣言」（UNESCO、2014）においても、ESDは「学習者自身及び学習者が暮らす社会を変容させる力を与える」と説かれました。こうしたことからも、ESDにおいて「変容」が鍵となることがわかります。

　持続不可能な状況を持続可能にするために、教育がどう貢献できるのかが問われました[6]。これまでの成長モデルを支えることに教育が関与してきたことを顧み、「深い持続可能性」にシフトするなら、教育自体も変わる必要があります。ユネスコは「10年」が始まる頃、そのことを指摘しました（UNESCO、2005：27、2006：6）。持続可能性の中核となるのは教育であり、教育システム自体の改革が必要である、と。このことがどれだけ当初から共有されていたかは懐疑的にならざるを得ませんが、「10年」をふり返る今、改めてこの点の重要性を受け止め、教育のあり方を考えていく必要があるように思います。

　ESDに取り組む目的の一つに「既存の教育プログラムの新たな方向づけ」とあります[7]。これまでの教育活動が何のために、またなぜなされてきたのかを捉え直すときと言えるでしょう。「新たな方向づけ（reorientation）」のためには、その方向性を確認しなければなりません。しかし、それは誰かが具体的に示してくれるわけではありません。誰かの後ろを追うわけでもありません。ユネスコは「10年」のビジョンにただ「持続可能な未来」と「積極的な社会変容」という2つの言葉を加えただけでした。その具体性については私たちが問いながら、見出していかなければなりません。そのためにどのような教育を創っていきたいのかも改めて考えていくことが求められています。こうした特徴をもつESDはビジョン志向の教育とも言えるでしょう。

　けれどもここで確認しておかなければならないのは、ESDは社会を変えることが優先される教育ではないということです。社会を変えるためには、まずはその社会に生きる一人ひとりが変わらなければなりません。描くビジョンの中に子どもや若者がどのように描かれているのでしょう。私たちは目の前にいる子どもや若者が自身の持続可能な未来を描けるように教育を通して働きかけます。彼／彼女らの置かれている〈いま・ここ〉と照らし合わせながら、「何が子どもの全人的な発達のために適しているかを注意深く考えて、学びの環境をデザインしていくこと」（日本ホリスティック教育協会、2008：220）が

求められています。個々人の学びや成長と社会変容とをつなぐための教育がESDです。

個々人の変容が社会変容につながるというプロセスの形成およびそこへの関与を勧めたのが「10年」であったと言えます。国内においては、社会変容が強調された「10年」でした。ポスト「10年」において、一人ひとりの自己変容と社会変容とのつながりを意識し、これまで積み重ねてきた実践が一人ひとりの暮らしや日頃のふるまいにどのように関わるのかを捉え直していくこと、また自己変容がもたらされる教育環境とはどのような場であるのかについて持続可能な開発の視点や先にあげた「7つの特徴」を鏡にして考えていくことが求められています。

## 2. ESDとホールスクール・アプローチ

ここではESDに取り組むアプローチの一つであるホールスクール・アプローチを紹介します。その具体的な特徴については第2章で詳述しますが、なぜそれが必要とされるのかを「10年」および後述するGAP（グローバル・アクション・プログラム）の特徴から捉えます。

「10年」における国内の実践をふり返ると、その目標に記された「社会変容に求められる価値観・行動・ライフスタイルを学ぶ機会」はつくられましたが、それらが日常に浸透するまでには至らなかったと言えます。正解のように示される「持続可能な社会像」や「暮らし方」が知識として伝えられても、それらを日常の暮らしや営みに反映させなければ、持続可能な社会づくりにはつながりません。いかに持続可能な開発を日常にしみ込ませるのかが今後の課題と言えます。ゴミ拾いや地域の人々との交流などの場をイベントや行事で設けたり、持続可能な開発に関わる内容を教育活動の中に組み込んだりして、ESDが外発的に展開されることもありました。こうした場での学びをいかに日々の中に位置づけ、環境保全や社会的公正につながる考え方やふるまいを身につけ、新たな習慣として実体化していくのかがこれからの挑戦です。学習者の、また教育者の日常が問われています。個々人の自己変容を通した社会変容を実現させるには、一人ひとりが自らの暮らしや営みを見直すとともに、それらの根っこ

にある私たち一人ひとりの価値観や考え方を問い直す必要があるのです。

　図表1-1で示したESDの特徴の一つに「適用可能性（applicability）」があります。それは学びを日常に適用させ、学びと暮らしをつなげる特性を示します。授業、および授業外の時間からなる学校生活全体を通して、持続可能な開発に関わる学びが実生活に反映されているのかを問います。

　こうした「10年」の課題は2015年以降にも引き継がれました。そのフォローアップ・プログラムとして始まったGAPで、ESDは包括的につながり合い、関わり合う「ホリスティック」な特徴をもち、変容をもたらす教育であると記されました。またその優先行動領域の2つ目には「学習および研修環境の変容」[8]があげられ、持続可能な開発を説明したり、教えたりするだけではなく、それを実践する教育がESDであると説かれました。環境にも人にも、そして自分自身にもやさしい学級、学校、地域づくりに取り組むことが求められました。鍵概念の「変容」がポスト「10年」においてさらに強調され、その具現化のための方法としてホールインスティテューション・アプローチがあげられました。

　ホールインスティテューションとは組織全体でESDに取り組むということです。前項で述べたように、ESDは学校だけを対象にしていません。NPO/NGO、企業、行政などすべての機関でなされる活動ゆえに、「組織（institution）」と記されました。学校に焦点化する際は、ホールスクール・アプローチ（Whole School Approach）と呼ばれます。

　このアプローチの具体的な特徴については第2章に委ねますが、ここで注視したいことは先述したように、こうした学びがすべての人のためにあるということです。学び手は「子ども」や「若者」に限りません。未来を担う者への教育はもちろん重要ですが、彼／彼女らに学びの場を提供する側、すなわち、教育者を含む大人も一人の学習者であることを忘れてはいけません。大人である一人ひとりのふるまいが子ども達のモデルとなります。1992年の地球サミット（環境と開発に関する国連会議）で当時12歳のセヴァン・スズキによる「伝説のスピーチ」（後述）は、そのことを私たちに伝えました。15年後の2007年に東京で開催されたESD環太平洋国際会議で公表された宣言文には、セヴァンの言葉を想起させる一条があります。

第 I 部　サスティナブルな学校とは

　大人たち自身は、子どもに伝える前に、ESD の文化とその価値観を内在化させ、体現して生きなくてはならない。そのような大人の姿がロールモデルとなって、子どもを育てるのである。

（Nagata and Teasdale 2007: 209 をもとに筆者訳）

　大人や教育者の態度やふるまいも、子どもが学ぶ教育環境を構成する一要素です。このことが彼／彼女らに与える影響は極めて大きいのです。GAP の優先行動領域の2つ目にある学習環境の変容では、教育者自身の自己変容も求められていると言えます。教育者自身もそれについて学び、それを「体現して生き」、次世代を担う子ども達にその姿を示していかなければなりません。しかしながら、それは完璧なあるべき姿ではなく、大人が考え、それに真摯に向き合っている姿勢を見せることのように思います。なぜなら、その姿に「正しい答え」などないはずで、一人ひとりのさまざまなあり様を示すことが不確実な時代を生きる上では期されていると思うからです。
　ESD が単なる授業や新種の教育活動にとどまらないためにも、またグローバリゼーションという文脈に利用されないためにも、＜いのちの次元＞に立ち返り、「ほんとうに価値のある姿」が何であるのかを考えていく必要があります。ESD は人間の「生」について今一度捉え直させます。それが生きるための原動力および方向性を示す羅針盤となるのです。誰かに、また社会から与えられるのではなく、自分でそれを持てるようにするためのホリスティックな環境づくりが求められています。
　その一つの手法がホールスクール・アプローチです。学びを日常生活に活かして価値観・行動・ライフスタイルを変える機会を学級や学校、地域などに埋め込み、学びと暮らしがつながる教育環境をつくっていくことが求められています。日常の暮らしや営みをふり返り、持続可能性の視点から改め、習慣を変えていくことが ESD の狙いです。ホールスクール・アプローチを通して、学級および学校運営、授業のあり方、教師と生徒の関係性などのすべてが問い直されます。教師達一人ひとりが多くの仕事で押しつぶされる前に、私たちは今一度学校の本来のあり方を考え直さなければなりません。学校の「ほんとうに価値ある姿」とは一体何でしょう。みなさんはどのような姿をイメージします

か？

## 3．サスティナブルな学校とは

　ESD で取り扱う持続可能な開発に関わる諸問題は、多岐にわたります。生物多様性の喪失や貧困、健康、消費と生産、差別と偏見など、グローバルにもローカルにも問題視されている環境的・経済的・社会的な課題が取り上げられます。学校では、これらが知識として、また地域や世界の問題として扱われることがしばしばです。

　一方で、子どもの日常はどうでしょう。彼／彼女らの身近にはこれらに似通った問題はないでしょうか？　現在、子どもや学校を取り巻く状況は持続可能であるとは言えないでしょう。いじめ、遊ぶ場所の減少、体力低下、教師の多忙化、体罰、犯罪など、学校内外で生徒、また教師に関わる問題を近年よく耳にします。さらに学校から出る残飯やゴミの量、災害時における避難所としての活用なども、地域社会における学校の役割も改めて問われています。子どもや学校に関わるこうしたさまざまな諸問題は持続可能な開発と関係ないと言えるでしょうか？

　いじめは差別や偏見に通じます。遊ぶ場所の減少や体力低下は子どもの暮らしや遊びに関わります。教師の多忙化は働き方や家庭・地域社会との関わりに、残飯やゴミ問題は環境保全やエネルギー、生産と消費に関係します。また学校給食は子どもや教師の健康に関わることはもちろんですが、使われる材料の見直しはそれだけでなく、輸送や地元の農産業との連携、またエネルギー消費といった「持続可能な生産と消費」に深く関係します。

　授業でゴミの削減や差別による人権侵害の歴史などについて学びながら、日常で使い捨て商品の使用やポイ捨てをしていたり、学級内でのいじめに関わっていたり、節約せず水や電気の無駄づかいをしたりなど、学びと日常がちぐはぐになっていることはありませんか？

　前の節で説明したように、ESDでは学びと暮らしや営みのつながりを考えます。サスティナブルな学校では、学習内容と実践がリンクしていることを、また日常生活の中にある持続不可能性に関わる状況に取り組んでいることを、見つけ

ることができるでしょう。学校内外において身近な「持続可能な開発」に関わっていることが特徴です。

　こうしたことから、ESDが新しい教育活動ではなく、これまでの実践のままでよいと説明されることもありました。確かに学習内容に新しさはないでしょう。従来の開発教育や環境教育、人権教育、平和教育、国際理解教育といった「○○教育」に類似します。けれども、それらが学びだけで終わっていないかと問うこと、そして日常にそれが活かされているのかがESDでは問われるのです。ここにESDの新しさを見ることができます。子どもや若者は、そうしたことに敏感です。授業での学びを鏡に大人たちの行動や社会を見ています。それを大人に向けて発した一人がセヴァン・スズキです。

　　学校で、いや、幼稚園でさえ、あなたたち大人は私たち子どもに、世の中でどうふるまうかを教えてくれます。例えば、
　争いをしないこと
　話しあいで解決すること
　他者を尊重すること
　ちらかしたら自分でかたづけること
　ほかの生き物をむやみに傷つけないこと
　わかちあうこと
　そして欲ばらないこと
　　ならばなぜ、あなたたちは、私たちにするなということをしているんですか。
　　　　　　　　　　　　　　　　（セヴァン・カリス＝スズキ、2003）

　保育所や幼稚園、学校、家庭で子ども達に教える決まり事には、身近な他者との関係や日々の暮らしの中でのふるまいに関する約束事が含まれます。「兄弟姉妹や友達とけんかをしないように仲良くしましょう」「話をして、仲直りしましょう」「使ったものは片づけましょう」「（数に限りがあるものは）順番に交代して使いましょう」など、私たち大人は子ども達に伝えてきました。私たち自身も同じように、教えられてきました。しかしながら、昨今見聞きする国際社会の状況は、異常気象による自然災害、環境破壊、経済格差、金融危機、

テロ、紛争など、上の価値観が具現化した世の中とは言えません。子どもは敏感にその理不尽さを感じ取ります。

　生徒指導の場で「挨拶をしましょう」「ゴミはゴミ箱に」「間違いを犯したら、正直に謝りなさい」など、子ども達に繰り返し言ってきていませんか？　その一方で、指導している先生達は、家族や同僚の先生に挨拶をしていますか？　ポイ捨てをしていませんか？　何か間違いをしてしまったときに正直に謝っていますか？　人のせいにしていませんか？

　引用したセヴァンの最後の言葉にあるように、子どもに教えることをなぜ大人はしないのかと問われたとき、大人である私たちは言葉に詰まってしまうのではないでしょうか。子どもの存在を通して問われるのは、実は私たち大人一人ひとりのあり方や考え方であるのです。

　ESDは学校の中に潜んでいる「持続不可能性」を持続可能にします。先生達の一日をふり返ってみてください。子ども達一人ひとりとの時間を大切にできていますか？

　一度立ち止まって、自らの経験をふり返ってみましょう。学級や学校の運営、授業実践や日々の生活を見直してみること、そこで何が問題であるのかを探し、どのようにそれに対応していくのかを考えていくこと、こうしたプロセスを歩むことが、学校を元気にしていきます。

　教室や学校内での日頃の言動に、他者を排除したり、横柄な態度をとったり、身のまわりを汚したりといった社会・文化的および環境的な持続不可能性に通じる行いはないでしょうか？　日々を愉しく過ごせているでしょうか？　こうした確認をして、普段当たり前に思っていることにまずは気づくことから始めましょう。そうした当たり前になぜそうなのかを問うてみましょう。自身の考え方やふるまい、習慣等を改めて見直し、それが他者に与える影響も含めて考えていかなければなりません。特に、教育者は自身のあり方や生き方が無意識に子ども達に伝わることを意識しておく必要があります。

　学校が元気になるということは、先生達一人ひとりが元気になることを意味します。「子ども達のことで疲れるのは教師の本望です」と、ある小学校の校長先生が話していました。子ども達が学ぶことに没頭する環境をつくるための一歩は、先生達一人ひとりが学びに夢中になることだと思います。先生達が魅

力に感じる学校とはどのような学校ですか？ それを具現化するプロセスがサスティナブルな学校のあり方なのです。

【注】
(1) ブラジルのリオ・デ・ジャネイロで開催された国連環境開発会議のこと。当時12歳だったセヴァン・スズキが子ども目線で環境と開発に関わる問題について大人たちに訴えた「伝説のスピーチ」が有名です。同会議は生物多様性条約や気候変動枠組条約が採択された会議でもあります。セヴァン・スズキのスピーチは、『あなたが世界を変える日』（学陽書房、2003年）をご参照ください。
(2) 地球サミットで合意された「リオ宣言」では、予防原則をはじめ汚染者負担原則などが盛り込まれました。ここに書かれた諸原則を実施するために示されたのが、行動計画の「アジェンダ21」です。
(3) 南アフリカ共和国のヨハネスブルグで開催された「持続可能な開発に関する世界首脳会議」のこと。「アジェンダ21」をより具体的に記した行動計画や、「ヨハネスブルグ宣言」が採択されました。当時日本の首相であった小泉純一郎氏によって、教育の重要性が改めて強調された会議でもあります。
(4) 全文は次を参照してください。International Conference on Environmental Education [ICEE]. (2007). *The Ahmedabad Declaration 2007: A Call to Action: 4th ICEE Environmental Education towards a Sustainable Future: Partners for the Decade of Education for Sustainable Development.* <http://www.esd-j.org/documents/4thicee_ahmedabad_declaration.pdf>（2012年8月25日参照）〔永田佳之（2008）「アーメダバード宣言：行動への呼びかけ」日本ホリスティック教育協会 永田佳之・吉田敦彦編『持続可能な文化と教育：深化する環太平洋のESD』せせらぎ出版、pp.224-226.〕
(5) 1996年に21世紀教育国際委員会がユネスコに提出した『学習：秘められた宝（Learning: the Treasure Within）』で、「学習の4本柱」が示されました。「自分自身と社会を変容させるための学び」は5本目として表されました。

「学習の4本柱」は「learning to know（知るための学び）」「learning to do（為すための学び）」「learning to live together（共に生きるための学び）」「人間存在を深めるための学び（learning to be）」です。詳しくは、UNESCO（1996=1997）をご参照ください。learning to be の訳には他にも、天城勲監修の『学習：秘められた宝』にある「人間として生きるための学び」がありますが、本稿の内容に即して日本ホリスティック教育協会（2008）を参考し、「人間存在を深めるための学び」を用います。

⑹ 教育が持続不可能な状況をつくることに貢献しているのではと、例えば David W. Orr（1994）. *Earth in Mind*. Island Press. や、Department of Education and Children's Services [DECS].（2007）. *Education for Sustainability: a Guide to Becoming a Sustainable School*. Adelaide: DECS., UNECE（2011）. *Learning for Future: Competences in Education for Sustainable Development*. Geneva: UNECE. などが問題提起しました。
⑺ ほかに「質のある基礎教育へのアクセスをよくすること」「人々の理解と気づきを高めること」「トレーニングを提供すること」があります（UNESCO（2005）. *UNDESD International Implementation Scheme*. Paris: UNESCO, p.7）。
⑻ 他には、「政策」「ファシリテーター」「地域」「若者」があります。詳しくは UNESCO（2014）をご参照ください。

本稿は、曽我幸代（2016）「ポスト『国連ESDの10年』におけるESDの方向性：つながり直す学びの場の具現化に向けて」名古屋市立大学人文社会学部2015年度 ESDシンポジウム『持続可能な発展とは何かを問い直す：ESDグローバル・アクション・プログラム（GAP）を見据えて』pp.75-87 をもとに、加筆・修正したものです。

【参考文献】
菊地栄治（2006）「持続可能な教育社会の方へ：新自由主義の教育改革とどう向き合うか」日本ホリスティック教育協会 吉田敦彦・永田佳之・菊地栄治編『持続可能な教育社会をつくる：環境・開発・スピリチュアリティ』せせらぎ出版、pp.190-209.
セヴァン・カリス＝スズキ（2003）『あなたが世界を変える日：12歳の少女が環境サミットで語った伝説のスピーチ』ナマケモノ倶楽部編・訳、学陽書房
日本ホリスティック教育協会 永田佳之・吉田敦彦編（2008）『持続可能な文化と教育：深化する環太平洋のESD』せせらぎ出版
International Conference on Environmental Education [ICEE]. (2007). *The Ahmedabad Declaration 2007: A Call to Action: 4th ICEE Environmental Education towards a Sustainable Future: Partners for the Decade of Education for Sustainable Development*. < http://www.esd-j.org/documents/4thicee_ahmedabad_declaration.pdf >（2012年8月25日参照）〔永田佳之（2008）「アーメダバード宣言：行動への呼びかけ」日本ホリスティック教育協会 永田佳之・吉田敦彦編『持続可能な文化と教育：深化する環太平洋のESD』せせらぎ出版、pp.224-226.〕
Nagata, Yoshiyuki. and Teasdale, Jennie. (ed.). (2007). *Roots and Wings: Fostering*

*Education for Sustainable Development: Holistic Approaches towards ESD (Final Report of International Workshops and Symposium: Holistic Approaches towards Education for Sustainable Development (ESD): Nurturing "Connectedness" in Asia and the Pacific in an Era of Globalization).* Japan Holistic Education Society & Asia/ Pacific Cultural Centre for UNESCO (ACCU).

United Nations Educational, Scientific and Cultural Organization [UNESCO]. (1996) *Learning : the Treasure Within.* Paris : UNESCO.〔天城勲監訳（1997）『学習：秘められた宝　ユネスコ「21世紀教育国際委員会」報告書』ぎょうせい〕

───── (2005). *UNDESD International Implementation Scheme.* Paris: UNESCO.

───── (2006). *Framework for the UNDESD International Implementation Scheme.* Paris: UNESCO.

───── (2014). *Roadmap for Implementing the Global Action Programme on Education for Sustainable Development.* Paris: UNESCO.

# 第2章 ホールスクールとは

## 1.「10年」をふり返る

### 1.「あいち・なごや宣言」

　2014年11月、名古屋国際会議場において「国連ESDの10年」(以下、「10年」)を締めくくる一大会議が開催されました。153ヵ国・地域から1,091名(教育大臣などの閣僚級の大臣らは69ヵ国から76名)が参加した戦後のユネスコ関連の会議では最大級の規模でした。この会議の最終日に全会一致で採択されたのが「あいち・なごや宣言」です。この宣言の中に前年のユネスコ総会で認められたGAP(グローバル・アクション・プログラム)というESDをさらに推進する構想が明記されており、各国の教育担当大臣をはじめ、世界の人々にその重要性が伝えられました。「10年」の終わりはESDのセカンドステージ、つまりGAPのスタートでもあったのです。

　同会議で示された今後のESDのロードマップによれば、「ESDのスケールアップ」をはかるためにGAPには5つの優先行動領域が明記されています。簡潔に表現すれば、1)各国の教育政策にESDを導入すること、2)組織全体(まるごと)でESDに取り組み、学びに変容をもたらすこと、3)教師や地域の教育に従事する者がESDに取り組みやすいように研修等を行うこと、4)持続可能な社会の担い手としての若者がESDに挑むように奨励すること、5)地域社会のあらゆる関係者が協働してESDに取り組むこと、という5つの領域ですが、裏を返せば、いずれも大半の国において「ESDの10年」では充分に達成できなかった課題だと言えます。

　本書は、「10年」の当初からその重要性が強調されてきた第2番目の課題に注目しています。原文でのキーワードは「ホール・インスティテューション・アプローチ」です。前章でもふ

れたとおり、この「インスティテューション」は組織や機関のことを指し、学校から会社、NPO、地域社会まで含まれます。そのいずれにおいても、ESDを組織全体で取り組むのが望ましいというメッセージなのです。「組織まるごとアプローチ」と言い換えてもよいでしょう。本書は、学校教育に焦点を当てていますので、以下、このアプローチをホールスクール・アプローチと記すことにします。

前述のとおり、これは「10年」の経験に基づいて提唱されています。つまり、学校のESDは特定の授業で試みられても、なかなか学校全体に浸透しなかったこと、NPOなどによる地域の活動でも、単発のプロジェクトとしては展開されたものの、地域や街の「あり方」までは変容しなかったことが指摘されてよいでしょう。

なかには、組織全体でやればよいというのであれば、学校全体計画や年間指導計画でよいではないか、と考える人もいるかもしれません。しかし、そうではないところが、ESDの妙味です。ESDには計画では描出しきれない「深み」があります。計画どおりに物事を推進するよりも、その時々のプロセスを見直し、時には大胆に当初の計画を変えていくのを躊躇せずに行うことがESDの前提なのです。

ここで、ホールスクールにはどういう特徴があるのかについては後述することにし、まず「10年」の間、ESDはどのような構想のもとに実践されてきたのかについて述べておきたいと思います。

写真2-1 「あいち・なごや宣言」を読み上げるC.ホプキンス教授（写真：筆者撮影）

## 2．理解困難だったESD

国際舞台で「10年」を提唱したのは日本政府でした。当時の小泉純一郎首相が2002年に開催されたヨハネスブルグでの「持続可能な開発に関する世界首脳会議」で提案し、その後の国連総会で決議されました。つまり、「10年」は日本が「言い出しっぺ」だったのです。その責務を遂行すべく、この10年間、日本は、政府も民間も「10年」の旗印のもとに、人も時間もお金も相当に費やして、この国際的な教育運動の牽引役を務めてきたと言えます。ところが、最終年である2015年8月に実施された内閣府世論調査で「ESDを知っている」と回答した人は2.7％にとどまるという結果でした[1]。

ESDの主導機関としての牽引役を国連総会から受けたユネスコは、ESDの認知度を上げるために、広報活動を通して努力を重ねてきたと言えます。筆者（永田）がメンバーであった「10年」をモニタリング評価するユネスコ本部の専門家会合においても幾度も議論され、国際的な教育運動の「先輩」格であるEFA（万人のための教育）の広報経験者から助言を受ける場面もありました。その結果、具体性に欠けるESDをアンブレラ（傘）概念として明確に意識し、その下位概念に気候変動・生物多様性・防災（災害リスク削減）の3つのトピックを位置づけるという考え方が強調されるようになった経緯があります。

当然ながら、国家と国連との相違はありますが、日本政府の場合、ESDを国内で広める努力の方向性はユネスコとは違うものでした。学習指導要領にも「持続可能な社会」が複数箇所に明記され、議員立法によってESDの推進拠点としてユネスコスクールを増やすことが決議され、教育振興基本計画に盛り込まれました。これらの政策をもってしても教師の大半、ましてや一般市民はESDのことを知るに至りませんでしたので、政府の音頭で芸能界で活躍する有名人（さかなクン等）を「ESDオフィシャルサポーター」として起用し、「ESDメッセージソング」も作りました。さらには民間の広告会社を駆使して、アニメ・キャラクターの「ESD仙人」にも活躍させるという戦略でした。もちろん限られた時間的制約の中で認知度を一般大衆にまで広めるにはこうしたアプローチも功を奏することもあるでしょう。しかし、筆者の周囲にも、このような力の入れようを見て、ESDという崇高なビジョンですら消費社会に組み込

第 I 部　サスティナブルな学校とは

図表2-1　ESD に関する世論調査の結果

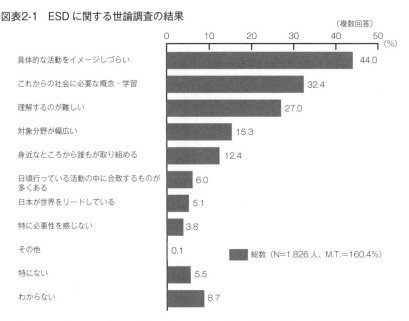

出典）内閣府政府広報室「『持続可能な開発のための教育（ESD）』に関する世論調査の概要」p.4.〈http://survey.gov-online.go.jp/tokubetu/h26/h26-esd.pdf〉（2016年9月8日参照）

まれていくことを感じていた人が少なからずいたのも事実です。

　こうした努力にもかかわらず、「ESD に関するユネスコ世界会議」の直前にとられた前述の世論調査では上のような結果となっています（図表2-1）。

　この調査結果では、「理解するのが難しい」が3割近くを占め、「これからの社会に必要な概念・学習」を「具体的な活動をイメージしづらい」が上回っています。

　ESD はなぜ広まらなかったのか。それは、これまでに指摘されてきたように、「横文字だから」や「多義的な概念であるから」なのかもしれません。しかし、筆者にはこれらは副次的な理由であり、主な理由は次の点であると思われるのです。つまり ESD の神髄、もしくは ESD の本質(エッセンス) を捉えることに、

一部の専門家を除いて本格的に取り組んでこなかったからであり、もう一つは、本格的な取り組みがあったとしても、抽象的な概念に対する説明が抽象的な域を脱しきらなかったからです。

これらを意識しつつ、これまでのESDの「広め方」を批判的に再考してみたいと思います。ここで「批判的に」と述べましたが、以下に取り上げる具体例を批判するのがこの節の目的ではないことはお断りしておきます。むしろ具体的な努力が「10年」で果たした意義は大きいと言えますが、ポスト「10年」の時代、特にGAP以降の時代に求められる概念へのシフトをここでは強調したいと思うのです。

## 3．ESDはいかに紹介されてきたか

まず、ESDがどのような媒体をもって伝えられてきたのかを例示します。ユネスコはESDの本質的な特徴として、「環境・社会・経済という持続可能性の3領域の望ましい状態について扱うこと」や「生涯を通した学びを促進すること」「地域の文脈に即しており、文化的に適切であること」「参加型学習や高次の思考スキルを促進する多様な教育理論による手法を用いていること」などをあげているものの、各地の独自性を重視するために「普遍的なモデルは存在しない」と「10年」の当初から主張してきました。「地域の文脈や優先課題、手法によって微妙な意味合いを異にする」ために、「各国は、各々の持続可能性および教育の優先的課題と行動を定義しなくてはならない」と示してきたのです[2]。

こうしたスタンスの結果、よく言えば、「10年」の間、国ごとにユニークなESDが生まれたと言えますし[3]、悪く言えば、バラバラに実践され、ESD全般がつかみ所のない曖昧模糊とした性格になった、と言えます。

では、日本では「持続可能性および教育の優先的課題」はどのように示されてきたのでしょう。

図表2-2は、ESDの推進が期待されているユネスコスクール関係者の間で知られている図です。「ESDの基本的な考え方」として「知識・価値観・行動等」が中心に据えられ、「環境・経済・社会の統合的な発展」とともに、周囲に位置づけられている既存の学習や地球規模の課題がそれらを共有しています。

次に、図表2-3を見てみましょう。これは、「10年」の当初から民間ベースで活動を支えてきたESD-J（認定NPO法人「持続可能な開発のための教育の10年」推進会議）による図です。先見の明をもって「10年」の開始当初から、この図を共有できたことは、周辺に位置づけられている専門領域の団体が「エッセンス」を共有することにより、相互に交流・協働するというESDの効用も示唆している図であると言えます。

たしかに双方ともにESDの普及の一端を担ってきた重要な図であると言えましょう。しかし、実際にどのように機能したかについては丁寧に吟味する必要があります。

官民共にESDに関するまとまり感のある図が示されながら、普及しなかったとすれば、その原因は双方の図の「真ん中」（ESDの神髄）への探究が不十分であったから、理解が決して容易ではない真ん中の部分よりも、周辺に位置づけられる具体的な個別領域のほうにESDに関心を寄せる人々の関心が注がれたからではないでしょうか。

どの概念図にも伝えられることと伝え漏れてしまうことがあり、功罪の両面

図表2-2　ESDの概念図

出典）文部科学省（日本ユネスコ国内委員会）ホームページ

があると言えます。図表2-2 や図表2-3 については、多義的な概念のESD を まとまり感のある総合的な形で示した功績は評価されてしかるべきでしょう。 一方、神髄の部分をさして探究しなくても、図示された周辺の課題に取り組ん でいさえすれば、ESD を実践したかのごとくと考えてしまう傾向は指摘され てよいでしょう。教材づくりや教員養成において、環境学習の専門家はどれだ け社会や経済の要素を、国際理解学習の専門家はどれほど環境や経済の要素を 考慮したのでしょうか。ESD を意識したことによって、従来の防災学習や生 物多様性の学習はどのように変化したのでしょうか。

## 4．ESD 構成図の落とし穴

ユネスコは「10年」の国際実施計画において、ESD は「教育の新たな方向づけ」 であり、持続可能な未来に向けて変容をもたらす教育であると強調してきまし た。これは、既存の教育のあり方そのものの変容に迫るラディカルなビジョン です。しかし、「10年」をふり返ると分野ごとの活動は継続されたものの、変容、 すなわち、深い次元での根本的な変化はさほど見られなかったと言えましょう。

**図表2-3　ESD のエッセンス**

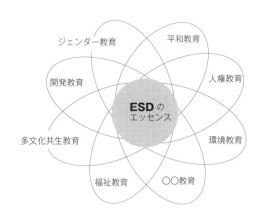

出典）ESD-J『持続可能な社会のための「人」づくり』p.3.

## 図表2-4　ESD の目指すこと

| **ESD の目標** |
| --- |
| 1. すべての人が質の高い教育の恩恵を享受すること |
| 2. 持続可能な開発のために求められる原則、価値観及び行動が、あらゆる教育や学びの場に取り込まれること |
| 3. 環境、経済、社会の面において持続可能な将来が実現できるような価値観と行動の変革をもたらすこと |
| **育みたい力** |
| 1. 持続可能な開発に関する価値観（人間の尊重、多様性の尊重、非排他性、機会均等、環境の尊重等） |
| 2. 体系的な思考力（問題や現象の背景の理解、多面的かつ総合的なものの見方） |
| 3. 代替案の思考力（批判力） |
| 4. データや情報の分析能力 |
| 5. コミュニケーション能力 |
| 6. リーダーシップの向上 |
| **学び方・教え方** |
| 1. 「関心の喚起 → 理解の深化 → 参加する態度や問題解決能力の育成」を通じて「具体的な行動」を促すという一連の流れの中に位置付けること |
| 2. 単に知識の伝達にとどまらず、体験、体感を重視して、探求や実践を重視する参加型アプローチをとること |
| 3. 活動の場で学習者の自発的な行動を上手に引き出すこと |

出典）文部科学省（日本ユネスコ国内委員会）ホームページ（2016年12月8日参照）

## 図表2-5　ESD の学習指導過程を構想した展開するために必要な枠組み

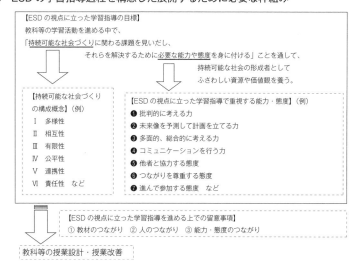

出典）国立教育政策研究所（2012：4）

繰り返しになりますが、図表2-2で示されている周辺の専門領域をもってよしとしてしまい、「新たな方向づけ」にまでは至らなかった傾向が指摘できます。変容が見られない背景には、両図の中心部分が現場の教師や一般市民にとって理解困難であったという見方はできるでしょう。

図表2-2には、「ESDの基本的な考え方（知識・価値観・行動等）」や「環境・経済・社会の統合的な発展」があげられていますが、具体的な説明としては文部科学省（日本ユネスコ国内委員会）のホームページに「ESDの目指すこと」として「ESDの目標」「育みたい力」「学び方・考え方」が下位項目とともに提示されています（図表2-4）。また特に学校現場でESD実践のための指針として活用されてきた国立教育政策研究所による図の説明では、6つの「持続可能な構成概念」と7つの「ESDの視点に立った学習指導で重視する能力・態度」が示されています（図表2-5）。これらに共通するのは「コミュニケーション能力」などの「能力・態度」が重視されていることです。

確かにこれらの試みは持続可能な社会形成と教育との関係性を丁寧に示しており、熟慮された構成となっています。「10年」の間、学校現場がESDという抽象度の高い教育概念に取り組む上で大きな役割を果たしたと言えましょう。しかし、「10年」の特に後半において、筆者も学校現場でESDを実践している教師達からよく耳にしたのは、取っ付きにくい構成概念であるという意見です。図表2-5が掲載されている報告書には、具体的な実践事例もあり、各概念と実践を結びつける工夫がなされています。また、図表2-5には、6つの概念にも7つの能力・態度にも「など」が記されています。つまり、これらは例示であることが示唆されているのです。しかし、実際には、この図は一つのモデルとして機能したと言えるでしょう。

もう一つ指摘されるべき点ですが、個々の「力」や「態度」が明示されているためにいずれかのスキル習得をもってESD実践と見なしてしまう傾向も誘発されたのではないでしょうか。特に能力・態度が具体的に示されると、そのうちのいずれかに取り組むだけで「ディベートを実践しているから、本校はコミュニケーションを行う力を養っており、ESD実践校である」という承服の仕方が可能となってしまいます。実際に「10年」の後も、能力開発に重きを置いたESDの実践は学会やユネスコスクール全国大会などで多く発表されて

第 I 部　サスティナブルな学校とは

図表2-6　ESDで大切にしている視点

| ESDでつちかいたい「価値観」 | ESDを通じて育みたい「能力」 | ESDが大切にしている「学びの方法」 |
|---|---|---|
| ●人間の尊厳はかけがえがない<br>●私たちには社会的・経済的に公正な社会をつくる責任がある<br>●現世代は将来世代に対する責任をもっている<br>●人は自然の一部である<br>●文化的な多様性を尊重する | ●自分で感じ、考える力<br>●問題の本質を見抜く力／批判する思考力<br>●気持ちや考えを表現する力<br>●多様な価値観をみとめ、尊重する力<br>●他者と協力してものごとを進める力<br>●具体的な解決方法を生み出す力<br>●自分が望む社会を思い描く力<br>●地域や国、地球の環境容量を理解する力<br>●みずから実践する力 | ●参加体験型の手法が活かされている<br>●現実的課題に実践的に取組んでいる<br>●継続的な学びのプロセスがある<br>●多様な立場・世代の人々と学べる<br>●学習者の主体性を尊重する<br>●人や地域の可能性を最大限に活かしている<br>●関わる人が互いに学び合える<br>●ただ一つの正解をあらかじめ用意しない |

出典）ESD-J『持続可能な社会のための「人」づくり』p.3.

おり、ESDの一側面が過度に強調される形で共有されてきています。能力開発はともすればESDを矮小化してしまうことに我々は注意する必要があると言えましょう。

　本来は図表2-2の真ん中と向き合うことが期されているにもかかわらず、その部分の抽象度が高く理解しづらいために、周辺のいずれかの専門領域を実践してよしとしてしまい、個別の努力はなされても、全体として何ら変容がもたらされないという傾向は「ESDの矮小化」もしくは「ESDの断片化」として捉えることができるでしょう。この点を十分に意識することなくして、ポスト「10年」にESDをさらに推進したとしても、本来、ダイナミックな教育ビジョンであるESDは無難に小さく納まってしまい、従来の教育とさして変わらないESD実践が繰り返されることを予想するのは困難ではありません。

先の ESD-J では、「神髄」について図表2-6 のようにまとめています。

ここでは「ESD で大切にしている視点」として「価値観」「育みたい能力」「学びの方法」があげられています。これは、図表2-5 と比して、より市民の目線に立った表現で表されており、実際に、NPO のワークショップ等で活用されてきました。ただ、使い手の側が「能力」や「方法」にとらわれすぎると、ESD は教育というよりも、人材育成に矮小化されてしまう危険性もあると言えましょう。

さまざまな概念図の中で日本ホリスティック教育協会の、図表2-3 の真ん中に「文化」を据えるという捉え方は ESD の「神髄」へのアプローチとして注目に値します。これは、持続可能な社会を形成する3本柱である環境・社会・経済を根底から支えるのは、それらの柱をつくる人間の価値観を醸成している「文化」であるという認識の影響のもとで述べられた見方です。この持続可能な未来につながる文化で価値が置かれるのは、将来に役立つ資質・能力形成のための目的志向の教育、もしくは訓練ではなく、〈いま・ここ〉を大切にするところから始まるプロセス志向の教育です[4]。

# 2．海外におけるホールスクール・アプローチ

さて、この10年以上にわたり、いくつかの国々では授業で持続可能な価値観やライフスタイルについて教えるというよりも学校全体での取り組みができるようにさまざまな手法（ツール）が開発され、試されてきました。ここで海外の事例をみてみましょう。教育政策として紹介されてきた、それぞれのホールスクール・アプローチの特徴を、ESD と親和性の高い環境教育が盛んに行われてきた南オーストラリア州とニュージーランド、そして「10年」の主導機関であったユネスコが提示した枠組みから紹介します。これらと国内の状況と比べてみると、国内の ESD の特徴と課題がみえてきます。いくつかの事例から、ESD で大切にしたいことは何かを捉えていきましょう。

1．南オーストラリア州のサスティナブル・スクールのための枠組み

オーストラリアでは、1960 年代後半から環境教育に関する議論が積極的

に行われていました。1972年のストックホルム会議（国連人間環境会議）や1997年のテサロニキ会議（環境と社会に関する国際会議）などの持続可能な開発に関わる国際会議を経て、国内における「持続可能性のための教育（Education for Sustainability: 以下、EfS）」を推進する体制が整えられていきました（国立教育政策研究所、2012: 217-226）。

環境教育が盛んに学校内外で行われてきた南オーストラリア州においても、EfSは注目されました。水資源やエネルギー資源の消費や再利用について日常的な実践として組み込めるEfSを今後の教育の指針としました。EfSを通して持続可能なコミュニティづくりに貢献する実践校をサスティナブル・スクールとしました。サスティナブル・スクールでは「生徒および教職員、家族、政府、企業、コミュニティグループを含む共同体全体が、持続可能なライフスタイルをつくるパートナー」(DECS, 2007)であると位置づけられています。ホールスクール・アプローチを採用し、コミュニティ開発の視点とその価値観を重視し、生徒の意見を取り入れ、さまざまな人が参加し協力し合う場をつくることが目指されます。自分自身および他者、環境に敬意を払い、健全な生態系を保つことに価値を置き、長期的思考やホリスティックな考え方を培うとともに、持続可能なライフスタイルを身につけていくことが求められました。学校がより広範なコミュニティに情報提供するなどの影響力をもっていることを意識し、持続可能性に関する実践のモデルになるということを改めて確認しました。

EfSに取り組むにあたっての5つの留意点があげられました。一つ目は、学校や地域コミュニティのニーズとの関連性です。国のカリキュラムや政策文書等で示されているEfSの優先項目を重点的に扱うのではなく、学校ならびに地域社会にあるニーズを探し、それに関連した内容に取り組みます。これは図表1-1の「7つの特徴」の中の「地域との関連性」に通じます。身近な課題に引きつけることで、生徒にも遠いどこかの話ではなく現実問題として向き合わせることができます。

2つ目は、専門知識や補助教材、ファシリテーター、長期的な資金に支えられていることです。従来と異なる視点から教育活動を再構成や再編成するとなると、そのための教材開発や授業研究等が必要となります。それらに取り組むために、外部の専門家や近隣の学校、NPOや企業などと協力して準備してい

くことが望ましいでしょう。日常の業務に加えてすべてに対応しようとすれば、学校は、というよりも教師がもちません。刷新的な活動は閉じた世界で行うのではなく、開かれた場でさまざまな意見を取り入れ、かつ専門的な知見や資源に支えられて取り組まなければなりません。

　3つ目には、「学習する組織」[5]の文化を取り入れ、内省的であることがあげられました。「学習する組織」は、一人ひとりが自らの考え方やふるまいをふり返るとともに、自分自身が所属する集団や組織の考え方や日々の習慣を問い直すことを促進します。つまり、自分自身ならびに所属する集団や組織の日頃の言動をふり返り、持続不可能な状態を生み出している原因を見出し、どうすれば持続可能な状態になるのかを自らが学び、考えていくことを示します。一人ひとりが学ぶ主体となり、「学習する組織」を形成していきます。

　4つ目は、コミュニティ開発に対応できる仕組みを整えることです。一つ目の学校や地域のニーズに応えることに関連して、抱えている課題のみならず、どのような地域開発が望ましいのかを考えます。また、率先して取り組めるように自分達が住んでいる地域コミュニティの状況を知っておく必要があります。

　最後に、変化につながる潜在的な可能性に着目し、内発的な発展を促すことがあげられています。先述したように、サスティナブル・スクールは、さまざまな人の意見を反映させたコミュニティ開発の視点を重視しています。EfSは、トップダウンの指示によって進められる改革ではなく、変わるためには何から始めるべきかを自らが探る内側からの変容を求めています。

　こうした留意点を踏まえながら、EfSに取り組む際のツールとして南オーストラリア州は図表2-7にある「モデル」を示しました。モデルには、文化を中心にして、理解・学び・コミュニティ・マネージメントの5つの要素が表されています。EfSに取り組もうとするとき、これらの要素のどれかを取っ掛かりにして始めることができます。最終的には、5つすべてが関わり合い、持続可能性を重視する文化を形成すること、そうした状態となることが「真のサスティナブル・スクール」であると指摘されています。

　さらに南オーストラリア州の特徴は、上記の5つそれぞれの領域においてルーブリックが作成されており、学校レベルで現時点の自分達の強みとなる特徴や課題を知ることができるようになっていることです。ルーブリックを使うこと

第 I 部　サスティナブルな学校とは

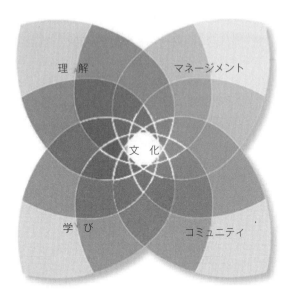

図表2-7　南オーストラリア州の EfS モデル
出典）DECS（2007: 7）より抜粋。

で EfS についての理解を深めることができます。また変化の方向性と評価枠組みを確認することができます。さらに、より幅広く地域コミュニティに関わり、改善点を話し合うための手段や、改善に向けた継続的な議論をするための評価やモニタリング、意思決定のツールとしても使うことができます。ルーブリックが話し合う視点を提供するため、学校をよくしていくための健全なコミュニケーションの場が生まれるでしょう。

　ルーブリックは図表2-8～図表2-12 のように、5要素一つひとつに用意されています。それぞれの縦軸には各要素の下位項目が3つずつ記されています。横軸は、「スタート」「チャレンジ」「コミットメント」「トランスフォーム」という学校の状態を4つの段階で確認することができます。「スタート」は学校が変化に求められるニーズを認識し、現状をふり返り、可能性のある方向性を確認する段階であり、「チャレンジ」は実践に挑戦し、変化に向けたプロセスを確立する段階です。「コミットメント」は学校や地域コミュニティの生活に

EfS が統合されている状態にあり、「トランスフォーム」は地域コミュニティとともに学校が持続可能なライフスタイルを継続的に学びながら営んでいる状態を指します。

　それぞれの視点から、自らの実践を見直してみてください。普段の活動を異なる視点から見ることで新たな発見があるかもしれません。また、ESD や EfS における自らの実践の位置を確認することができます。さらに、この枠組みを用いて、新たな要素を取り入れて、自分達のルーブリックを作成してもよいでしょう。例えば、イギリスのフレームワークにある「グローバルな側面」を考えてみたら、どのようなルーブリックがつくれるでしょうか。

　ESD でこうしたフレームワークを使って自己評価することで、今後の方向性や取り組みを検討しやすくなるでしょう。第3者による評価も重要ですが、自らの目で確認するということも必要です。生徒の状況に鑑みて、取り扱う内容や方法を考え、現状では何が不足しているのか、何が特徴として考えられるのかを捉えてみましょう。何よりも、そのための時間をまずは確保したいものです。こうした場において、教師間のコミュニケーションや協働の機会を見つけたり、互いの実践を評価し合ったりすることができるでしょう。「私の授業」として閉じていた＜静的な＞実践が徐々に他者（同僚や管理職、また民間団体などの関係者）に開かれていきます。他者とコミュニケーションをとりながら協力して取り組むことで、＜動的な＞実践へと変容していくでしょう。

　このルーブリックの課題としてあげられていることは、持続可能な社会をつくるために、現在、習慣的に行っている考え方や価値観、ふるまいを変容させることです（DECS, 同上書）。確かに、「持続可能な社会」自体に正解のビジョンがあるわけではないため、それぞれが考え、イメージを共有する議論がまずは必要となります。さらに、既存の考え方や価値観、行動を変容させ、新しい見方を身につけるということにも、どこかに正解の「考え方や価値観、行動」があるように読み取れることでしょう。しかし、持続可能性に関して明確な正解はありません。「持続可能性の成果を得ることは、学習過程の重要な一部分である。すなわち、EfS は『目的地』ではなく、『旅路』である」（同上書: 9）という言葉にあるように、EfS は私たちの身のまわりの出来事や既存の考え方等を問い直し、何がよいのかを改めて考えさせる機会を提供します。その中で、

私たちの学校は、より幅広いコミュニティとともに持続可能性という文化を発展させます。

| 項目＼段階 | スタート | チャレンジ | コミットメント | トランスフォーム |
|---|---|---|---|---|
| ビジョンと価値観 | 私たちの学校がもつ持続可能性のビジョンと価値観を検討する必要があると、認識している | 私たちの学校は、持続可能性のビジョンと価値観を発展させるためにコミュニティとともに活動を開始する | 学校生活のあらゆる領域を通じて、そのビジョンと価値観への関与を示す根拠となる取り組みがある | より持続可能なライフスタイルの構築のために、核となるビジョンと価値観が実践・更新され、それがコミュニティ全体に共有されている |
| 相互連関性 | 私たちの学校は、社会・環境・経済という持続可能性の各要素を統合する方法を考えている | いくつかの私たちの実践では、社会・環境・経済の各要素のバランスがとれている | 私たちの学校は、社会・環境・経済の各要素に同等の価値を置いて意思決定を行っている | 持続可能性という文化を通して、社会・環境・経済の各要素が統合されている |
| ホールスクール・アプローチ | 個々人がEfSの中で自らが果たす役割を考慮し、認識している | 委員会や研究会といった集まりが、各々の活動を学校の持続可能性を掲げビジョンを統合する方法を考慮している | 持続可能性を掲げたビジョンの実現に向けて、ホールスクールの関わりがある | 私たちの学校は持続可能なコミュニティの一部である |

**図表2-8 「文化」のルーブリック**
出典）DECS（2007: 11）より抜粋、筆者（曽我）訳・加筆。

私たちの学校は、コミュニティとともに持続可能性に向かって変わろうとする際に求められる理解、スキル、価値観を育みます。

| 項目＼段階 | スタート → | チャレンジ → | コミットメント → | トランスフォーム |
|---|---|---|---|---|
| 学習と変化 | 私たちの学校は、持続可能性について学んでいる | 私たちの学校は、より持続可能になるために学んでいる | 調査や改革によって、持続可能性に向けた変化が促される | 現行の学習と変化のプロセスは、当然視している知識や価値観への挑戦である |
| 持続可能性のための学習 | 私たちの学校は、持続可能性が最優先事項であることを認識している | 私たちの学校は、学校教育におけるいくつかの側面から持続可能性を実践している | 持続可能性の適用と現行の学習が関連している | 私たちの学校は広範なコミュニティとともに、持続可能性の一つのモデルになっている |
| 持続可能性の探究 | 私たちの学校は持続可能性への問いを始めている | 現在の実践は、探究のプロセスを経て行われている | 探究のプロセスは、私たちの学校全体で協力し合って展開・実行されている | 相互に連関する探究のプロセスが、私たちのコミュニティ内での持続可能性の学習を支えている |

**図表2-9 「理解」のルーブリック**
出典）DECS（2007: 13）より抜粋、筆者（曽我）訳・加筆。

第 I 部　サスティナブルな学校とは

私たちの学校のカリキュラム、学習プロセス、教授法は、より広範なコミュニティにおける持続可能なライフスタイルの実現をコミュニティとともに支援します。

| 段階　項目 | スタート | チャレンジ | コミットメント | トランスフォーム |
|---|---|---|---|---|
| カリキュラム | 私たちの学校は、カリキュラムを見直し、EfS を行う機会を探している | 私たちの学校は、コミュニティの優先課題を含む刷新的な EfS カリキュラムを開発している | ホールスクールのコミュニティは、EfS の成果を達成する統合的なカリキュラムに従って活動している | コミュニティが一丸となって EfS のカリキュラムを発展させるための見直しと改革の継続的なプロセスがある |
| 学習環境 | 私たちの学校には学校の内外で行動に基づいた学習を支援するための潜在的な学習環境の場がある | さまざまな環境で持続可能性のための行動に基づいた学びが展開されることを支援している | 私たちの学校では、持続可能性に向けた行動を起こすために多様な環境を利用してもよいと約束されている | 持続可能性と教育成果は多様な環境における行動に基づいた学びを通して達成される |
| 教授法 | 私たちの学校は現在の授業や他の実践を省察し、また変化のプロセスにおいて生徒の声と参加に価値を置くことを認めている | 教育者と実践者は持続可能性に関わる経験に積極的に関わる | 持続可能性の成果はカリキュラムを通して、生徒とともに達成される | 学習するコミュニティが団結して持続可能な変化を導いている |

図表2-10　「学び」のルーブリック
出典）DECS（2007: 15）より抜粋、筆者（曽我）訳・加筆。

第 2 章　ホールスクールとは

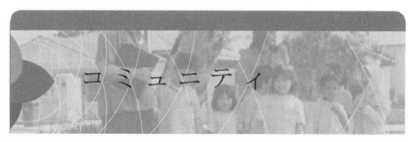
コミュニティ

私たちの学校は、コミュニティとともに持続可能性を実現します。

| 段階<br>項目 | スタート → | チャレンジ → | コミットメント → | トランス<br>フォーム |
|---|---|---|---|---|
| コミュニティの<br>つながり | 私たちの学校は、コミュニティとのつながりの必要性を認識している | 私たちの学校は、コミュニティのメンバーとのつながりを積極的に築いている | 持続可能性の成果を実現させるために、コミュニティとのつながりは支援・更新・拡張されている | 学校とコミュニティは持続可能なライフスタイルを牽引し、また実現している |
| 能力開発 | 地域のコミュニティと持続可能性の実現のためにともに学び活動することに関する議論がある | 持続可能性に向けたスキル開発や理解向上、価値観涵養の機会がある | コミュニティ全体が、さらなる持続可能性を実現させるための能力の向上に関与している | すべてのコミュニティが持続可能なライフスタイルを実現するための能力を継続的に高めている |
| パートナーシップの開発 | EfSの貢献者としてのコミュニティの役割について調査している | 私たちの学校とコミュニティメンバーには、持続可能性に関わる諸課題および機会を確認するためのパートナーシップがある | パートナーシップは公認され、持続可能性に向けたビジョンによって統合される | 持続可能性の実現を通じて、パートナー間の関係性と相互交流を育んでいる |

図表2-11　「コミュニティ」のルーブリック
出典）DECS（2007: 17）より抜粋、筆者（曽我）訳・加筆。

47

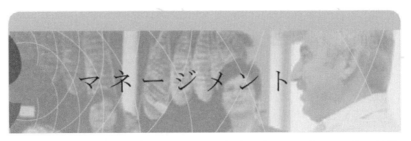

私たちの学校のリーダーシップ、ガバナンスおよびマネージメントのプロセスによってEfSは促進されます。

| 項目＼段階 | スタート → | チャレンジ → | コミットメント → | トランスフォーム |
|---|---|---|---|---|
| リーダーシップ | 私たちの学校は、あらゆる人々がリーダーになりえる民主的なプロセスとしてEfSを認識している | リーダーシップをとる機会が生徒、教職員、そしてより広範なコミュニティに与えられている | すべての人が役割を担い、EfSにおけるリーダーとして養成されている | すべての参加者は持続可能性を実現するリーダーである |
| ガバナンス | EfSが紹介され、ガバナンスの組織体制内で議論されている | EfSを学校の優先事項や方向性に統合するための公式の合意がある | ガバナンスの組織体制がEfSを後押しし発展させている | 持続可能性を志向する文化がすべてのガバナンスの決定を下支えしている |
| 計画とマネージメント | 私たちの学校はEfSを最重要課題にするための決定がなされるように、情報を収集している | 共同作業で作られたマネージメント計画が、EfSの実行を促している | 持続可能性に関するデータに基づいて、計画、見直し、管理活動という現行のサイクルが回っている | 計画とマネージメントのプロセスを通して、継続的に持続可能性が高まっている |

図表2-12 「マネージメント」のルーブリック
出典）DECS（2007: 19）より抜粋、筆者（曽我）訳・加筆。

学習者がどのように変容していくのかを捉える必要があります。この活動がEfSという教育であるからこそ、結果としての「変化」のみならず、その過程にいる生徒をケアし、ともに考えていくことに意義があると言えます。

　学校や地域コミュニティに住む一人ひとりが、持続可能性の視点から学校文化を捉え、それをコアに据えたサスティナブル・スクールに関わることで、自ずと学習過程に参加しています。持続可能な社会づくりの一員となって、ビジョンや価値観を議論することでそれらを互いに共有することができ、持続可能な開発を経験し、学びます。その対象者は、生徒だけではありません。保護者、教師、管理職や教育行政官などの意思決定者、清掃員等の職員といった学校に関わるあらゆる人が、このプロセスに関わっているのです。

　最後に、ルーブリックについて一点指摘しておきます。ルーブリックは時に、表に書かれている内容に影響され、学習過程という文脈の中で関連し合う諸活動を分断させます。実践をふり返るための入り口としての役割は大きいと言えますが、それだけで評価を完結してしまうことがないように留意しなければなりません。ルーブリックを土台にして、自分達の実践や言動を内省し、共有する機会を定期的にもつことに意義があります。また、そこで話される生徒や同僚の日常の様子を共有しておくことで、互いにケアし合う土壌がつくられていくことでしょう。このような波及効果によって、モデルの中心にあった「文化」が根付いていくことが期待されます。

## 2．ニュージーランドのEfSの枠組み

　南オーストラリア州と同じように、環境教育の実践に歴史があるニュージーランドはEfSの取り組みを推進しています。ニュージーランドにおけるEfSは、未来世代の福祉や地球を守る方法で考え、行動するための学びを示します。EfSでの学びには、水や土地、エコシステム、エネルギー、無駄づかい、都市生活、交通を含む環境、自然環境と人間の活動との相互作用と両者の関連性、私たちが環境に害となる活動を変えたり、減らしたり、妨げたりするために取捨する選択と行動が含まれます。これら3つの特徴をさらに詳細に図示したのが図表2-13です[6]。

　「渦巻き（swirl）」には、EfSで扱われる内容が示されています。環境的側

面、社会・文化的・政治的側面、経済的側面の３層が重なっており、渦の先端で３層が統合され、「刷新的な国家をつくり、またサスティナブルに考え行動する意欲のある人間へと導く態度と価値観」と記されています。それは、いわば、目指される方向性と言えるでしょう。「環境的側面」には、環境リテラシー、気候変動、生態系生命維持システム、調査と研究、生物多様性についての知識と理解、相互依存性、環境についての知識、外来生物種の記載があります。「社会・文化的・政治的側面」には、公平と公正、文化的視野、全体的な福祉、平和教育、行動に向けての個人と社会の責任、先住民文化の権利が含まれています。「経済的側面」には、環境法、持続可能な土地利用、持続可能な産業開発、持続可能な起業教育、資源管理、エネルギー消費と保全、グリーンな消費主義、持続可能な観光事業、フェアトレード、資源の公正な分配があります。さらに、３層の上部には、学習や身につけてほしい思考方法が書かれています。パートナーシップ・協力・協働、批判的な問い・内省的思考・対比・解決策を生み出すこと、複雑な諸問題を意味づけるための教科の統合的かつ横断的な学び、協同学習・探究学習・「行動」に方向づけられた体験学習、未来志向・状況改善・意思決定とあります。３層とこの学びの部分に渡って「質の高い教育の側面」と記されています。

　図表2-13 にある「質の高い教育」とは、３層に書かれている内容について考えさせる実践をすることであると読み取れます。その学びでは３層の上に書かれている経験や問い、教科横断などの手法を取り入れることが求められています。また、３層は固定されているわけではないことを図が示しています。それぞれの側面はパズルのピースが組み合わさるようにつながっています。また、「環境的側面」の下部と「経済的側面」の上部には、別の「側面」をつけ足すことができるように余白が描かれています。このことからも、この３層の修正や追加は「渦巻き」を使用する人の手に委ねられていること、また社会の変化にともなって、新たに検討すべき側面がつけ加えられることなどが考えられるのです。この枠組みのさらなる展開は、教師やファシリテーターなどの実践者や、校長や教育行政官などの意思決定者などが集い、どのようにしたら使いやすいか、また新たな側面には何がよいのかといった議論を重ね、学校や地域コミュニティの状況に応じてなされることが望ましいでしょう。

第2章 ホールスクールとは

図表2-13 EfSの渦巻き

出典）Ministry of Education. "EfS in the Curriculum." Education for Sustainability. <http://efs.tki.org.nz/EfS-in-the-curriculum/What-is-education-for-sustainability/EfS-Swirl>（2014年9月16日参照）筆者（曽我）訳。

## 第1部　サスティナブルな学校とは

　EfSを学校で取り組むために、教師を含むニュージーランド調査チームは、持続可能性に向けたホールスクール・アプローチを推進し、サスティナブル・スクールにしていくための枠組みを提示しました。それが、図表2-14です。

　学校生活における4領域、つまり、「人」「プログラム」「実践」「場」の関係性を捉える図です。サスティナブル・スクールでは、「人」は共に働き、ニュージーランドの二文化主義[7]の伝統と両者のコミュニティの多様性を反映しています。また、自信をもって互いがつながり合い、積極的に関わる生涯学習者となることが目指され、意思決定にすべての生徒が参加することを保証します。「プログラム」は、人と環境の相互作用についての学びとより持続可能な未来のために求められる態度やふるまいを育てることに焦点を置きます。行動することを通して生徒がなぜ持続可能性が問題になっているのかを考えたり、彼／彼女たちの学校やより広い地域コミュニティで持続可能性を現実にする方法を見つけたりします。「実践」は、未来に向けてよりしなやかなコミュニティにする

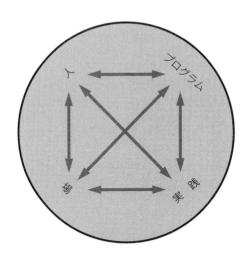

**図表2-14　サスティナブル・スクールの枠組み**
出典）Ministry of Education. "EfS in Schools," Education for Sustainability.
＜http://efs.tki.org.nz/EfS-in-schools/What-is-a-Sustainable-School＞（2014年9月16日参照）筆者（曽我）訳。

ために、持続可能な実践が生徒や教職員によってつくられる学校文化の一部分であることとされています。「場」は、未来世代が私たちの暮らしている多様性のある美しい世界を享受できるように、生徒と地域コミュニティが快く地球への影響を減らし、共に働く場がつくられることを指しています。

　この枠組みは、「人」の10項目、「プログラム」の6項目、「実践」の6項目、「場」の3項目からなる25項目と、「何もしてない」「始めたばかり」「少し見られる」「できている」「よくできている」の5段階からなるルーブリックを併用しています。25項目の詳細は、図表2-15のとおりです。ここに、一例として「場」のルーブリックを掲載します（図表2-16参照）。

　枠組みと対になっているルーブリックは、EfSのホールスクール・アプローチとはどのような特徴をもっているのかを示すためにつくられ、学校でのホールスクール・アプローチの促進も図っています。自分達の実践や学校改革を話し合う際の道具として考えられました。決して他校と比較したり既存の基準枠に逆らったりするためではないと説明書きされています。そのため、よく訓練されたファシリテーターがこの枠組みを説明しながら、それぞれの学校の実践を持続可能性の視点から考えられるように手助けします。ふり返りともなる作業を通して、4領域の偏りや関わり、つながりなどから自分達の学校の取り組みの強みや課題を捉えることができます。ファシリテーター用のガイドには、25項目の詳細が説明されています（Teaching and Learning Research Initiative, 2010a）。また教師用ガイドには、このルーブリックの使用目的が書かれています（Teaching and Learning Research Initiative, 2010b）。

　EfSに取り組むための概念図である「渦巻き」と、実践のプロセスを評価できるルーブリック付きの枠組みによって、どのように始めればよいのかのヒントが用意されているため、EfSを始めようと思う実践者や管理職にとっては有効でしょう。また、実践レベルにおいても、教育省のホームページには参考となる教材が添付されているなど、実践者に配慮された環境設定がなされていることもニュージーランドのEfSの特徴としてあげられます。誰にでも入手可能な枠組みや教材を基盤にして、授業の内容や進度によって自由に修正や加筆をして展開させていくことも可能です。実践者自身が継続的に取り組めるように、環境を整える支援をしていくことの重要性に気づかされます。「渦巻き」

図表2-15　25項目の内訳

| 人 | プログラム | 実践 | 場 |
|---|---|---|---|
| ●学校に関わるあらゆるグループが協力して働いている<br>●学校とその地域コミュニティの文化的多様性を反映している<br>●ニュージーランドの二文化併用の伝統を認めている<br>●学びのためにコミュニティとの関係がある<br>●参加型の鍵となる意思決定をしている<br>●持続可能性のための行動に関わっている<br>●学校内のEfSのために管理職からの支援がある<br>●EfSの研修に教職員を参加させている<br>●EfSにおける地域・国内・グローバルコミュニティの一部として学校を認識している<br>●EfSにおける目標達成を学校全体で評価している | ●EfSのための学校全体の計画がある<br>●学習領域とEfS促進との一貫性を考えている<br>●持続可能性における行動的コンピテンシー[8]を発達させるために、EfSの効果的な教授法を活用している<br>●さまざまな環境で(教室の内外の)EfSの学びの経験を促進している<br>●EfSにおいて教科横断の機会を促進している<br>●持続可能性における生徒の行動的コンピテンシーの発達を確認する評価を実施している | ●持続可能性の原則に基づく予算と購入の手続きを利用している<br>●EfSに役立つ組織的な支援体制がある<br>●持続可能な資源管理を実践している<br>●確実に学校実践がEfSの学校全体のプログラムと目標を強化している<br>●新しい教職員と生徒が学校の持続可能性に適応できるようにしている<br>●モニタリング・評価とふり返りをしている | ●授業および日常での学びのために、校内のさまざまな自然環境を活用している<br>●人とエコシステムを持続させる校内にはさまざまな自然環境がある<br>●環境と生徒の学びのために、新設および既存の校舎を活かしている |

出典）Teaching and Learning Research Initiative（2009）をもとに筆者（曽我）訳・作成。

図表2-16 「場」のルーブリック

| 要素＼段階 | 場 | | | | |
|---|---|---|---|---|---|
| | 何もしていない | 始めたばかり | 少し見られる | できている | よくできている |
| 授業および日常での学びのために、校内のさまざまな自然環境を活用している | 授業および日常での学びのために、校内のさまざまな自然環境を活用していない | 授業および日常での学びのために、校内のさまざまな自然環境を活用するということへの気づきが大切である | 授業および日常での学びのために、1～2ヵ所の自然環境が校内にある | 授業および日常での学びのために、いくつかの自然環境が校内にある | 授業および日常での学びのために、非常に多くの自然環境が校内にある |
| 人とエコシステムを持続させる校内にはさまざまな自然環境がある | 人とエコシステムを持続させる校内には自然環境が多様にない | 人とエコシステムを持続させる校内にはさまざまな自然環境があるということへの気づきが大切である | 人とエコシステムを持続させる1～2ヵ所の自然環境が校内にある | 人とエコシステムを持続させるいくつかの自然環境が校内にある | 人とエコシステムを持続させる非常に多くの自然環境が校内にある |
| 環境と生徒の学びのために、新設および既存の校舎を活かしている | 校舎の管理・新築に環境の、または持続可能な原則が反映されていない | 環境と生徒の学びのために、環境および持続可能な原則を組み入れ、校舎を管理・新築することが重要であると気づく | 数棟の校舎の管理・新築に環境および持続可能な特色を組み入れ、生徒の学びのためにこうした校舎を活用する機会が調査されている | 多くの校舎の管理・新築に環境および持続可能な特色を組み入れ、こうしたアイデアのいくつかが生徒の学びにつながっている | 健全かつエコロジカル、および持続可能な原則が、生徒の学びと一体化し、すべての校舎の管理・新築が、こうした原則に基づいている |

出典）Teaching and Learning Research Initiative（2009: 7-8）をもとに筆者（曽我）訳・作成。

に記されていた「質の高い教育」を展開していくためにも、実践者の授業研究や教材開発を手助けするシステムをつくっていくことが望まれます。学級や学校で活用できる教材や研修用ツールを提示することも、質の高い学びをもたらすための環境設定の一つとして考えていく必要があるでしょう。こうした情報にアクセスできる環境やシステムが整備されることで、実践者にとっては多忙な毎日の中でも授業準備や学級・学校運営の検討等をすることが少しでも容易になるのではないでしょうか。

　ニュージーランドのように、ワークの進め方とワークシートが添付されていることで、自分には、または自分達の学校では何ができるのか考えることができます。実践事例も参考にしながら、まずは「私」に何ができるのか、どのように進めたらよいのかを考え、同僚の教師間でアイデアを共有するといった、協働の場をつくっていくこともサスティナブルな学校につながる一つの道です。

## 3．ユネスコによる「ESDレンズ」

　「10年」の後半期の2010年にユネスコから出された評価ツールである『ESDレンズ：政策および実践のためのリビュー・ツール：行動するESD：ティーチングとトレーニングのためのツール（以下、「ESDレンズ」）』は、教育システムの新たな方向づけに焦点を絞りました。各国の政策や状況に合わせて、教育政策や教育実践を再検討できる枠組みを提供しています。環境教育およびESDをけん引してきた一人であるジョン・フィエン教授（オーストラリア、RMIT大学）が監修しました。「ESDレンズ」は規範ではありませんが、ESDの視点を使った教育改善のガイドラインや出発点を示します。学校の中にある普段当然視している習慣的なふるまいや考え方について、一度ESDの視点（レンズ）から捉え直すことを通して、自らの取り組みをふり返り、特徴や課題について改めて考えることを促します。その狙いは、持続可能な開発に向けた学びの質を特徴づけること、ならびに政策とカリキュラム、支援体制にESDの理念をどのように融合するのかを検討することにあります。「ESDレンズ」の邦訳はESDに関するユネスコ世界会議のウェブサイト　http://www.unesco.org/new/jp/unesco-world-conference-on-esd-2014/resources/key-publications/　より入手可能です。

「ESDレンズ」は図表2-17 で示す構造となっています。「計画と文脈のレビューツール」は、国・地域レベルでの ESD の実践に一貫性をもたせるために、持続可能な開発や ESD についての基本的概念の理解や合意形成、ならびに ESD に取り組むための行動計画の策定や現行のプログラムやリソースの確認を目的にしています。「政策レビューツール」は、教育の目標や目的の再方向づけを支援するために用いられます。「学習成果の質のレビューツール」は、実践での手法や内容、能力開発や価値観の涵養に関連しています。「実践レビューツール」は、教育実践のさまざまな状況に注目し、カリキュラム開発や学習教材、学習評価といった教育現場で役立つ「道具」が含まれています。さらに、それぞれのツールがどのような人に役立つかが図示されています。計画や政策に関わるレビューツールは、特に、政策立案者や教育行政官、管理職などに有用でしょう。また、実践に深く関わるレビューツールは、実践者である教師やファシリテーター、管理職、さらには教科書作成者やアドバイザーなどの助けとなるでしょう。

　図表2-17 にツールを活用する対象者が記してありますが、あくまでも例示にすぎません。計画段階において、実践者や地域の人と ESD についての理解を共有することは必要です。学校関係者として対象者を広く設定し、またさまざまな人の意見が反映されることが求められます。また、実践段階のツールについても、政策立案者や研究者、教育関連の企業関係者等が一堂に会し、実践者の意見や感想を聴くことも重要です。こうした場は、実践者にとっても日頃出会わない人との交流する貴重な機会ともなるでしょう。このような分野を越えて、さまざまな人がつながることができること、ならびに ESD についての議論を進めることができることも、この「ESDレンズ」の利点であると言えます[9]。

　では、「ESDレンズ」の中にある実践をモニタリングする項目をみてみましょう。「ESD とサスティナブル・スクール」というレビューツールがあります。定期的に関係者が集い、学校の状況を持続可能性の視点から確認するための評価表です（図表2-18参照）。この評価表のもとになっているのが、図表2-19 です。まずは学校の現状をふり返り、ESD に取り組む環境が整っているのかを確認するとともに、持続可能な開発の視点から校内を見直し、状況を把握します。

第 I 部　サスティナブルな学校とは

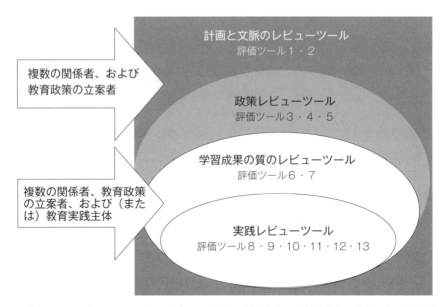

図表2-17　レビューツールと、レビューの過程で想定される広域な参加の枠組みとの関係性
出典）UNESCO（2010＝2013: 9）より抜粋。

　その上で、改善や今後のさらなる発展に向けて求められることを共有します。「正規のカリキュラム」および学校運営に関わる領域の２つからなり、それぞれに下位項目があげられています。さらに、下位項目と ESD との関連を捉えるための視点が示されており、それぞれに該当するツールが「ESDレンズ」の中にあることが記されています。ツールを活用することで、ESD の視点から現行の実践を見直すことができます。それにより、自分達の実践のふり返りができ、強みと課題を可視化できるわけです。加えて、「正規のカリキュラム」「社会の持続可能性」「環境の持続可能性」「経済の持続可能性」「文化の持続可能性」の５分野からなり、各５項目立てられた評価表を用いて、自己評価することで自らの実践を相対的に捉えることができます。
　自らの実践を客観視するために「優れている４」「良い３」「まあまあ２」「始めたばかり１」という４段階が示されており、点数化できるようになっています。合計100点として、どの分野がよく取り組まれているか、また検討課題

であるのかを明確に識別できます。確かに、点数にして表すことで、自分達の取り組みの特徴を捉えることに役立つため、その後の方針を検討する上でも有効でしょう。点数化それ自体に問題はありませんが、一旦それが他者評価の指標とされれば、競争と序列化による弊害が生まれることは容易に想像できます。このようなリスクを回避するためにも、「ESDレンズ」で重要視されている参加型と文脈化に意識的に取り組むことが必須となります。

　文脈化では、プロセスや個々の実践のつながりが重視されます。けれども要素還元的に、すなわち、ある一部分を切り取って実践を評価するとなると、それぞれのつながりが見出せなくなります。なぜその実践をしたのか、または必要であるのかを問い、学級や学校全体における価値づけや意味づけを共有しながら、評価においてつながりの中で捉えていくことが求められます。

　参加型については先述したとおりですが、文脈化に関連して一言つけ加えるならば、参加型によって自分達の実践の意義を確認することができるでしょう。学校に関わるさまざまな人が評価プロセスに参加することで自らの実践の価値づけや意味づけが自分達自身でなされます。もちろん、ここで重要となるのが、ファシリテーターの存在です。その役割は極めて大きいと言えます。評価が現状をふり返り、次のステップを考えるきっかけとなるように、その機会を有効に活用する必要があります。第3者による一方向的な外部評価もうまく活用しながら、ファシリテーターに導かれた自己評価を通して、教育活動全体の見直しや改善のポイントを捉えることができるでしょう。

　「ESDレンズ」のさまざまなツールを活用して、さらなる発展の可能性を見出すことができます。評価活動によって、さまざまな制約からできないことも見えてくるかもしれません。けれども、できないことを考えて「お先真っ暗」となるのではなく、小さな「できること探し」をしていくことに努めてみたらいかがでしょうか。評価は決して誰かを責めたり、責められたりする活動ではありません。何か少しでも変わるための「扉」を探してみてください。

　ところで、こうした場を設けること自体が課題としてあげられるかもしれません。教育委員会や高等教育機関、またNPO／NGO等でファシリテーター養成講座やツールの活用のための研修や研究会等を開くなどの支援体制の充実化も検討されてよいでしょう。

一方で、サスティナブル・スクールの実現に向けたホールスクール・アプローチに求められる視点が最低限示されているため、誰もが押さえておくべきポイントを確認することができます。細かな項目が少ない分、この枠組みには使い手の目的に応じて活用することができる柔軟性があります。学校の地域性や関係者の特性を活かして、独自の評価枠組みをつくることができます。評価表から各学校の「らしさ」を捉えることができるかもしれません。また、項目を更新・修正していくことで評価表も変容し、ESD の実践でその時々に何を大切にしてきたのかというプロセスを見返すことができるでしょう。

では、最後に内発的に ESD を発展させるための評価枠組みについて述べて、本節の結びとしたいと思います。サスティナブル・スクールがどのようなものであるのか、またどのように進めていけばよいのかというプログラムの始点として、枠組みは方向性を示す上で重要です。しかし、それにともなってプログラムの進行状況を確認するための評価表などの細目のほうが強調されては本末転倒でしょう。ESD は「各々の地域に根ざす独自の文化や社会的背景、歴史などを重視した実践」であるため、各学校や教師による裁量が認められてもよいはずです。「ESD の 10 年」の指針とされる国際実施計画に記されているとおり、ESD は地域性や文化を重視します。それは、各学校の特色に応じて異なるテーマのもとでの取り組みを可能にします。つまり、実践者のオリジナルな発想が活かされる場となるのです。ここで紹介したサスティナブル・スクールのための枠組みは教育現場がこうした場を見つけ、いかに使うかについて改めて考えられるようにしているとも言えます。どの枠組みにも自分達の状況に合わせられる「余白」や「すき間」「アソビ」を見つけることができます。

「余白」があるということは、取り組みをふり返って、状況を確認したいときに、評価する人たちによって常に修正や加筆ができる柔軟性があることを示します。それぞれの学校によって、集う人が違えば抱える問題は異なります。評価のプロセスにおいて、改めて確認される各学校の教育の方向性やそのときの状況によって、つけ足したい項目が提案されるかもしれません。そうしたことができる「余白」をもっていることで、独自の変容の軌跡を記録することもできます。

「こうあらねばならない」という形式が優先されれば、自身の実践をふり返り、今後の方向性を検討するという目的のもとで行われている評価そのものが形骸

図表2-18 サスティナブル・スクールの監査

| 正規のカリキュラム | 優れている 4 | 良い 3 | まあまあ 2 | 始めたばかり 1 |
|---|---|---|---|---|
| 1. 私たちの学校にはESDの目標と目的が明文化された指針がある。 | | | | |
| 2. 複数のカリキュラムが交錯するテーマであるESDに関して効果的な調整がなされている。 | | | | |
| 3. すべての教科を通じて、持続可能な開発の諸問題を紹介するためのあらゆる機会を設けている。 | | | | |
| 4. 全学年において持続可能な開発の諸問題に関する教材が十分に行き渡っている。 | | | | |
| 5. 持続可能な開発についての授業が効果的であるかどうか定期的に評価している。 | | | | |
| 正規のカリキュラム:小計 | | | | |
| **社会の持続可能性** | 4 | 3 | 2 | 1 |
| 6. 学校とカリキュラムに浸透している校風はジェンダーの公正に関する問題に敏感である。 | | | | |
| 7. 生徒は地域のコミュニティの問題解決の手助けに積極的に参加する機会とスキルを与えられている。 | | | | |
| 8. 学校とカリキュラムに浸透している校風のお陰で、グローバルな共同体の市民として生きていくための備えが生徒に十分になされている。 | | | | |
| 9. すべての生徒、とりわけ身体障がいや学習障がいのある生徒の特別なニーズが満たされている。 | | | | |
| 10. 生徒が前向きに行動していく手助けになるように、すべての職員が対立解決の戦略に関わるスキルを身につけている。 | | | | |
| 社会の持続可能性:小計 | | | | |
| **環境の持続可能性** | 4 | 3 | 2 | 1 |
| 11. 学校は可能なかぎりリサイクル製品を使用しており、また積極的で包括的なリサイクル方針をもっている。 | | | | |
| 12. 学校はエネルギーの効率化を積極的に推進し、実践している。 | | | | |
| 13. 学校は地球への影響を最小限に抑えるという観点から資源を購入・使用している。 | | | | |

第Ⅰ部 サスティナブルな学校とは

| | 4 | 3 | 2 | 1 |
|---|---|---|---|---|
| 14. 校舎やその周辺は、生活したり学んだりするためには美的に満足のいく環境を提供している。 | | | | |
| 15. 学校はケアの姿勢や自然に対する責任感を積極的に向上させている。 | | | | |
| 環境の持続可能性：小計 | | | | |
| **経済の持続可能性** | 4 | 3 | 2 | 1 |
| 16. 学校における資源の分配において、競争ではなく共同と共有の精神が具現化されている。 | | | | |
| 17. 生徒は学校や地域のプロジェクトを組む機会を通じて、小規模ビジネスのスキルを学んでいる。 | | | | |
| 18. 生徒には、校内で資源がどのように分配されるのかという決定に参加することができる。 | | | | |
| 19. 維持管理の文化があり、すべての校舎や設備がうまく修復され、よい状態のまま維持されることを確かなものにしている。 | | | | |
| 20. 学校の資金調達活動は、倫理的な原則を反映したものとなっている。 | | | | |
| 経済の持続可能性：小計 | | | | |
| **文化の持続可能性** | 4 | 3 | 2 | 1 |
| 21. 校風は自尊感情や尊敬し合う関係、思いやりのある社会関係を促進している。 | | | | |
| 22. 学校とカリキュラムに浸透している校風のお陰で、多文化社会で生きていくための備えが生徒に十分になされている。 | | | | |
| 23. 学校は、学校の内部とより広いコミュニティの双方で文化的多様性を支援するための積極的な役割を担っている。 | | | | |
| 24. 学校は、学校内外のコミュニティで積極的な役割を担っている。 | | | | |
| 25. 学校に浸透している校風は、人が大切であること、誰もが持続可能な開発に貢献できる何かをもっているということを示している。 | | | | |
| 文化の持続可能性：小計 | | | | |
| 合計（100点） | | | | |

出典）UNESCO（2010＝2013: 80-82）より抜粋、一部翻訳修正。

図表2-19 サスティナブル・スクールの実現に向けたホールスクール・アプローチ

| 見直しのためのカリキュラム開発およびホールスクールづくり | 見直しの範囲 | 学校におけるESDに向けたホールスクール・アプローチへの貢献度 | 学校方針と実践の改善とさらなる発展への意見やアイデア |
|---|---|---|---|
| 正規のカリキュラム | カリキュラム編成 | カリキュラムにおけるESDの要素 | |
| | 授業と学習戦略 | カリキュラムにおけるESDの要素 | |
| | 教室用学習教材 | 入手可能なESDの学習教材 | |
| | 評価の実践 | ESDに適応する評価 | |
| | 教師の専門性の発展 | 教師のESDプログラム | |
| 学習システム／ホールスクールの見直し | 校舎と校庭のデザインと建築 | 社会的／経済的／環境的／文化的側面 | |
| | エネルギーの利用と消費 | 経済的／環境的側面 | |
| | 水の利用と消費 | 経済的／環境的側面 | |
| | 紙の利用と消費 | 経済的／環境的／文化的側面 | |
| | ゴミの管理 | 環境的／経済的側面 | |
| | 学校への交通 | 経済的／環境的／社会的側面 | |
| | 給食 | 経済的／社会的／文化的側面 | |
| | ジェンダーの公正 | 社会的／文化的側面 | |
| | 子どもに優しい学校づくり | 社会的側面 | |
| | 学習または身体障がいのある生徒への支援 | 社会的側面 | |
| | 地域社会の事業への生徒の参加 | 社会的／文化的側面 | |
| | 学校の意思決定への地域コミュニティの参加 | 社会的側面 | |

| | | | |
|---|---|---|---|
| | 学校の意思決定への生徒の参加 | 社会的側面 | |
| | 地域経済、持続可能な暮らし、持続可能なライフスタイルの関与 | 経済的／環境的／文化的側面 | |
| その他 | | | |

出典）UNESCO（2010=2013: 78-79）より抜粋、一部翻訳修正。

化してしまいます。そうならないためにも、評価に関わる人が何のための、誰のための評価であるのか、評価自体の意味を話し合い、それを共有しておくことも必要になってくるでしょう。変容のプロセスではこうした対話の場が多層的に積み重ねられます。すると、学校に浸透している「校風(エートス)」が少しずつ変わっていくのです。

　ホールスクール・アプローチは、場に集う人と人の対話を重視してなされる手法であり、またルーティーンとなっているふるまいや当たり前と思っている考え方をふり返り、持続可能性の視点から捉え直そうとする手法でもあります。そのため、どこか「面倒くささ」があると思われるかもしれません。けれど、場に集まり一人ひとりとの対話があるからこそダイナミズムが生まれ、わくわくする愉しさを感じられるのではないでしょうか。ここにこのアプローチの醍醐味があるように思われます。サスティナブルな学校、すなわち一人ひとりの存在が大切にされる学校になるために、まずは目の前にいる生徒や同僚に、そして、「私」自身の〈いま・ここ〉に目を向けてみてください。そこで出会う・見つけた「何か」に「私（たち）」なりの、オリジナルな ESD の種があるように思います。

## 3．ホールスクール・アプローチの特徴

### 1．「断片化」しないための学校づくり

　ここで、第 1 章であげた「あいち・なごや宣言」ではグローバル・アクション・

プログラム（GAP）が各国で展開されることが強調され、学校にはホールスクール・アプローチ（学校全体でESDを浸透させていく手法）を実践することが求められていることを想い起こしてみましょう。

こうした主張は、世界的にも、「断片化」が見られた、もしくはESDに期待される変容やシナジーが生まれないという反省の裏返しとして捉えることができます。ここで大切なのは、ESDをビジョンとして捉えること、つまり教育全般に変容をもたらす概念として把握することです。ビジョンを意識していれば、現実の制約に引き下ろされそうになっても、変容に向けた営みが継続され得るからです。

ESDのビジョンに導かれ、これからの学校での取り組みは授業など個々の「断片」ごとの努力ではなく、学校全体（ホール）で取り組むような全体のデザインになると言えるでしょう。デザインとは、自由を基盤として創造される行為ですから、それだけにしっかりとしたコンセプトをもたねばなりません。そのために必要なのは、やはりビジョンをもつこと、言い換えるなら、神髄（ぶれない軸）をしっかりと捉えることです。

前節で示したようにこうした努力、つまり、個別の能力などの構成要素を強調するアプローチではなく、軸を大切にしながら、教育活動全体をデザインするアプローチは欧州や豪州などで試みられてきました。「10年」を顧みれば、決して多くはないものの、「真ん中の部分」（図表2-2、図表2-3参照）を吟味すべく努力が払われてきたことがわかります。

あるビジョンのもとに、壮大な学校および社会づくりの構想を打ち出したのが、冒頭にふれたイギリスのサスティナブル・スクールです。ホールスクール的な観点から学校の持続可能性に関する構想を体系的にまとめてきたサスティナブル・スクールは、一つのビジョンのもとに作られた緻密な構想であり、注目に値すると言えましょう。詳細は、第Ⅱ部で説明をすることにして、ここでは概要のみを述べておきたいと思います。

同構想は、学校全体計画や年間計画を立てるという手法でも、持続可能な社会形成に資する能力・態度を例示するのでもなく、現場が自身の学校の持続可能性は何かを考える枠組みを提供するという試みです。それは、各学校独自の地域の文脈や目的を反映した「サスティナブル・スクール」の定義を参加型で

話し合うというプロセスの創出なのです。

　さらに、学校全体を「食べ物と飲み物」「エネルギーと水」「通学と交通」「購買と無駄づかい」「校舎と校庭」「包摂と参加」「地域のウェルビーイング」「グローバルな側面」という8つの扉から変えていこうというデザインも示されています（図表2-20参照）。この構想によれば、すべての扉について学校が改善努力を払い、2020年までに英国中の学校と地域を持続可能にしていくという一大構想でした。このような構想に則れば、ESDも特定の教師の特定の授業内で実践される限定的なものではなく、まさにホールスクールの実践へと導かれることでしょう。

　また、先に示した「資質・能力」に関係するのは、学校文化の中心に「自身へのケア」「相互のケア」「環境へのケア」という3つの「ケアの精神」を据えているところに特徴があります。これは、能力開発とは異なる持続可能性にフォーカスを当てた考えに基づいていると言えましょう。

　以上は一例ですが、海外では図表2-2に描かれた「環境・社会・経済の統合的な発展」を意識した学校づくりの指標や評価枠組みも開発されています。先に示したユネスコ本部による「ESDレンズ」やシスティナビリティ・アジア（Systenability Asia）が開発した「コンパス」は政策から実践に至るまで自己評価ができるように工夫しているツールの一例です[10]。他にも、本書で紹介した海外の事例に見られるアイデアや工夫も活用して、日本ならではの、また国内各地の特性を反映した地域版の指標や評価枠組みが対話を通して創られていくことが「10年」後の喫緊の課題であると言えましょう。

## 2．ホールスクールの特徴

　さて、ここでもう少しホールスクールという概念について考察してみましょう。ホールスクールはどのような概念なのでしょう。GAPの時代に入ってから、「うちの学校は年間計画にESDを位置づけているから」という理由をもってホールスクールを実践しているという説明を聞くことがありますが、ホールスクールは従来の学校全体計画や年間計画と同じなのでしょうか。もし異なるとすれば、両者にはどのような相違が見出せるのでしょう。

　ホールスクールが標榜されるようになった正確な起源は諸説あると言えます

第2章 ホールスクールとは

図表2-20 サスティナブル・スクールのための8つの扉

持続可能な共同体づくり
サスティナブル・スクールのための8つの扉

食べ物と飲み物
エネルギーと水
通学と交通
購買と無駄づかい
校舎と校庭
包摂と参加
地域のウェルビーイング
グローバルな側面

出典）http://www.teachernet.gov.uk（2014年10月20日参照、筆者（永田）訳）

が、ここではそれらの一つひとつに当たるよりも、「ESDの10年」をリードしてきたユネスコがどのような考えのもとに、この概念を強調するに至ったのかを考えてみたいと思います。

ホールスクールに求められる哲学は、ユネスコによる、未来への教育構想の金字塔とも言える『未来の学習』に述べられています[11]。

　今日、教育が何のために、そしてどのようなあり方で営まれるのかについ

67

ての総体のコンセプトをもつことなくして、教育改革にバラバラのやり方で着手することはもはや望ましくない。個々の要素をいかに再び形あるものにしていくかを見出すために、私たちは全体（ホール）のビジョンをもたなくてはならないのである。

(UNESCO, 1972：346)

　まさに、ポスト「10年」の時代のESDに求められているのは、ここで述べられているような「全体のビジョン」なのです。ただし、ここでいう「全体」はトータル（'total'）もしくはトータリティ（'totality'）ではないことに留意する必要があります。原文には 'a vision of the whole' が使われており、「ホールスクール」の原語 'whole' と同じです。この「ホール」は「10年」の当初からユネスコが強調してきた「ホリスティック」や「ヒール（癒し）」「ヘルス（健康）」等と語源が同じ言葉であり、〈いのち〉が活かされるような条件にも通じます。つまり、トップダウンによる全体主義的な一斉改革ではなく、どちらかと言うと、ボトムアップの手法で、結果や成果を急がず、プロセスを大事にする内発的な改革なのです。

　こうしたホールスクールの特徴について、主に海外で共有されている知見を参照しつつ、もう少し詳細に、筆者なりの見解を述べてみたいと思います。

　持続可能な未来に向けたホールスクール構想では、学校自体が「持続可能な発展（開発）」の生き生きとしたモデルとして具現化されることが重要となります。教室での学びが学校生活と切り離されるのではなく、授業で学ぶ内容と、学校生活で生徒が目にするもの、すなわち、水や電気などの資源、校舎・校庭、ひいては管理職や教師の態度や行動、ライフスタイルが矛盾していたら、後者に改善の努力が求められます。授業で学ぶ価値が学校生活のあらゆる側面で積極的に具現化されているという実感を子ども達がもてるようになることが望まれます。このような筋の通った生活を通して、持続可能性は子ども達に内在化し、ひいては学校外での持続不可能性に対して「変化の担い手」になるまでに自ずと育まれていくと言えましょう。

　また、ホールスクールを実践すると、家庭や街中と学校とでダブルスタンダードの価値観を使い分けるという生徒の態度は見られなくなると言われています。

こうした手法が常態化すると、学校では節水を学び実行していても、自宅では浪費をしているという矛盾は見られなくなるほどに、知識習得よりも深いレベルでの価値変容が見られることが期待されています。

　ホールスクールでは、次にあげるトピックの各々に関して、持続可能性につながる実践を日常生活に「埋め込む」ことによって行うことが期待されています。本書で紹介しているイギリス政府のサスティナブル・スクール構想の他、50ヵ国ほどで３万校を超える「エコ・スクール」運動を展開する国際環境教育基金（Foundation for Environmental Education）などの知見を参考にすると、ESD を標榜する学校は次のトピックにおいて持続可能性を意識した学校運営を実践していると言えます[12]。

① 　水
② 　生産と消費（ゴミや残飯、廃棄物等）
③ 　エネルギー
④ 　自然（生物多様性、環境保全）
⑤ 　校舎・校庭
⑥ 　健康
⑦ 　交通（日常および行事時で使用する交通手段）
⑧ 　音
⑨ 　気候変動
⑩ 　包摂（参加）
⑪ 　民主的な統治（ガバナンス）
⑫ 　地域社会での正義
⑬ 　国際社会での正義

　上記からは、環境・社会・経済に関するトピックのみならず、文化（ジェンダーの平等などを含めた「包摂」）や意思決定への参加などの民主的な統治（ガバナンス）の要素も重視されていることがわかります。また、地域社会や国内での実践のみならず、国際的な活動を通した社会正義感の醸成も期待されています。

具体的には、文化祭などのイベントや遠足等で男女の社会的差別があるか否かを意識化していくこと、学級運営や学校運営に生徒の声をできるだけ反映させていくこと、国際協力活動（フェアトレード・カフェなど）や国際協働学習（近隣の国の学校と気候変動などの地球規模課題に取り組む問題解決学習）を実践していくことなどが求められます。

ホールスクール構想では、これらのトピックのいずれかを実践していればよいということではなく、あくまでも学校の実情に応じてですが、無理のないところから複数のトピックを同時並行的に実践していき、いずれはすべてのトピックをカバーしていく必要があります。

本節の結びに替えて、ホールスクールを展開する上で重要となる特徴を4点ほど、補記しておきたいと思います。

### 1）全体主義との違い

ホールスクールの「ホール」の語源は「ホリスティック」に通じます。繰り返しとなりますが、その意味するところは「トータル」（全体）と同じように思えたとしても、根幹を異にします。「トータル」は、全体と個が対置され、個は全体のために機能するという一方的で閉じられた関係性を特徴としてもちます。しかし、「ホール」は、個も全体も不断に開かれた、常に共に生成する関係性にあると言えます[13]。

学校現場を考えてみると、授業ではディベートを、生徒指導ではカウンセリングを、学校運営では民主的な合議制の会議を実践していたとしても、自ずとホールスクールを実践していることにはなりません。各々を担う者同士がそれぞれの活動のバックボーンである共通理念を理解し、根っこの部分でつながっていなければ、全体のダイナミズム（生命体のリズムと言ってよいでしょう）が生まれないのです。先のイギリスの構想のように、あらゆる活動の根っこに「ケア」があり、それがすべての教育活動や学びを支えているような、有機的な結びつきが随所に見出せるコミュニティがホールスクールと呼ばれるにふさわしいと言えます。

### 2）すべての活動を支える中心概念

上記のような、ESD実践校の全体を包み込むような原則や原理の一つは、イギリスのブレア政権時の「サスティナブル・スクール構想」でも示された「ケ

ア」であると言えましょう。つまり、①自身へのケア、②他者（身近な他者も見知らぬ他者も含む）へのケア、③環境（地域と地球の環境も含む）へのケアが基本になっていて、この３つのケアが学校を構成するすべての要素（３つのC：カリキュラム、キャンパス、コミュニティ）に含まれるように構想されています。

冒頭に載せた絵は、まさにこうしたケアが内在しているコミュニティなのです。ESDの原理であるケアは、教師という個人の中にも、教室にも、職員室にも、校舎や校庭にも、さらに予算（配分）にも見出せなくてはなりません。

ただし、学校によってはホールスクールの、いわば原理を、ケアではなく、その他の概念にしたいという意向もあるかと思います。実際に「サスティナビリティ」を中心概念に据えている学校や第３章で紹介する学校のように「ハーモニー」や「いのち」を掲げている学校もあります。このようにケアは、あくまでもイギリスのサスティナブル・スクール構想で示された一例ですので、ホールスクールに取り組む各校が対話を通して「本校ならではのホールスクールの根っこ」を決めることが望ましいと言えましょう。

### ３）内発的な発展

ホールスクールは、トップダウンで計画を執行していくイメージではなく、上下の力を合わせて、参加している誰もが内発・自発的に参加できるような発展の仕方です。全体主義では、成果を達成するために、無理をおしてでも、方針を通そうとしたり、目的を実現させようとしたりしますが、ホールスクールでは、常にプロセスが重んじられるがゆえに、時には立ち止まって考えたり、時には目標自体を見直したりすることが稀ではありません。つまり、教師や子どもをはじめとした参加者が皆、〈いま・ここ〉を大切にしながら、時間をかけた対話を基盤に生活を形成しているのです。したがって、未来の目標を達成させるために、今を犠牲にしてまでも子どもや教師を「仕向ける」という光景はホールスクールの学校には見られません。これは近年、問題視されている日本の教師のストレス軽減にもつながる重要な学校経営の課題でもあります。

### ４）脱計画性

ホールスクールでは、計画性よりもデザイン（設計）性が重んじられます。ホールスクール・アプローチを導入すると、当初の計画に忠実に目的を遂行していくという意識は希薄になるかもしれません。〈いま・ここ〉を犠牲にしてまで、

かたくなに計画を遂げるということは、子どもの発達やエコロジカルなリズムを凌ぐことがあり得ますから、コミュニティが持続的であるためにも、慎まれなくてはなりません。こう述べると、学校で子どもがガンバリを見せなくなるとか、努力しなくなるという心配を抱く人もいるかもしれません。しかし、ホールスクールでは、むしろ自身の興味を大切に育む生徒が増え、時間を忘れてでも一つのことに取り組む生徒も珍しくなくなると言えましょう。ホールスクールでは常に学校全体での情報共有が重んじられるので、授業で「何か」に出会った子どもを教室の外でフォローし、その関心をシームレスに育んでいくという連携ももちやすくなります。持続可能な未来に向けて教師や生徒を引っ張っていくというよりも、教育の営みそのものを持続可能にしていって、その先にサスティナブルな未来を見据えていく。未来のために〈いま・ここ〉を犠牲にしていないかどうか、常に自問しつつ歩んでいく。こうした構想のもとでは、子どもも先生も元気いっぱいになり、職員室には笑いが絶えなくなるのは当然の帰結だと言えましょう。

　くり返し強調しますが、こうしたスタンスは、〈いま・ここ〉に寄り添うあまり持続可能な未来への努力を払わなくなるというわけではありません。第3章で紹介する横浜市立永田台小学校のように、日常で子どもと向き合っている教師たちは〈いま・ここ〉に集中し、校長をはじめとした管理職や経営に携わるメンバーは、学校が持続可能な未来のほうに向かっているのか否かの方向性を確認するという各々の役目を意識した学校もあります。第3章に取り上げた実践に共通しているのは、ガチッとした計画性よりも、柔軟なデザイン（設計）性と言えるでしょう。

## 3．20世紀型学校計画から21世紀型学校デザインへ

　20世紀は計画の時代だったと言えます。学校のみならず、家族、会社、市町村、国家、国連に至るまで「○ヵ年計画」のもとに事業や活動を展開し、評価をしてはまた計画を立て直すという人間の営みが繰り返されてきました。

　ところが、私たちは、いま、不確実性の時代と言われる21世紀に生きています。前世紀に慣れ親しんできた計画づくりですが、この半世紀近くをふり返れば、計画性が以前ほど機能しなくなってきていることに気づかされます。リー

マンショックのような世界同時不況が起きたり、東日本大震災のような自然災害に見舞われたり、世の中は予期せぬことの連続です。いくら科学が進歩したとしても、予知・予測・予報の課題は山積する一方であると言えましょう。

　ESD関連の宣言文（例えば、「10年」の中間年の「ボン宣言」や「あいち・なごや宣言」等）には、しばしば不確実性の時代に対応する教育としてESDが明記されており、誰もが予期せぬ事態に直面するような先の見えにくい時代において、しかと舵取りをしていけるだけの資質や態度、技能を習得するための教育としてESDが捉えられています。

　おそらく、こうした時代に重要な学校づくりのコンセプトは、予定調和を前提に物事を予測して進める計画よりもデザインであると言えるでしょう。計画には将来に向けた目標を達成するために無理をしてでも頑張るという意味あいがありますが、デザインでは持続可能な未来などの特定のテーマのもとに〈いま・ここ〉を生成させていくというイメージです。

　先述のとおり、上のように主張したからと言って、計画性がないがしろにされるべきであると主張しているわけではありません。計画性も大事にしつつ、より積極的にデザイン性を取り入れていく、つまり、未来からの目差しと現在への目差しをバランスよくとっていくことが重要でしょう。

　以上の特徴をまとめて考えると、ホールスクールはすでに多くの私立学校で実践されているという見方ができます。例えば、キリスト教主義の私学では、朝礼では聖書の言葉が引用され、カリキュラムではキリストの生涯や聖書の基本が教えられ、校舎のいたるところにイエスの絵やマリアの像が見られ、クリスマスにはキリストの誕生劇を行い、修学旅行もキリスト教ゆかりの地を訪れるというように、生活全般がキリストの教えをコアにして組まれています。卒業生は、知識のみならず、キリスト教の価値観や世界観を身につけて社会に出ていくのであり、まさにホールスクール、つまり丸ごとキリスト教教育の賜物であると言えます。

　言うまでもなく、公立学校では特定の宗教は教えられませんから、キリスト教のような教義を中心に据えることはできません。では、そうした制約の中で何がホールスクールの軸、つまりコアとなり得るのでしょう。この点、先述のブレア政権には先見の明があったと言えます。つまり、持続可能な未来を創る

のは、自身と他者と環境への「ケア」であることを見通し、「ケア」を公教育を含めた教育の原理として位置づけたのです。これは、他国でも見習える知見であると思われます。

ホールスクールは、公立学校といえども、先述の概念、すなわち「ケア」や「サスティナビリティ」「ハーモニー」などの持続可能な社会の基盤となる価値を学校生活の根幹の部分で共有し、それが反映される形で諸々の活動や言動が展開される手法なのです。

【注】
(1) 内閣府政府広報室「持続可能な開発のための教育（ESD）に関する世論調査の概要」：http://survey.gov-online.go.jp/tokubetu/h26/h26-esd.pdf
(2) UNESCO (2005). *UNDESD (2005 – 2014) International Implementation Scheme*. p. 30.
(3) 日本を含めた各国のESDの独自性をめぐる課題については、「ポスト『国連ESDの10年』の課題：国際的な理念と国内の実践との齟齬から見えてくる日本の教育課題」（田中治彦・杉村美紀 共編 (2014)『多文化共生社会におけるESD・市民教育』SUP上智大学出版、所収）または、Nagata, Yoshiyuki. (2017). "A Critical Review of Education for Sustainable Development in Japan : Beyond the Practice of Pouring New Wine into Old Bottles" *Educational Studies in Japan : International Yearbook*. No.11 Japanese Educational Research Association. を参照してください。本章の一部は上記の論考の主張を踏まえたものです。
(4) 日本ホリスティック教育協会編 (2008)『持続可能な文化と教育：深化する環太平洋のESD』せせらぎ出版
(5) 「学習する組織」は、一個人の変容ではなく、各組織を単位とする学習体と見なし、集団・組織が継続的に学びながら変容していくことを説く理論に基づいています。個人の変容と社会の変容の関わりを「5つのディシプリン」によって示したピーター・センゲ (2011) による「学習する組織」論が有名です。
(6) 佐藤・日置 (2012：7-8) は、「シダ若芽（コル）」をイメージした図であると指摘します。シダ若芽が、マオリ文化では「自然との調和」を意味することから、カリキュラムの基礎にマオリ文化と生態学的な視点を置いていると説明しています。
(7) ニュージーランドの先住民であるマオリ族の文化と非先住民のヨーロッパ系民族の文化をあわせもち、二文化主義は政策にも反映されています。その顕著な例であるのが公用語であり、英語とマオリ語が併用されています。
(8) EfSでは、生徒が行動することを目的としているため、ニュージーランドのカリ

キュラムにあるキー・コンピテンシーと関連した「行動的コンピテンシー（action competency）」が示されています。経験、内省、知識、持続可能な未来に向けたビジョン、持続可能性のための行動、つながりの視点から構成されています。詳しくは、Eames, C., Law, B., Barker, M., Iles, H., McKenzie, J., Patterson, R., Williams, P., & Wilson-Hill, F. (2006). を参照してください。

(9) 他に、「持続可能な開発の視点による国の施策の見直しを支援すること」や「ESDによる学習と成果を融合するための枠組みを提供すること」をその特徴としてあげています（UNESCO, 2010=2013: 10）。

(10) 『ESDレンズ』については、UNESCO (2010). *Education for Sustainable Development Lens: A Policy and Practice Review Tool*. Paris: UNESCO.〔永田佳之監訳・吉田直子訳（2013）『ESDレンズ：政策および実践のためのリビュー・ツール』聖心女子大学永田佳之研究室.＜http://unesdoc.unesco.org/images/0019/001908/190898JPN.pdf＞（2014年6月10日）〕を、また「コンパス」については、次のURL　http://www.compasseducation.org/ を参照してください。

(11) 1972年刊。翻訳は1975年に教育開発国際委員会（編集）／国立教育研究所内フォール報告書検討委員会（翻訳）『未来の学習』として第一法規より刊行されています。

(12) これらの13項目以外に、筆者（永田）は「時間（の質）」も重要なトピックであり、詳細については稿を改めて述べたいと考えています。

(13) 「トータル」と「ホール」の相違については、吉田敦彦（1999）『ホリスティック教育論：日本の動向と思想の地平』日本評論社、特に第II部を参照。ホールスクールの理論的な支柱をしっかりとさせるためにはホリスティック・サイエンスで培われてきた知見から学ぶことは重要な作業となりますが、この点については改めて論じたいと考えています。

## 【参考文献】

国立教育政策研究所（2012）『学校における持続可能な発展のための教育（ESD）に関する研究〔最終報告書〕』

佐藤真久・日置光久（2012）「ニュージーランドにおける『持続可能な開発』関連政策と学校における『持続可能性教育（EfS）』の取り組み：環境学校（EnviroSchools）の取り組み・展開とEfS評価報告書に基づいて」日本環境教育学会編『環境教育』21(3)、pp.3-16.

センゲ、ピーター・M（2011）『学習する組織：システム思考で未来を創造する』枝廣淳子・小田理一郎・中小路佳代子訳、英治出版

永田佳之（2010）「持続可能な未来への学び：ESDとは何か」五島敦子・関口知子編著『未

来をつくる教育ESD：持続可能な多文化社会をめざして』明石書店、pp.97-121.
────（2014）「ポスト『国連ESDの10年』の課題：国際的な理念と国内の実践との齟齬から見えてくる日本の教育課題」田中治彦・杉村美紀共編『多文化共生社会における ESD・市民教育』ぎょうせい、pp.165-184.
Department of Education and Children's Services [DECS].(2007). *Education for Sustainability: a Guide to Becoming a Sustainable School.* Adelaide: DECS.
Eames, C., Law, B., Barker, M., Iles, H., McKenzie, J., Patterson, R., Williams, P., and Wilson-Hill, F. (2006). *Investigating Teachers' Pedagogical Approaches in Environmental Education That Promote Students' Action Competence.* Final Report. Wellington: Teaching and Learning Research Initiative. ＜http://www.tlri.org.nz/sites/default/files/projects/9224_finalreport.pdf＞（2016年9月27日）
Teaching and Learning Research Initiative (2009). *A Framework for Developing Whole-School Approaches to EfS.*＜http://www.tlri.org.nz/sites/default/files/projects/9245_Appendix%20A.pdf＞（2016年9月16日）
──────(2010a). *A Framework for Developing Whole-School Approaches to Education for Sustainability: Facilitator Guide* ＜ http://www.tlri.org.nz/sites/default/files/projects/9245_Appendix%20B.pdf＞（2016年9月16日）
──────(2010b). *A Framework for Developing Whole-School Approaches to Education for Sustainability: Teacher Guide* ＜ http://www.tlri.org.nz/sites/default/files/projects/9245_Appendix%20B.pdf＞（2016年9月16日）
The Secretary of State for Environment, Food and Rural Affairs. (2005). *Securing the Future: Delivering UK Sustainable Development Strategy.* TSO(The Stationary Office).
United Nations Educational, Scientific and Cultural Organization [UNESCO]. (1972). *The World of Education Today and Tomorrow: Leaning to be.* Paris: UNESCO.
────── (2005). *UNDESD International Implementation Scheme.* Paris: UNESCO.
────── (2006). *Framework for the UNDESD International Implementation Scheme.* Paris: UNESCO.
────── (2007). *Asia-Pacific Guidelines for the Development of National ESD Indicators.* Bangkok: UNESCO.
────── (2009). *Review of Contexts and Structures for Education for Sustainable Development.* Paris: UNESCO.〔国立教育政策研究所訳（2010）『国連持続可能な開発のための教育の10年中間レビュー：ESDの文脈と構造』〕
────── (2010). *Education for Sustainable Development Lens: A Policy and Practice Review Tool.* Paris: UNESCO.〔永田佳之監訳・吉田直子訳（2013）『ESDレンズ：政策お

よび実践のためのリビュー・ツール』聖心女子大学永田佳之研究室．＜http://unesdoc.unesco.org/images/0019/001908/190898JPN.pdf＞（2014年6月10日）〕

# 第3章 ホールスクールの実際

「国連ESDの10年」をふり返ると、その間に生まれた優良実践(グッドプラクティス)の多くはESDに並々ならぬ関心をもつ個々の傑出した教師の創意や工夫に負うところ大の実践だったのではないでしょうか。したがって、ESDの実践としては、授業やプロジェクトの紹介が数多くなされてきました。しかし、そうした活動に関わるのは、ごく一部の教職員であり、学校をあげての実践には発展しなかった場合が少なくないようです。

また、学校をあげてESDを実践しようとすると、とかく上意下達式の学校運営となり、教師や生徒達の自主性が削がれてしまう傾向は否めなかったと言えましょう。

前章で示したホールスクールの特徴と照らし合わせてみると、上記の事例はどれもホールスクールとは呼べません。では、実際にホールスクールの実践とはどのような特徴をもっているのでしょうか。ここでは全校レベルでESDに取り組み、成果を上げてきた内外のホールスクールやホールコミュニティの実践例をいくつか紹介します。いずれも学校などの共同体で「まるごとESD」に取り組み、「どこを切ってもESD」が見えてくる実践です。取りあげるのは、国内の私立校と公立学校、海外(英国)の公立学校2校、さらに不登校の子ども達が集うフリースペースです。

## 1．私立学校での取り組み
――自由学園のホールスクール

自由学園は日本初の女性ジャーナリストと言われる羽仁もと子と、その夫、吉一によって1921年に東京に創設された私立学校です。以来、創設者の「よく教育することはよく生活させることである」という信条のもとに、生徒達は自労自治を基本とし、「生活即教育」の実践が行われてきました。また、当初よりキリスト教主義に基づいた教育指針をもつ学校です。現在

写真3-1　広々とした自由学園のキャンパス（写真：筆者撮影）

では、就学前教育から高等教育までの一貫教育が行われています。

　10万平方メートルほどの広大な学園キャンパスの清掃から畑や樹木の管理まで生徒が主体の生活が営まれています（写真3-1）。食についても例外ではなく、食材の生産から収穫、調理から後片付けまで生徒の自主性に任されています。ここでは「食」をキーワードに、自由学園のホールスクールの具体的な実践を紹介します。

　自由学園の「食の学び」の中心は自然豊かなキャンパスです。そのキャンパスの中ほどに生活の中心が「食」であることを象徴するかのように食堂を中央に据えた校舎が位置しています。学園内で土を耕し、種を蒔き、野菜を育てることを生徒達は経験し、その恵みを調理し、仲間とともに食卓を囲み、感謝のうちに味わいます（写真3-2、3-3）。さらに生徒みずから後始末をし、再び土に還すことも学びます。

　学園での「食」の学びは次の3つのテーマが掲げられています。
1）「日用の糧を今日も与えたまえ」という願いと感謝の気持ちがもとにあるよい食習慣を身につける。
2）日頃食しているものと、自分の心身の健全な発育との関係を正しく知る。
3）多様化する食に、年齢に応じた関心をもち、食の営みをとおして自らの食と生活・社会のつながりを学ぶ。

第 I 部　サスティナブルな学校とは

　自由学園の食の学びはまさに ESD で強調されている「価値観・行動・ライフスタイルの変容」を実現していると言えます。
　食に関する一連の循環を学園では「育てる（生産・加工）」「整える（調理）」「味わう（食事）」「始末する（廃棄・再利用）」という区分けを用いて各々につながりをもたせています。子どもの年齢・発達段階に応じて体系立てられた学

| | 目　標 | 幼児生活団 | 初等部 | 中等科 | 高等科 | 最高学部 |
|---|---|---|---|---|---|---|
| | 自律した食生活を営み、質の高い生活をおくり、それを他にも広められる人 | 家庭と協力してよい食生活を行えるようにする | 「体験」を主体に食への「関心」をもたせる | 「体験」をもとに「知識と技能」を身につけ、食への関心を高め、食事のマナーを身につけて実践する | 食堂の環境を創意工夫をもって整える | 自己の関心領域を社会との関わりで「研究」する |
| テ　ー　マ | 良い食習慣を身につける　感謝する心をもとに心豊かな食環境を整える | 食前に手を洗い、静かに食事をする | 感謝して頂き、マナーの基礎を身につける | 食事マナーを学び、実践する | 食堂の環境を創意工夫をもって整える | 食に関わる環境を自らで創造して管理する |
| | 食と心身の関係を知る　バランスのとれた、正しい食の知識を学ぶ | 食べたものの身体の中での変化を知る | 食べることで心身が作られることを知る | 食と心身・精神との関連を理解する | 食生活が健全な生活にとって大切なことを学ぶ | 心身が満足できる献立を考えて管理する |
| | 食材を通して生活と社会を知る　環境を活かして体験し、食選力を養う | いろいろな国の特徴のある食事をいただく | 食材の名前・色・形を知る | 食材の育て方を体験し、工夫する | 食材の生産・加工・流通を体験して学ぶ | 食材の循環を研究して、食選力を高める |
| 食　の　循　環 | 育てる　自分達が食する食材生産を体験し、順次学園全体の運営に関わる | 自分達で生きものを育て、収穫物をいただく | 自分で育てる喜びを知る | 基本的な栽培方法を学びながら育てる | 安全で質の良い食材を工夫して育て、加工する | 社会的な視点で食材の生産と経済を学ぶ |
| | 整える　自分の食を考え調理し整える心と楽しさを学び、季節感や食文化を知る | 自分達で食事の盛り付けをする | 自分で作る喜びを知る | 調理とは配膳の基礎を学び、実践する | 調理の基礎を身につけ、さらにその応用を学ぶ | 自分達の献立をつくる |
| | 味わう　一堂に会して食し、感謝や交わりなどを学びながら、教養を身につける | 週二回、年令を交えたグループで食卓を囲む | 父母が作った食事を感謝して共に楽しく食す | 手作りの食事を皆で共に頂き、交わりの時を持ち一体感を養い、教養を身につけるときとする | 食事時間を自主的に学びの場とする | |
| | 始末する　廃棄するものを資源化できることを知り、モノを大切にする心を養う | 好き嫌いをなくす、後片付けを自分達でする | 自分の生活から出るゴミの処理の仕方を学ぶ | 学内の廃棄物の処理について知る | 社会問題としての廃棄物問題の本質を知る | 学内全体の廃棄物の資源化体制を作り運営する |

図表3-1　食の学びの体系概念表
出典）『自由学園：生活即教育ブックレット　食の学び一貫教育』（2009：39）

第3章 ホールスクールの実際

写真3-2 （左）調理する自由学園の生徒達（写真提供：自由学園）
写真3-3 （右）仲間と食事する自由学園の生徒達（写真提供：自由学園）

## 幼児生活団
### 自分たちで育てていただきます

鳥や植物を育てることを通して命を愛すること、根気強さや、協力をして楽しく働くことを学んでいます。

育てているのは二十日大根・茄子・さつま芋。飼っているのはうずらです。

野菜やうずらの卵は昼食で皆で頂き、さつま芋は自分たちでスイートポテトを作ることもあります。

## 初等部
### 自分で命を育てる喜びを体感します

学年ごとに異なる野菜を育て収穫物は昼食に皆でいただきます。
1年生　二十日大根・カブ
2年生　大根・インゲン
3年生　さつま芋
4年生　里芋・へちま
5年生　もち米
収穫感謝の日に父母とお餅つきをして皆でいただきます。
6年生　じゃが芋・ターツァイ・落花生。じゃが芋は理科の時に源粉をとります。皆でウコッケイも育てています。育てた学びはほかの教科にも拡がります。また、学外の生産現場を訪ねています。

## 男子・女子部中等科
### 基礎的な栽培理論を学びながら育てます

那須農場の水田で田植・稲刈りをします。男子部では、農業の他に豚やニジマスを仔豚や稚魚から育て、那須農場から伐採してきたナラの原木を使って椎茸栽培をします。それらの食材の加工もしています。女子部では適正な栽培時期や植物の生態などを学び、その知識を生かしながら品種比較や食品生産のために多種の野菜を育成します。学園内の落葉を集めて良質腐葉土にして「新天地」の土壌環境を豊かにします。

## 男子・女子部高等科
### 安全でおいしい食材を工夫して作ります

男子部では、専門家の指導を受けながら「養蜂」をしています。蜂蜜は学園の食卓に供するとともに販売しています。半世紀以上続けてきている埼玉・栃木の地での「植林」作業からは、世代を超え「命を育てる」体験をしています。

女子部では、生育環境に配慮した栽培や無農薬栽培も体験しています。

食品加工の機会も多くなり、学園や農場の梅を梅干しにしたり、各種のジャムを作って全校に供し、生産から消費までの流れを学びます。

## 最高学部
### 社会的な視点で食材の生産と経済を学びます

研究グループで那須農場の水田で稲作にかかわるとともに、「那須のお米」の学園内での利用継続のための流通の仕組みを、米生産農家と米穀小売業の方々と構築しました。また、父母の要望を受けて「那須のお米の頒布システム」を新たに構築し実施しました。

また、2008年度には、有志学生で「完全無農薬米」を水田一枚を使って実験的に栽培しました。

これらの活動を通して、食品の生産・流通・消費の流れと、社会の抱えている課題を学んでいます。

図表3-2 「育てる」を例にした学びの体系
出典：『自由学園：生活即教育ブックレット　食の学び一貫教育』（2009：40-41）

写真3-4　豚を育てる生徒達（写真提供：自由学園）

びが行われており、前述のとおり、命を育み、いただき、また育てるという循環の中に身を置く生徒達は、体験的に食について、命について、学んでいます（図表3-1）。

　また、子どもの発達段階に応じた知的および体験的な学びの体系が創られています（図表3-2）。

　子ども達が育てる「いのち」の中には野菜や果樹のみではなく、養魚や養蜂、養豚も含まれます。豚は定期的に子豚を購入し、学園内の残飯や配合飼料で育てます（写真3-4）。120キログラムになるまで育てて出荷し、学園外の食肉センターで解体された後、特別の日のランチに出されます。生徒は挽き肉やハムなどにする加工も行い、肉は学園内の食卓に出されます。文字どおり、「いのち」を育み、いただくことで、「いのち」の大切さを実感しながら子ども達は育っていきます。

　このように自由学園では、ESDが誕生する80年以上も前から持続可能な学園生活が営まれています。その実践は、ユネスコと国連環境計画などが推奨する「持続可能な生産と消費」にもつながる、息の長い実践であると言ってよいでしょう[1]。

　自由学園は、「10年」の最終年の会合である「ESDに関するユネスコ世界会議」で採択された「あいち・なごや宣言」でその重要性が指摘されている「持続可能な生産と消費」の好例であると言えます。一例ですが、男子部では、学園が所有する森から製材された材木を使って机と椅子をつくり、それを卒業まで使いつづけます。〈もったいない〉の精神が徹頭徹尾、学園生活に反映されてい

ると言えましょう。
　ここで強調するに値するのは、自由学園は「食育」のみならず、学園生活全体がホールスクールの実践であるということです。「食育」に見られる包括性が生活全般にも浸透していると言えます[2]。
　学園は私立学校ですから、比較的に自由にカリキュラムを組み、就学前教育段階から高等教育段階まで一貫して、文字どおり持続可能な教育を実践できる環境にあると言えます。このような本格的な実践は、一般の公立学校では決して容易ではないと考える読者も少なくないでしょう。「10年」の間、「ESDのような教育は私学にはできても、制約の多い公立校には無理がある」という管理職の声を幾度か耳にしました。しかし、「10年」を経て、ESDの芽は公立学校にも少しずつ広がってきており、ここで示した刷新的な先行事例から学ぶことが重要であると言えます。次に、海外の公立校での実践を2つ紹介したいと思います。

## 2．公立校での取り組み（海外①）
　　　──クリスピン・スクールのホールスクール

　「10年」の当初からGAPの時代に至るまで、ESDの一環した課題は、組織全体でESDに取り組むホール・インスティテューション・アプローチです。学校教育の場合は、教科もしくは授業を中心とした持続可能性に関する学習にとどまらず、学校生活のあらゆる時空での多様な活動を包括的に展開するホールスクール・アプローチがポスト「10年」の第一課題であると言えます。
　ここではホールスクール・アプローチを「ESDの10年」より以前の1987年に採用したイギリスのクリスピン・スクールを紹介します。同校はイギリス南西部のサマセット州のストリートという人口1万人強の小さな街にあります。男女共学の総合制中等学校（コンプリヘンシブスクール）であり、市内とその周辺の田園地区から11〜16歳の生徒が1,150人ほど通っています。典型的な地方の、生徒数千人を超す大規模公立校ですが、国連が「10年」を始める以前から持続可能性をテーマにかかげ、公立学校という制約のもとでも目を見張るような実践が可能であることを示してきた学校です。

持続可能性を標榜するクリスピン・スクールの実践は、もともと環境問題に関心を抱く美術教師らを中心に「ランドスケープを通した学習プロジェクト」をスタートさせるために「グリーン・ルーム」を設置することになり、その資金を得るために環境問題に取り組む国際民間組織のWWF（世界自然保護基金）から助成を受けたことが始まりです。その結果、世の中の「使い捨て文化」に疑問をもった教師と生徒がリサイクル・アートなどの具体的な実践に着手するに至りました。

　この活動は学校内外で徐々に認知されるようになり、「持続可能な開発」が学校の基本指針の一つとなりました。リサイクル・アート以外にもさまざまな活動が展開され、1997年には優良校（"Beacon School"＝船を導く灯台のように優秀な実践をもって進むべき道を示すような学校）として政府に表彰されました。

　同年には、「持続可能な人生を生きる」というテーマのもとに、ケニヤのマサナ・スクールとの交流も始まり、毎年、1度、クリスピンの生徒達はケニヤを訪問することになります。生徒達主導のワークショップから生まれた「学校をプラスチック・フリー・ゾーン」にするというアイデアが実践されるなど、持続可能性という理念を次々と具体的な実践に落とし込んでいきました。

　2005年から同校の教師となったポール・ジェイムス氏は次のように語ります。

　　我々は何のために教育しているのかを立ち止まって考えねばなりません。教育者として、生徒達に批判的思考などの鍵となるスキルを伸ばす豊かな機会を提供しなければならないことはわかっています。それが私たちの中心的な目的なのですから。しかしながら、もし私たちが持続可能な学習コミュニティに参加するように子ども達を教育するのであれば、コミュニティがどうあるべきかについて知識と体験の双方を私たちと一緒に創るように生徒達を招き入れなければならないのです。（中略）社会的および生態的な意味で多様性を尊重するような社会正義と生態的正義に関心をもつような学校の雰囲気(エートス)を創っていくことが重要であると、私たちは考えています。
　　　（QCA(Qualifications and Curriculum Authority)，2008：41）

この言葉から明らかなとおり、クリスピン・スクールでは、知識のみならず体験を重視し、教職員と同等に意思決定に生徒達が関わり、持続可能な未来への変化の担い手となっているのです。

クリスピン・スクールがあらゆる制約の中でESDという総合的な学びを具現化できたのは、全校レベルでの取り組み、すなわちホールスクールに負うところが大です。そこでは、授業のみならず、課外活動や地域との連携、学内イベント、海外の学校との交流、学校生活のあらゆる構成要素が「持続可能性」を意識して策定されています（図表3-3）。

「ESDの10年」が始まる以前に、クリスピン校は、すべての教科に持続可能性のエレメントを導入することを学校方針にしました。そして校内の集中研修の5日間の日程のうち1日をESDのみに割り当て、教師一人ひとりが各自のクラスで何ができるのかを考え、話し合ったのです。こうした討議の末に誕生したのが、外国語（フランス語）クラスでのエコロジカル・フットプリントを用いた環境問題研究などの、既存の教科へのESDの導入、すなわち、インフュージョン・アプローチ（染み込ませ型手法）です。また、ESDで何を教えるかのみならず、いかに教えるかも重要であることが強調され、参加型の授業のあり方が検討されま

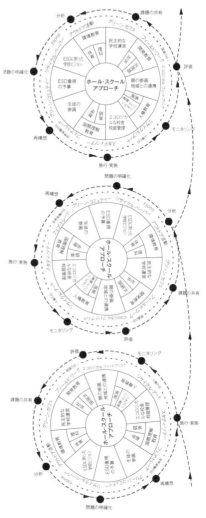

図表3-3　クリスピン・スクールのホールスクール・アプローチ
出典）日本ホリスティック教育協会編（2007:44）より抜粋。

第 I 部　サスティナブルな学校とは

写真3-5　グリーン委員会の生徒達と先生（写真：筆者撮影）

した。さらに、持続可能性のためのプロジェクトを生徒や教師が提案し、同僚の賛同を得られれば、学校予算をもってそのアイデアを育んでいく方針も打ち出されました。

　クリスピン・スクールを絶え間なく変容させているホールスクール・アプローチの中心は「グリーン委員会（コミッティー）」です（写真3-5）。無農薬のお菓子や紅茶を販売し、アフリカ支援の資金源とする学内の「グリーン・カフェ」をはじめ、持続可能性に関わるアイデアを生み出し、キャンパス内外で実現してきました。2008年からは、地域社会の他の学校や保護者、ケニヤからの訪問者などを巻き込んで、エネルギー問題などの地球規模課題について討議を重ねてきています。

　これらの活動やイベントは相互に関連づけられており、授業で学んだ持続可能性を生徒達は校内で「実感」できます。キャンパスのどこにいても持続可能性にまつわる建物やアートの作品を彼／彼女らは「体感」しています。重要なことは、その多くは、生徒達の自治組織とも言える「グリーン委員会」の意思決定を最大限に重んじた結果、生まれた施設や作品であり、若者が地球を守り、社会をつくる主人公は自分達自身であるということを実感し、自尊感情をもって日々、過ごしているということです。

　ESDを標榜するクリスピン・スクールですが、何もESDという独立した教科やコースを新たに設けたわけではありません。既存の教科体系の内外で持続

可能な社会と未来について学習する多様なエレメントが学校生活全体に組み込まれているのです。

　学校全体での取り組みがひとたび実現されると、持続可能性に興味を抱いた生徒達はそれぞれの関心事に没頭できるようになります。また教師のほうもじっくりと彼／彼女らの学びを支えられるようになり、教科の垣根を越えたプロジェクトも実現されやすくなります。

　筆者自身、クリスピン・スクールを訪れ、自分の目で確かめるまでは、大規模な公立校でどこまでESDが実践できるのだろうかと疑義を抱いていました。しかし、ホールスクール・アプローチのお陰で教科間の壁も低くなり、各教師が互いに連携をとりながら実践している姿を目の当たりにし、ESDの本格的な取り組みは公立学校でも決して実現不可能ではないということを実感しました。要は、持続可能性などのビジョンの共有とそれを日常のあらゆる場面で具現化しようとする個々の教師や生徒達の創意と彼／彼女らの意欲を支える学校全体の体制であると言えましょう。

# 3．公立校での取り組み（海外②）
―― アシュレイ・スクールのホールスクール

　次に、イギリスの政府や市民が注目するもう一つのホールスクールの実践例を紹介します。ロンドンのヒースロー空港から40分ほど車を走らせるとサリー州のアシュレイ・スクールに着きます。外観はイギリスに見られる典型的なレンガ造りの昔ながらの校舎ですが、その中で行われている教育は刷新的であり、まさに「まるごとESD」の実践です。2016年のユネスコ／日本ESD賞にイギリス政府から同国を代表するESD実践として推挙されたことも相俟って、国内外から注目されています。

　校長のリチャード・ダン氏による学校改革は、自身が南極を訪れた際に棚氷が融解している光景を目の当たりにし、気候変動に加担してきたような教育のあり方に疑問をもった時点から始まります。地球が温暖化するという現象の根幹には、大量生産・消費・廃棄を繰り返し、$CO_2$を排出し続けるような現代社会のあり方があり、物質的な豊かさを追い求める人間の欲が影響しています。

写真3-6（左）、写真3-7（右）　アシュレイ・スクールを見学するチャールズ皇太子（写真提供：アシュレイ・スクール）

こうした社会の一端を担っているのは、消費社会を無批判に受け容れるような価値観を醸成してきた教育であり、教育から変えなければ、気候変動などの地球規模の課題は解決不可能である、とダン校長は考えたのです。

## 1．ハーモニーの教育

アシュレイ・スクールは、環境問題に憂えるイギリスのチャールズ皇太子が唱える「ハーモニーの諸原則」を学校の信条とし、すべての活動がこの原則に裏打ちされるようにカリキュラムを編んでいます。

校庭にはハーモニー・センターと呼ばれる集会場があります。これは、ダン校長が校内にかつてからあった古い倉庫の危険性を地方当局に指摘し、新たに建設した集会場です。当局は、建設は許可したものの、資金は自前で賄うようにと指示してきたと言います。結局、4千万円ほどを保護者ぐるみの募金活動で集め、自前で建てたそうです。2016年2月には、チャールズ皇太子がアシュレイ・スクールを訪問し、生徒と先生にエールを送りました[3]。皇太子は学校を見学しながら自身の「哲学」とも言えるハーモニーの諸原則を教育現場で実際に具現化した唯一の学校であると同校を賞賛しました（写真3-6、3-7）。

ハーモニーの諸原則は、皇太子の著作『ハーモニー：私たちの世界の新たな見方』で詳述されています[4]。

ダン校長が教育実践において強調するようになったハーモニー原則は次のとおりです[5]。

① 幾何学の原則（Principle of Geometry）：自然の幾何学パターンは我々の内と周りのどこにでもある。
② 循環の原則（Principle of the Cycle）：自然のシステムにはサイクルがあり、自己制御型であり、自己を持続させている。
③ 相互依存の原則（Principle of Interdependence）：自然界のすべてにつながりがあり、各々が価値をもち、演ずる役割がある。
④ 多様性の原則（Principle of Diversity）：多様性は力であり、レジリエンスを確かなものにする。
⑤ 健康の原則（Principle of Health）：いのちは健康的であることを求めている。
⑥ 美の原則（Principle of Beauty）：自然は本質的に美しい。
⑦ ひとつらなりの原則（Principle of Oneness）：我々はみな自然界においてひとつらなりである。

アシュレイ・スクールではこれらの原則を生徒の学年や発達過程に応じてカリキュラムに織り込んでいます。こうした一貫性のある教育体系の中で育った子ども達には、調和のとれた人格が形成され、持続可能な未来への「変化の担い手」として活躍する素地が卒業までに培われているようです。

一番目に掲げられている幾何学はアシュレイ・スクールの学習の中心的テーマであると言えます。ダン校長が特に傾倒している幾何学シンボルは、重なり合った二つの円の交差部の形であるベシカパイシスと、貝殻の螺旋やヒマワリの種などの自然界のパターンに見出されるフィボナッチ数列です。神秘的なシンボルでもあるこれらの図を授業に取り入れることによってセンス・オブ・ワンダーを生徒達は獲得していきます。

2．学校と地域の変容をもたらした子ども達

アシュレイ・スクールに入ると、エントランスすぐ近くにエコ・ドライバーと呼ばれる校内エネルギーをモニターするシステムが稼働しています。写真3-8 に見られるように、小さなモニター画面には、「現在生み出されている電気量」「抑えられた$CO_2$量」「時間あたりで生み出された電気量」が示されて

写真3-8　校舎のエントランスに備え付けられたエコ・ドライバーを説明するダン校長（写真：筆者撮影）

います。

　同校は、助成金を獲得し、太陽光パネルによる発電システムと暖房のためのバイオマス・ボイラーを導入しました。暖房には、地元の木材を使ったペレット（ウッド・チップ）が使われています。このシステムによって、学校でどのくらいのエネルギーが使用され、どれほどの電力が校内発電によって蓄えられ、どの程度の $CO_2$ が排出されているのかが一目でわかります。このデータは保護者の家庭でもパソコン等で見られるように公開されています。

　生徒達はこれをもとに何曜日のどの時間帯が一番、エネルギー使用量が高いのかを理解し、そのための対策を提案してきました。6年生が調べて、これまでにわかったのは、毎週月曜日の電力使用量が最も多いこと、その主な理由は、教師がその週の授業で使用するコピーを大量にとることに起因していました。生徒達はコピーの量を減らすことを求め、さらにコピーを使用せずに教える方法を見出すように教師に提案したのです。その他、毎週金曜日を「カーボンフリー・デイ」にするなど、学校全体の電力を半減させることに成功し、1日に使用する総電力は30キロワット（3ポンド（2016年12月現在で約430円）以下に相当）となりました。まさに電力使用量の「見える化」による成果だと

写真3-9 「南極学習」の授業風景（写真：筆者撮影）

言えます。また、こうした子ども達の変容を見て、保護者の家庭の多くは「100クラブ」を結成し、1週間に使用する電力量を100キロワット以下に抑える努力をするなど、学校とともに地球規模課題に取り組むようになりました。子どもの変容が地域の変容ももたらしたのです。

このように、前述のとおり、アシュレイ・スクールの子ども達は学校が大切にする価値観をもって社会の直面する問題に対してチャレンジし、実際に「変えられる」ことを日常で体験しているのです。ダン校長は、ActionAidなどのNGOと協働で、「子どもカーボン憲章」の策定に着手したそうです。

ホールスクール・アプローチですので、当然ながら、こうした実践は生徒達の知識と態度、価値観を養う授業とも連動しています。一例ですが、「南極」をテーマにした学習では、なぜ南極の氷が溶解し続けるのかという問いを皆で共有する授業がある一方で、等身大のペンギンを美術で作ったり、ペンギン・ダンスを体育で試みたりする一貫性がとられています（写真3-9）。

また、授業のみならず、野外活動として、毎年フランスの南東端部にあるアルプスの街、シャモニーに滞在しながら体験学習を行う「サスティナビリティにおける新たなリーダーシップ」プログラムを2006年から継続しています。先述のとおり、南極の変容ぶりを目の当たりにした校長らがある種の危機感を

もとにスタートさせた体験的な野外教育プログラムです。

事前学習の一環として、子ども達は自らTシャツをデザインし、士気を高めます。もちろん、Tシャツは100%のオーガニック・コットン製。遠征費は、寄付や保護者による資金集めで賄います。

フィールドでは、ロッククライミングなどの大自然の中での体験プログラムを行う一方で、氷河の変貌を100年前と比較して学んだり、気候変動の実際について学びます[6]。

### 3. カリキュラム全体に埋め込まれたサスティナビリティ

ダン校長が目指すのは、生徒が学びにワクワクし、持続可能な未来への変化を起こすことに情熱をもてるような学校文化を醸成することです。「我々は、自分達は変化を起こせるのだということを子ども達が信じられるように、彼らを勇気づけるのです」と校長は語っています（QCA, 2008）。筆者らが同校を訪れた際、実際にこのことを実感しました。学校全体に前向きなエートスがみなぎり、子ども達の学ぶ姿勢や廊下や教室に飾られている作品からは素晴らしい意欲が伝わってきました。

アシュレイ・スクールで重視されるのは、伝統的な科目を教えるだけでなく、生徒が自身をケアすること、互いにケアしケアされること、そして世界をケアすることが強調されるカリキュラムです。

カリキュラムの随所に「信頼」や「尊重」「自由」「勇気」などの価値観が裏打ちされており、これらの価値観が気候変動などの地球規模課題をはじめ、現実社会の問題と関連づけられる形で学習が展開されています。例えば、「一体感」（belonging）は第1学年では「家族との一体感」、第5学年では「世界との一体感」というように発達過程に応じた工夫がなされています。

また、先述のハーモニー・センターなど、校舎もカリキュラムと同様に持続可能性を重視した造りです。同センターの横にある畑も生徒が管理しており、すべての野菜の9割が無農薬で育てられ、ランチにも使われています。残飯はすべて校内の有機野菜畑にコンポストとして肥やしにします。つまり、学校生活のどの場面を切り取っても持続可能性を見て取れるのです。子ども達にとっては持続可能な生活は教室の中で習う知識にとどまらず、日常の隅々で感じ取

第3章　ホールスクールの実際

れるリアリティであると言えます。

### 4．これからの可能性

　アシュレイ・スクールの実践は他校にも広まっています。校内エネルギーを生徒自身がモニターする実践は同校をモデルに30校ほどが試みており、アシュレイ・スクールは助言役を担っています。2016年で3年目になる「ハーモニー・ワークショップ」は120人の教師たちが参加し、好評を博しています。エネルギーに関しては2つの国際賞を受賞し、食に関してもその統合的アプローチが評価され、受賞に結びついています。

　アシュレイ・スクールのエネルギーや食に関する理論と実践は、近隣の学校からモルディブやインド、イタリア、米国、台湾などの交流のある諸外国にも影響を与えつづけています。それらは、2015年の国連総会でグローバルな共通目標として決議されたSDGs(サスティナブル開発目標)の分野とも重なり、国連の大きな目標に沿った形でさらに各地で求められるようになるでしょう。さて、次に日本の公立学校のホールスクールについてご紹介します。
※ここで紹介した「ハーモニーの教育」のさらなる詳細は次を参照のこと。『ハーモニーの教育: ポスト・コロナ時代における世界の新たな見方と学び方』(リチャード・ダン著、永田佳之監修・監訳、山川出版社)

## 4．公立校での取り組み（国内）
　　──永田台小学校のサスティナブル・スクール・マップ

　横浜市南区に永田台小学校という全校児童が500名に満たない中規模の公立小学校があります。開校したのは1970年代半ばですが、2010年から平和や国際的な連帯を実践する学校としてユネスコスクールに認定されています[7]。

　永田台小学校はESDの実践を通して学校全体が元気になった学校と言われています。しかし、2010年から同校に校長として赴任し、ESDに魅せられた住田昌治氏は、はじめの5年間は先生達を前に「ESD」という言葉は使いませんでした。「ESDは外から校内にもち込むと失敗する、だから内側からジワジワと染み込ませるんです」と。ESDに関する諸々の理論を現場で試して

みると、先生が元気になる。先生が元気になると子ども達が元気になる。先生も子どもも元気になると地域も元気になる。元気の輪がジワジワと内側から広がっていく。このアプローチは「もみじアプローチ」と名づけられ、気づけば紅葉の赤色のごとくESDのスピリットが自然に校内に広まり、いつの間にか学校全体がもみじ色に染まっていたと言います（図表3-4参照）。

### 1．「生ゴミワーストワン脱出大作戦」～地域を持続可能にしていく子ども達～

　永田台小学校の実践が地域に変容をもたらした好例として「生ゴミワーストワン脱出大作戦」があげられます。この「作戦」は、ユネスコが強調する「変化の担い手」として子どもが育つ教育とはどのようなものかを理解できる具体的な実践例です。永田台小学校のある南区が横浜市の中で最も生ゴミの量が多いというニュースを聞いた特別支援学級の子ども達が立ち上がり、生ゴミを減らすにはどうしたらよいのかを考え、自分達で調べ、表現し、世の中にメッセージを届けたのです。具体的には、ミカンの皮やコーヒーのカスなどの活かし方についての考察やジャガイモを包丁で剥いたときとピーラーで剥いたときの皮の重さの計量比較の調査等を通して、持続可能なライフスタイルを世の中にアピールしました。活動の最終ステージでは、子ども達が一連の活動で直面した問題や疑問などを劇にして地元での発表会やエコプロダクツ展などで多くの聴衆に伝えました。小さな子ども達の日々の活動が大きな力となっていき、南区はワーストワンからの脱出に成功しました。こうした実践を通して永田台小学校の子ども達は体験による知識の習得のみならず、表現活動によってユネスコがESDの目標として掲げてきた「価値観・行動・ライフスタイルの変容」を見事に遂げていると言えます。

　永田台小学校の子ども達は地域社会や被災地にまで希望の輪を広げていっています。ESD先進地域と言える欧州では、子どもの声を大人が行政に届け、行政主導でゴミ集積場が公園に変わったりした例はありますが、子どもが大人の意識変容をもたらし、徐々に地域を改善していった例は稀でしょう。その意味で、永田台小学校は世界にも誇れる内発的な教育実践のモデルであると言えます。こうした成果も認められ、2015年には永田台小学校は第6回ESD大賞（小学校賞）を受賞しました。

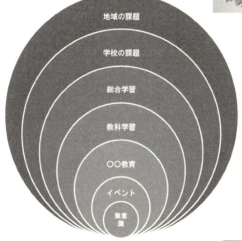

1 ESDを意識せず、教育活動を行っている段階です。
　※一生懸命、いい教育実践はしているが、まだ持続可能性には目が向いていません。
2 イベント等を中心に、ESDを意識して取り組んでいる段階です。
　※将来を見通した未来をつくる、持続可能な生き方等、持続不可能性に気付いています。
3 ESDを意識的に取り組んでいる段階です。生活に根ざした〇〇教育
　※環境教育や国際理解教育等を個別に取り組んでいます。
4 持続可能性を教科の中に見いだし（入れ込み）、教科授業を行う段階です。
　※各教科の中に、持続可能性の要素を加味しながら授業をしています。
5 持続可能性を教科横断でつながりを見つけ、総合的・関連的に授業を行う段階です。
　※授業計画時につながりを見つけて、柔軟性がある授業をしています。
6 持続可能性を、学校教育全ての場に拡げる取組をする段階です。
　※学校の課題を解決しようとする方向性です。
7 地域や社会の場に、学校が中心となってESDを拡げる取組をする段階です。
　※地域社会の課題を解決しようとする方向。変化の担い手としての自覚が芽生えます。

紅葉が色付くように、徐々にESDが学校の中に染み込み持続可能な教育が実現します。そして、その色は地域へと広がり、持続可能な地域社会につながっていきます。学校は、持続可能な地域社会のコアになるのです。

**子どもが変わる、教師が変わる、学校が変わる　すごい教育　ESD**

図表3-4　もみじアプローチ
出典）永田台小学校ホームページ（2016年11月10日参照）
〈http://www.edu.city.yokohama.jp/sch/es/nagatadai/yunesuko/yunesuko.html〉

## 2．サスティナブル・マップ

　第1章でふれたイギリスのサスティナブル・スクール構想ですが、筆者が永田台小学校の先生方にその話をしたとき、自分達の学校でもやってみたいので詳細を教えてほしいと言われました。5頁に紹介したイギリスの絵では71の持続可能性（サスティナビリティ）が描かれていますが、永田台小学校は瞬く間に学校を持続可能にしている106もの具体的な要素が示されました。例えば、「笑いの絶えない職員室」「わからないときは気軽に相談したり、みんなで集まってやってみたりします」「毎日のように外で元気に遊ぶ先生もいます」「子どもの話をよくしています。職員会議ではまず子どもの話からスタート！」「校長先生は常に新しい情報や元気になる考え方を発信してください」「困っている子がいたら、ほっておかない雰囲気があります」「職員室や校長室のドアがいつも開いていて、入りやすくなっています」。イギリスの場合は、自然エネルギーや学校菜園、ゴミの分別など、ほとんどが環境関連である一方、永田台小学校のマップは人と人＝社会に関連した項目の多いことが特徴です[8]。

　興味深いのは、全体の絵が共有されるまでのプロセスです。完成に至るまでのプロセスを追うと、次のようになります。

第1段階：先生達が学校のよいところや改善すべきところを職員室の所定の場所に書いてもらい、学校全体を描いたラフスケッチの上に各々の意見を貼ります（写真3-10）。

第2段階：次に四つ切り画用紙に第1段階で描かれた素描をもとに、全体像を描いてみます（写真3-11）。（実際は、この段階で小さな紙には描き切れないほどのサスティナビリティがあることがわかり、大きな画用紙に書くことになりました。）

第3段階：一枚の大きな模造紙を先生達で囲み、隙間の時間にワイワイガヤガヤとおしゃべりをしながら一枚の大きな絵に仕上げていきます（写真3-12）。

最終段階：　サスティナブル・マップの完成（写真3-13）。

第3章　ホールスクールの実際

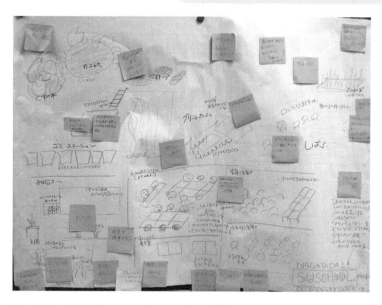

写真3-10　学校全体のラフスケッチ（写真提供：永田台小学校）

## 3．変容の好循環

　永田台小学校の特徴の一つに変容を重視した実践であることがあげられます。通例、学校現場で変容が語られるときは、子どもがどう変わったかという話が多くなるものです。子どもが成長とともに変化することが期待されるわけですから、当然といえば当然のことです。ところが、永田台小学校の場合、変容はまずは大人から始まります。大人の中でも、校長から変容し、その姿勢を感じた教職員が変容し、そうした先生に触れた子ども達も変容し、その子ども達と接する保護者も変容し、さらには地域も徐々に変容するという〈変容の好循環〉を永田台小学校は実現させているのです。

　〈変容の好循環〉は校内の空間づくりについても当てはまります。2016年度には、「校務リニューアル（先生元気化プロジェクト）」の取り組みの一つとして、企業の力を借りながら、「職員室のリニューアル」に挑戦しました。これまでの「空間としての職員室」を見直して、より働きやすい場にしていこう

第Ⅰ部　サスティナブルな学校とは

写真3-11　サスティナブル・マップ　第1版：4つ切画用紙大（写真提供：永田台小学校）

写真3-12　マップづくり（写真提供：永田台小学校）

第3章　ホールスクールの実際

写真3-13　サスティナブル・マップ第2版：模造紙大（写真提供：永田台小学校）

とする考えからです。「書類を40パーセント削減」「共有ファイルコーナーをつくり個人で仕事を抱えない」「使っていない棚等を出して広くする」「手紙置き場になりやすかった後ろの机をカフェ・コーナーに変える」等です。実際に、職員室のコーナーにはカフェも生まれ、スウェーデン語で「お茶の時間」「コーヒー・ブレーク」を意味する「Fika（フィーカ）」という名前が付けられました。

　最近では、「職員室の変容」を通して、これまでの習慣にとらわれずに変えていこうとする意識が高まり、各教室にもリラックス・スペースができるなどの「教室リニューアル」につながっているそうです。教師の変容が子どもの変容につながるのと同様に、職員室の変容が教室の変容につながったと言えましょう。永田台小学校の変容は止まりません。

※永田台小学校での実践のさらなる詳細は次を参照のこと。『カラフルな学校づくり:ESD実践と校長マインド』（住田昌治著、学文社）

## 5．NPO法人による取り組み（国内）
——フリースペースたまりば

　この10年ほど、「10年」を推進するユネスコ本部の国際委員会（国連ESDの10年モニタリング評価専門家会合およびユネスコ／日本ESD賞国際審査委員会）の委員としての活動を通してESDの実践に関して気づいたことがあります。それは、各国内で、もしくは国際的にも評価の高いESDの優良事例は、いわゆる一条校ではないノンフォーマル教育、つまり非正規の教育に多く見出せるということです。学校よりも、むしろ学校外の組織のほうがESDの特性（例えば、変容や刷新、統合など）をうまく引き出しているというのは、複数の国際審査委員の共通見解でもあります。既存の学校文化がESD本来の特性を抑制してしまうという結果、こうした傾向が見てとれるという見方もできるでしょう。

　日本でいうと、ノンフォーマル教育にはフリースクールやフリースペースなどの不登校児童・生徒が通う施設が含まれます。ホールスクールの事例紹介の最後に、日本を代表する公設民営型のフリースペースである「フリースペースえん」を取り上げます。不登校の子ども達が通う同スペースは関西国際交流団体協議会による「ESDグッドプラクティスの収集・評価・顕彰事業」の「ESDグッドプラクティス10事例」にも選ばれたNPO法人「フリースペースたまりば」の運営による施設です。

### 1．フリースペース誕生の背景

　日本が国連・子どもの権利条約を1994年に批准してから、その精神を地域社会に活かそうという想いのもとに、動いた自治体はいくつかあります。1990年代後半頃から、子どもを権利行使の主体者として捉える見方が徐々に広がりを見せ、全国の自治体が「子どもの最善の利益」の尊重などを掲げた条例を制定するまでになりました。

　地域性を反映した各地の条例の内実はそれぞれに異なりますが、なかでもユニークなのが川崎市の条例です。川崎は、1960年代の高度経済成長によって急速な発展を遂げた都市である一方で、労働力として成長を支えた貧困層の

人々や外国人労働者の人権問題、小児ぜんそくなどの公害病問題を抱え、人権保障が日常の課題として意識されてきた地域です。そんな中、親と教師や地域住民が主体の教育改革が1980年代から掲げられ、おおよそ20年の歳月を経て成立したのが「川崎市子どもの権利に関する条例」でした。

同条例は徹底した子ども本位の性格をもっています。このことは「国連・子どもの権利条約」で規定されている権利を7つの柱にまとめ直した諸権利、すなわち「安心して生きる権利」「ありのままの自分でいる権利」「自分を守り、守られる権利」「自分を豊かにし、力づけられる権利」「自分で決める権利」「参加する権利」「個別の必要に応じて支援を受ける権利」が条文の中で明確に示されていることからもうかがえます。これらの権利はいわば「理念条例」として制定されていますが、川崎市の特徴は「子どもの参加」や「相談および救済」「子どもの権利の保障状況の検証」などの具体的な制度保障が盛り込まれた「総合条例」である点が指摘されてよいでしょう。

同条例の第3節「地域における子どもの権利の保障」の第27条には次のように記されています。

　子どもには、ありのままの自分でいること、休息して自分を取り戻すこと、自由に遊び、若しくは活動すること又は安心して人間関係をつくり合うことができる場所（以下「居場所」という。）が大切であることを考慮し、市は、居場所についての考え方の普及並びに居場所の確保及びその存続に努めるものとする。
　市は、子どもに対する居場所の提供等の自主的な活動を行う市民及び関係団体との連携を図り、その支援に努めるものとする。

川崎市では「居場所」の重要性は条例で保障されているのです。こうした制度保障の延長線上に誕生した青少年施設が「川崎市子ども夢パーク」であり、同パーク内にあるフリースペース「えん」です（写真3-14）。「子ども夢パーク」は子どもの権利条例の理念を具現化するためにつくられた生涯学習施設であり、「えん」はその中にある不登校等の子ども達が通う「居場所」です。その運営母体はNPO法人「フリースペースたまりば」です。

通例、こうした不登校の子どものための施設は「フリースペース」や「フリースクール」「居場所」などと呼ばれています。それは単なる物理的な空間ではなく、学校や家庭、地域の中で生きづらさを感じている若者が安心して過ごせる温もりのある空間です。

日本には、教師や級友からのいじめや暴力等の理由で学校に通えない不登校の子どもが約12万人以上いて、その数は10年以上にわたり高止まりの傾向にあります。不登校の子どもの中には、「えん」のような民間のオルタナティブな「居場所」であるフリースペースや公的な施設である教育支援センター（適応指導教室）に通ったり、ホームスクーラーとして自宅で学んだりしている若者は少なくありません。彼／彼女らにとっては、自己肯定感を取り戻したり、地域の大人や友人とつながったりする時空が「居場所」なのです。ちなみに、川崎市・川崎市教育委員会は「居場所」を「単に空間的な場所だけをさすのではなく、場における人間関係もさす」としています[9]。

## 2．〈いのち〉に制度を引きつけるということ

「えん」には毎日、30～40人ほどの子ども達が通っています。誰もがそこに身を置いてみると、不思議な空間であることに気づきます。学校に見られるような管理はなく、一見、子ども達は自由気ままに過ごしています。それぞれが個人で、またはグループで遊びまわったり、読書や演奏をしたりしているのです。しかし、まったくのバラバラではなく、彼／彼女らは緩やかに、安心して「つながり」を見出し、そうした安心感の中で多様な学びや育ちが保障されています。

経済優先の社会の中、日本の多くの子ども達は否応なく産業界の期待に応えるかのように育てられてきました。「よりよい大学へ、よりよい会社へ」という一元的な価値観のもと、親や教師の期待に沿うように育てられた子どもは少なくありません。大人の理想とする子ども像に自らをフィットできない子どもは社会のメインストリームから外されていきます。そんな風潮の中、自分を肯定できない若者が増えているのです。自らを傷つけ、もしくは他者を傷つける子どもは少なくありません。こうした子どもが幸せになれない社会とは、はたして持続可能な社会と言えるのでしょうか。

上のような社会情勢の中で、生きている、ただそれだけで祝福される「えん」は異色な空間です。学校社会の中で常に厳しい評価にさらされてきた子どもにとって、「よい子」「わるい子」という拙速な価値判断は下されず、ありのままの自分が受容されるフリースペースの時空は、この上なく重要な居場所となるのです。

 「えん」の代表である西野博之氏が「子どもの『いのち』のほうに制度やしくみをひきつけてくること。そのことが実現できれば、もう少し生きやすい世の中になるのではないかと思う」と述べています（菊地、2004）。「えん」は〈生きとし生けるもの〉が互いに応答し合う関係性の中で自らのルールや〈規範〉をつくっている内発的な共同体なのです。

写真3-14　子ども夢パークのエントランス（写真提供：フリースペースたまりば）

写真3-15　「えん」でのランチ（写真提供：フリースペースたまりば）

社会からの規範ではなく、応答し合う関係性からの社会づくり、言い換えるなら、ケアし合う共同体の構想は、J・R・マーティン（Martin, 1992）が説くように、「スクール」というよりも「ホーム」の概念に近いのかもしれません。「ホーム」では学校教育に期待される3Rs（読み書き算）の前提として3Cs(Care, Concern, Connection)、すなわち自己と他者とが相互にいたわり合い、配慮し合い、結びつきを大切にするというような関係性が求められるのであり、「えん」はまさにこれらの3要素を合わせもつのです。

## 3．フリースペースでの学び

「国連ESDの10年」の主導機関であったユネスコは、学習には4つのタイプ（「学習の4本柱」）があることをつとに指摘してきました（ユネスコ「21世紀教育国際委員会」、1997）。1つは「知るための学び（learning to know）」。2つめは「なすための学び（learning to do）」。3つめは「共に生きるための学び（learning to live together）」。4つめは「人間存在を深めるための学び（learning to be）」です。そして今世紀の教育で最も大切なのは3つめと4つめの学び、つまり共生のための学びと人間らしく「在る」ための学びであることを強調しています（UNESCO, 2015）。グローバル化という厳しい時代を生き抜いていくためでしょうか、教育界では猫も杓子も知識と技能、すなわち1つめと2つめの教育をはやしたてて、人間の成長にとって欠かせない他の2つの教育をないがしろにしています。このままだと持続不可能な未来になってしまう……このようにユネスコは警鐘を鳴らしているのです。

国連の機関が上のような主張をするということは、どうやら役に立つスキルの習得を強調しているのは日本だけでないようです。いかに優れた教育であろうとも、教育の結果、技能(スキルフル)に長けた人が戦争を起こしたり、環境を破壊したりしては元も子もありません。

上のようなグローバル化時代の学習の危機的状況という文脈で考えると、フリースペースえんでの「学び」はユネスコの価値観と符合することに気づきます。毎日、30人ほどが集う居場所では共に生きていくためのマインドが培われ、誰もがありのままでいられる居場所で個々の存在が受容されている光景がそこには、あります。まさに3つめと4つめの学びが日常にあるのです。ユネスコ

はこうした教育こそ、未来形であると太鼓判を押すでしょう。2005年から国連がリードして推進してきたESDの優良事例として「たまりば」が選ばれていることも、その証左と言えます（関西国際交流団体協議会による「ESDグッドプラクティスの収集・評価・顕彰事業」の「ESDグッドプラクティス10事例」）。

近頃ユネスコは上記の「4本柱」に加えて5本目の柱を「自己を変容させ、社会を変容させるための学び」としてESDを推進する運動の中で強調するようになりましたが、これもまた「たまりば」が具現化している学びと言えます。一般の学校の教師と異なり、「たまりば」のスタッフは「弱さ」をも開示することがあります。時には子どもに助けられ、スタッフも成長する。そして変容するスタッフを見て、子ども達も変容しているのです。

「たまりば」では、子どもにこうあってほしいと思ったとしても、スタッフは指導をすることはありません。そうではなく、自らが理想像に近づこうとすることによって、そんな大人とともにいる子どもも変わる可能性が拓かれていく ── 自己変容から始まる他者の、そして周囲の変容が居場所という空間の好循環をつくっていくのです。たまりばの歴史は、こんな関係性が紡がれ続けてきた四半世紀だったのでしょう。

# 6. 国内外のホールスクール事例のまとめ

以上、国内外の公立・私立の学校、さらにはNPO法人によるホールスクール実践について紹介しました。いかがでしたでしょうか。第2章で述べた「まるごとESD」や「どこを切ってもESD」という特徴やESDのエッセンスを具体的に感得していただけましたでしょうか。また、従来の学校教育を形作ってきた全体計画や年間計画との違いを感じ取っていただけましたでしょうか。

いずれの実践でも共通するのは、あらゆる活動に裏打ちされた中心的な理念が存在するということです。自由学園では「生活即教育」、クリスピンスクールでは「サスティナビリティ」、アシュレイ・スクールでは「ハーモニー」、永田台小学校では「ケア」、フリースペースえんでは「いのち（「生きている、ただそれだけですごいんだ」）」という各々の共同体で理想とする概念が共通に理解されています。ホールスクールを始める際に、まず自分たちのコミュニティ

で「かけがえのない理念」は何かを皆で話し合うことから始めてはいかがでしょうか。

　戦後の日本社会に象徴されるような右肩上がりの社会とは異なり、私たちは今、不確実性の時代を生きていると言われるようになりました。政府や企業のみならず、学校も変容が迫られています。予期せぬことがいつ何時でも起こり得る時代において、予定調和を前提とした計画の有効性が問い直されているのです。ここで紹介した学校やコミュニティに見出せるのは、デザインの力です。それはなにも管理職や教師がプロのデザイナーのようなセンスをもたなくてはこうした実践はままならないということでありません。デザインの本質が「世界を感じ直していくこと」もしくは「ものづくりやコミュニケーションを通して自分達の生きる世界を生き生きと認識すること」（原、2007: 411）であるとすれば、それは誰もが試みることができる、日常の工夫であると言えます。

　ただ、デザイン（design）の本質は、その言葉が表すように、既存のサイン（sign）の枠を外す（de-）というところに見出せるのであれば、校長先生をはじめとした管理職の先生も教師も勇気をもって既存の実践を問い直していく「勇気」は必要なのだと思います。また、ここで紹介した実践はいずれも変容に向けた心意気をもつ人々によるものであり、いわば標準からの逸脱のプロセスを楽しみながら学校づくりや共同体づくりが進められているというのも共通点であると言えましょう。

　とはいえ、急に変容を求められても、戸惑う人は少なくないでしょう。自分の持ち場で何ができるかを明らかにしていくためにも、ぜひ本書で紹介したルーブリックなどのツールを使って足下からの社会変容を考えてみてください。

【注】

(1) さらなる詳細は、自由学園：生活即教育ブックレット（2009）『食の学び一貫教育：中心に「食堂」のある学校　自由学園』を参照してください。

(2) 詳細は、羽仁もと子（1997）『生活即教育』（羽仁もと子選集、婦人之友社）を参照してください。また、同学園の現学園長である高橋和也氏による「生活のすべてを『生きた教材』に」（尾木直樹 2011 に所収）には自由学園がいかに持続可能で循環型の学習共同体であるかについて生き生きと描かれています。さらに、ホールスクールの観点から同学園を論じた論文として高橋（2012）があります。

第3章　ホールスクールの実際

(3) 詳細は、http://www.ashleyschool.org.uk/harmony/hrh-prince-of-wales を参照してください。
(4) HRH the Prince of Wales, Tony Juniper and Ian Skelly（2010）.
(5) Ashley Schoolホームページ：http://www.ashleyschool.org.uk/harmony/hrh-prince-of-wales
(6) アシュレイ・スクールのホームページのビデオで、シャモニー・スタディツアーを経験した小学生が「自分にとって持続可能性とは……」と自らの言葉で語るシーンを見ると、知識習得だけでないバランスのとれた教育の成果の一端に触れることができます。http://www.ashleyschool.org.uk/eco-school/new-leaders-in-sustainability-chamonix/
(7) ユネスコスクールとは、1953年にユネスコ憲章で謳われている理念を学校現場で実現することを目指して創設された世界的な学校ネットワークです。加盟国政府の推薦を経てユネスコ本部で認定され、2015年6月の時点で、世界に約1万校あり、その10分の1ほどが日本で活動しています。
(8) 106の各々の項目については、永田台小学校のホームページを参照してください。http://www.edu.city.yokohama.jp/sch/es/nagatadai/yunesuko/yunesuko.html
(9) 川崎市教育委員会「川崎市子どもの権利に関する条例：各条文の理解のために」（2001年7月）p. 35．なお、同権利条例の課題についてはNagata（2016）を参照。

【参考文献】
尾木直樹編著（2011）『子どもが自立する学校：奇跡を生んだ実践の秘密』青灯社
菊地栄治（2004）「『たまりば』が紡いできたこと」（西野博之へのインタビュー記録）『ホリスティックな教育改革の実践と構造に関する総合的研究』（科学研究費による研究成果報告書、代表：菊地栄治、pp. 200-204）
喜多明人編著（2004）『現代教育改革と子どもの参加の権利：子ども参加型学校共同体の確立をめざして』学文社
自由学園：生活即教育ブックレット（2009）『食の学び一貫教育：中心に「食堂」のある学校　自由学園』
住田昌治（2015）「教師の意識変容と学校変容、地域変容」『ユネスコスクールの今：ひろがり つながる ESD推進拠点』ユネスコアジア文化センター、pp. 31-37.
住田昌治（2019）『カラフルな学校づくり:ESD実践と校長マインド』学文社
高橋和也・小林亮（2012）「ESD実践のためのホールスクール・アプローチ：自由学園における自治的生活と食育を事例に」日本国際理解教育学会編『国際理解教育 Vol. 18』明石書店、pp. 72-81.

永田佳之（2010）「〈いのち〉をはぐくむケアリングな共同体：フリースペース『たまりば（えん）』」五島敦子・関口知子編著『未来をつくる教育ESD：持続可能な多文化社会をめざして』明石書店、pp. 116-117.

永田佳之（2012）「ESD の実践へと導く４つのアプローチ」日本国際理解教育学会編『国際理解教育 Vol. 18』明石書店、pp. 44-51.

西野博之（2006）『居場所のちから：生きてるだけですごいんだ』教育史料出版会

日本ホリスティック教育協会編（吉田敦彦・永田佳之・菊地栄治 共編著）（2006）『持続可能な教育社会をつくる：環境・開発・スピリチュアリティ』せせらぎ出版

日本ホリスティック教育協会編（永田佳之・吉田敦彦 共編著）（2008）『持続可能な教育と文化：深化する環太平洋のESD』せせらぎ出版

羽仁もと子（1997）『生活即教育』羽仁もと子選集、婦人之友社

原研哉（2007）『DESIGNING DESIGN デザインのデザイン』岩波書店

リチャード・ダン著（永田佳之監修・監訳）（2020）『ハーモニーの教育: ポスト・コロナ時代における世界の新たな見方と学び方』山川出版社

ユネスコ「21世紀教育国際委員会」編（天城勲訳）（1997）『学習：秘められた宝』ぎょうせい

ESD-EXPERT NET. "The Concept of the Whole School Approach – a platform for school development with focus on sustainable development" ＜www.esd-expert.net＞

HRH The Prince of Wales, Tony Juniper and Ian Skelly（2010）. *Harmony: A New Way of Looking at Our World*. Harper Collins Publishers.

Nagata, Yoshiyuki. (2016). Fostering Alternative Education in Society: The Caring Communities of "Children's Dream Park" and "Free Space En" in Japan. Helen E. Lees and Nel Noddings (eds.) *The Palgrave International Handbook of Alternative Education*, pp.241-256.

Martin, Jane Roland. (1992). *The Schoolhome: Rethinking Schools for Changing Family*. Harvard University Press.（ジェーン・R・マーティン『スクールホーム："ケア"する学校』生田久美子訳（2007）東京大学出版会）

QCA(Qualifications and Curriculum Authority) (2008). *Sustainable Development in Action: A Curriculum Planning Guide for Schools*. London: QCA.

UNESCO (2015). *Re-thinking Education: Towards a Global Common Good?* Paris: UNESCO.

# 第Ⅱ部
# サスティナブルな学校づくりのために

第Ⅱ部　サスティナブルな学校づくりのために

　さて、第Ⅰ部第2章で海外のホールスクール・アプローチの枠組みを紹介してきました。これらに共通するのは、持続可能性に関わる諸課題について学ぶための教育内容や教育方法などの新しいアプローチにとどまっていないことです。すなわち、生徒や教師の日常の言動や学校の状況を持続可能な開発の視点で見直し、学校に集う人々の課題や学校自体が抱えている問題に目を向けることに注目していることです。

　第Ⅰ部を通して説明したホールスクール・アプローチによって、学校はサスティナブル・スクールになっていきます。そこには、正規のカリキュラムだけでなく、授業以外の時間の過ごし方や生徒と教師との関係など、日常が関わってきます。従来のESDの実践では、前者にある「正規のカリキュラム」にESDをいかに組み入れ、どのような活動ができるのかについて考えられてきたのではないでしょうか。ポスト「10年」におけるESDを一歩進めるためには、学校における授業以外の日常の見直しと改善が必要です。正規のカリキュラムにおいて、持続可能性に関わる内容を学ぶ授業が展開されます。そこでの学びが日常、つまり、授業以外の時間の生徒および教師のふるまいにどの程度反映されているのかが重要です。

　イギリスのサスティナブル・スクールの中核をなすケアのように、生徒や教師の普段の学校生活を「自分自身のケア、相互のケア、環境のケア」の視点から見直してみましょう。生徒および教師一人ひとりが大切にされる学級や学校づくりがなされているでしょうか？　困っている他者、問題を抱えている他者に傾聴し、助け合える人間関係を築いているでしょうか？　環境に関わる学びが、校内のゴミの分別や削減といった行動につながっていますか？　社会正義に関わる学びが、他者を排除・差別しない共生に通じる態度の育成につながっていますか？　学びと日常のつながりを意識的に見てみましょう。地域課題や地球規模の問題について考えることはESDにおいて重要ですが、一人ひとりの身近な問題に向き合うことを忘れてはいけません。学びを通して、日常にある一人ひとりの悩みやつらさが少しでも緩和されていくことが望まれます。

　サスティナブル・スクールでは、自分達の生徒や教師、学校の運営やカリキュラムに関わる教育活動全体をデザインすること、つまりホールスクール・アプローチが求められます。自分達の身近な教育を捉え直すためには、第Ⅰ部第2

章で述べたように内発的な発展が不可欠です。生徒が、教師が、地域の人々がどのような学校であってほしいのかを話し合いながらビジョンを描き、共有することから始まります。〈いま・ここ〉にいる「わたしたち」が自分達の学校づくりのプロセスをともに歩むことで、ESDの実践は深みと広がりをもつことができるでしょう。

　内発的なESDとは、生徒や教師が普段感じている不思議さや関心から始まる学びの連鎖です。「なぜだろう？」という問いに向き合う学びとも言えるかもしれません。そうであるからこそ、生徒や教師の日常に寄り添うようなプロセスの形成が重要になってきます。第Ⅰ部第２章でみてきたイギリスや南オーストラリア州、ニュージーランド、「ESDレンズ」の事例にあるように、ホールスクール・アプローチを通してケアの文化を学校に浸透させ、根付かせていくことが望まれるのです。

　しかし、こうした海外の枠組みをそのまま日本の状況に当てはめるのは得策とは言えません。何が先進的な事例のよさであるのかを吟味すること、その上でその良さを日本の文脈に取り入れた場合、どのようなことが予想されるのかを検討する必要があります。そうでないと日本の学校現場を表面的にその海外の枠組みに適応させてしまう事態が生まれるのではないでしょうか。各学校によって、ESDへの取り組み方やその進度も異なります。状況に応じて、何が必要であるのかを確認しながら、進めていくことが期されます。

　トップダウンの改革も時には必要ですが、ESDにはボトムアップともいえる教育現場からの変容が不可欠です。国外の評価枠組みでも捉えたように、サスティナブル・スクールを実現させるには、学校に入ったときに感じる校風のような「エートス」の変容が求められます。学校全体に浸透している「文化」とも言えるでしょう。学校組織の体制や教師間の関係、生徒と教師との関係、保護者との関係、地域との関係などに、こうした「文化」は現れます。共生や平和、また参加型や協働といった、ESDに関わる教育内容と教育方法で強調されることを普段にも応用してみましょう。学級や学校における共生のあり方について見直してみましょう。地域の人々や保護者らとの対話や協働の機会、また民主的な意思決定のプロセスはつくられているのかなど、普段の教育活動や私たち一人ひとりの言動を一度ふり返ってみてください。まずはここから始

## 第Ⅱ部　サスティナブルな学校づくりのために

まるように思います。

　ここでは、第Ⅰ部第2章で概要を説明したイギリスの枠組みを紹介します。学校の中にある日常や、地域や世界との関係性を捉え直す上で役立つツールです。はじめに、枠組みの解説をします。次に、どのような視点をもってサスティナブルな学校にしていけばよいのかが詳しく示されている評価ツールの翻訳を掲載しています。続いて、そのもととなった「サスティナブル・スクールのためのナショナル・フレームワーク」と「s3　パフォーマンス・マトリックス」の翻訳も載せましたので、サスティナブル・スクール構想の全体像を捉えることができます。さらに、評価ツールと併用して、どのようにアイデアやイメージを同僚たちと共有したり、現状を把握したりしていけばよいのかといったさまざまなアクティビティが載っているワークショップ・ツールの翻訳を掲載しました（第3章）。最後にサスティナブル・スクールおよびESDに取り組む意義をつかむのに役立つ報告書（第4章）の翻訳を付しました。こうした一連のツールや資料がみなさんの学校をサスティナブルにするための一助となれば幸いです。

# 第1章 サスティナブルな学校づくりのための枠組みとその使い方

## イギリスのサスティナブル・スクール自己評価ツールの解説

はじめに、次章の「サスティナブル・スクール自己評価(Sustainable School Self-evaluation)」(以下、s3)の解説をします[1]。s3 の活用上の注意点を述べながら、その活用の意義について考えます。

サスティナブル・スクールは、第Ⅰ部でも触れたように、英国元首相トニー・ブレアとゴードン・ブラウンによる労働党政権のもとで続けられてきた教育政策です。そのために開発された枠組みが、「サスティナブル・スクールのためのナショナル・フレームワーク」(以下、フレームワーク)です。フレームワークでは、各学校がそれぞれの状況に応じて、持続可能性について考えられるように、いくつかのヒントがあげられています。そのどれから始めても学校全体で持続可能性に向けた取り組みができるようにデザインされています。このフレームワークにのっとって、自己評価のツールとして s3 が作成されました。

実際に s3 の中身をみていきましょう。まず s3 の冒頭で持続可能な開発とは「人々の生活の質がよくなる解決策を見つけること」(DfES, 2006: 3)であり、「私たちの貴重な資源である地球を壊さないように私たちが自分自身の暮らし方と働き方をどのようにしていくのかを再考させるように導く、刷新的なアジェンダである」(同上)と定義づけています。地球の持続可能性と自分自身の暮らしを関連させながら考えるという視点が冒頭に示されていることで、なぜ ESD が必要であるのかを共有することができます。このような考え方をもって、学校全体で ESD に取り組むことで環境問題や社会問題などに特化した教育内容を扱うにとどまらず、そういった教育活動が子ど

も達の学びや生活に影響をもたらすというイメージをもつことができるでしょう。さらに、始めるきっかけとなるいくつかのアイデアが示されているため、取り組むまでのハードルは低くなります。

　s3 は学校のあり方を改善するための視点が提供された PartA と学校における持続可能な開発を促進させる視点が示された PartB の 2 部から構成されています。

　2 つの Part の説明に入る前に、共通認識としてサスティナブル・スクールおよび、現代社会が直面している持続不可能な状況と若者ならびに学校との関わりについて述べられています。ここでは、学校での実践的な学びや教育が、若者の育ちに大きな影響力をもっていることを確認しています。特に、フレームワークの 3 つの特徴の一つである「ケアするという関わり」の項目では、「学校は、ケアリングの場（caring places）である」と記されています。ケアリングとはケアする・ケアされるという双方向の関係性を示します[2]。s3 では、持続可能な開発に関わる環境保全や人権の尊重に関連して、ケアの範囲を学校内外の資源の使われ方や他者との関係に広げると説かれています。

　では「学校がケアリングの場である」とは、どういうことでしょう。教師が生徒をケアすることは容易に想像できるでしょう。また、生徒は普段、掃除や給食の配膳、動植物の世話などを行います。職員による校内のメンテナンスや給食づくりも含まれるでしょう。生徒をケアすることにとどまらず、学校という場ではさまざまな人が他者や環境をケアしています。

　「学校がケアリングの場である」とは、学校がさまざまな物事や人とつながり直す場であると捉えることができるのではないでしょうか。s3 では学校における生徒の役割が「教えられる者」から、「学び、学校や地域を変える主体」となっていく変容のプロセスを追えるようになっています。同様に、教師も「伝え教える者」から「共に参加し、関わる者」「学校や地域を変える主体」となっていることがわかります。教師と生徒の「教え・教えられる」という一方向の関係から、学校や地域、地球をケアする主体として互いに関わり合う関係へと変わってきます。こうして誰もがケアし合うことで、教師と生徒の限定的な場が開かれ、学校はさまざまな人とつながる「ハブ」となっていくのです。

　また、持続可能な開発に関する内容を学ぶだけではなく、その学びを学校や

地域での日々の生活に活かすには、どうしたらよいのかのヒントがいくつか示されています。フレームワークの核となっている「ケア」の対象は他者、環境、自分自身です。「他者」は異文化にルーツをもつ人々、遠く離れたところで暮らしている人々、世代の異なる人々を示し、場所や年代の遠近を問わず、さまざまな人が互いにケアし合うことを目指します。さらに、「環境」は、単に自然環境ではありません。「あらゆるところ」と記されていることから、社会環境や教育環境といった個人を取り巻く広義の環境であることがわかります。最後の「自分自身をケアする」ことは、個人の幸せのみならず、自分自身の身体的および精神的な健康に気づかうことが広義の「環境」や「他者」をケアすることにつながっています。統合的なアプローチをとるという、このフレームワークのもう一つの特徴が、ここにも読み取れます。

　続いて冒頭部分において、なぜ政府が政策としてサスティナブル・スクールに取り組むのかについての説明があります。ここで確認しておきたいのは、フレームワークが持続不可能性に関わるさまざまな諸問題を抱える社会と学校との関係性に焦点を置いていることです。この「サスティナブル・スクールのためのナショナル・フレームワーク」では、グローバルで問題視される喫緊の諸課題に対応していくことが、学校文化に根付いている価値観や習慣などを問い直すことにつながること、またその必要性が説かれています。どれほどグローバルな諸問題を取り扱っても、学校内で起きているいじめや無駄づかい、残食、また多忙感のある教師の日常などの問題が解決されなくては、グローバルな諸問題は他人事として認識されるにとどまるでしょう。地球の持続可能性に関わる問題が「教材」となり、その問題解決に強調点が置かれ、生徒や教師らの身のまわりの問題がなおざりにされるならば、それはESDが変容をもたらす教育ではなく、社会に適応するための教育となってしまう可能性を含んでいます。第Ⅰ部で述べた「新たな方向づけ」によって、変容していくためには、自分自身に関わる日常の問題として考えることができる枠組みの開発が求められているのです。

## Part A

　Part Aでは、社会を変容させるためには、まずは学校が変わらなければならないことが示されています。学校は、生徒や教師らにとって身近な社会です。「持続不可能性」の芽が彼／彼女らの日々の生活の中に潜んでおり、それらを生み出す私たちの意識やふるまいを見直す必要があります。ESDは何をどのように教えるのかという教育内容や教育方法のみならず、健全で良好な人間関係を築くといった教育環境全体の改善を求めている教育でもあるのです。

　フレームワークでは、先述したように、ケアがそのコンセプトの中心に置かれています。学校がケアリングの場であることを確認し、自分自身、他者、そして環境をケアする学びの場をつくること、そうした学びが日常化し、地域社会にも影響を与えるようになることの重要性を示しています。Part Aは、1.学校の特徴、2.学習者・親／保護者・地域コミュニティ・その他関係者の意見、3.目標達成と学力、4.個人の発達とウェルビーイング、5.教育の質、6.リーダーシップとマネージメント、これら6項目から構成されています。学校の特徴が何であるのか、また学校づくりや学びの場に生徒と教師だけでなく、保護者や地域の人々の意見、日頃関わっている企業の人々などの意見を取り入れているのか、そのような人を巻き込み、学校づくりがなされているのかを確認できます。

　さらに、日本にも共通して言えることですが、ESDのような新しい教育を進めることが子ども達の学力の向上につながっているのか、子ども達が学ぶことを楽しんだり、グローバルな課題と実生活、自身の言動、ならびに地域社会での活動とを結びつけたりすることができるのかといった、個人の発達や社会貢献との関わりをも確認事項の中に含まれます。また、さまざまな人の意見を取り入れることと同様に、学校運営においてもそういった活動の成果が反映されているのかが問われます。

　前述したように、学校はケアリングの場として具体的に地域に根ざし、さまざまな人々が行き交い、環境や社会とつながり直すことが求められているのです。まずは私たちの学校の現状について、「知る」ことから始めましょう。そのためには、一度立ち止まって、日頃の自身のふるまいを静かに丁寧にふり返る時

第1章　サスティナブルな学校づくりのための枠組みとその使い方

間をもち、〈いま・ここ〉で起きていることに目を向けることが求められるでしょう。

## Part B

Part Bでは、持続可能な開発の視点から学校内および地域の飲食や交通のあり方、また消費やゴミ出しなどを見直し、学校をハブとする地域づくりが推奨されています。

学校給食で使われている材料は地産地消やフェアトレードを意識して購入しているのか、学んだことが具体的に学校内で取り組まれているのか、また地域にそのことが共有されているのかが問われます。飲食に限らず、エネルギー消費について、また水の使用についても同様です。

「通学と交通」の項目については、イギリスと日本の事情が異なるため、読み替えが必要でしょう。スクールバスや保護者による送迎があるイギリスと、自転車や徒歩で通学することの多い日本の小中学校とでは、生徒の通学がもたらす影響は異なります。イギリスの場合、送迎による交通渋滞や、排気ガスによる大気汚染等が問題視されます。一方の日本は、通学する生徒の安全面が再検討されてよいでしょう。また、教師においては、自家用車による通勤ではなく、バスなどの公共交通機関を使うことが奨励されます。

「購買と無駄づかい」については、生徒の普段の消費活動、ならびに普段の教育活動に必要な学用品や事務用品の購入と廃棄について見直す機会となるでしょう。学校で学んだ「持続可能な消費」のあり方を実生活に活かすことができるかが、生徒のみならず、教師自身も問われるわけです。また地域の人々にとって、子ども達が発表する学びの成果や実生活に応用している子ども達のふるまいや考え方は、自らの消費行動をふり返り、考え直す機会ともなるでしょう。

次に「包摂と参加」について見てみると、「参加」する生徒の活動が変わっていくのが読み取れます。図表1-1は著名なロジャー・ハートの「参加のはしご」をもとに開発教育協会（DEAR）がわかりやすく簡素化した図です。やらされているという受け身の参加から、子どもが主体となってとった行動に大人も巻き込まれるような参加まで、「参加」にもさまざまな段階があるのがわかります。みなさんの学校の生徒の「参加」はどの段階にあるのでしょうか？

第Ⅱ部　サスティナブルな学校づくりのために

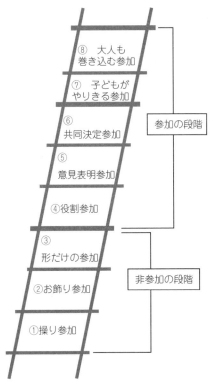

（原図：ロジャー・ハート『子どもの参画』萌文社、2000年）

**図表1-1「ハートの参加のはしご」**
出典）DEAR（2006：84）

　一方で、図には表されていませんが、その場にいるだけという関わり方もあると思います。参加するから、当然何か行動することが求められる傾向にありますが、一人ひとりの置かれた状況から、その子にとって可能な参加の度合いがあるはずです。それを見落とさないようにしたいものです。それが偏見や差別に挑み、「受け入れ、迎え入れる雰囲気」のある学級・学校づくりにもつながります。「包摂<sub>インクルーシブ</sub>」という言葉は難しく聞こえますが、それが意味することは、

誰もが受け入れられ、居られることではないでしょうか。子どもも大人も居場所のある学校・地域づくりが求められます。

　最後に、イギリスのサスティナブル・スクールの枠組みで重要なことをいくつか記したいと思います。

　一つ目は、教育活動や学校生活の基盤になっている文化を変容させていくことです。ゆえに、身のまわりのさまざまな「持続不可能性」を持続可能にしていく試みを一個人から身近な集団へ、さらに学校、地域へと展開していくことが求められるのです（永田、2010）。この点において、ホールスクール・アプローチの重要性を改めて確認することができるでしょう。一人の教師による授業実践の枠を少しずつ広げていき、教師同士が、また学校と地域コミュニティが連携することで、そのつながりの範囲は広がります。また持続可能性が授業内容にとどまるのではなく、その価値観が日常の言動や、それによってつくられる学級の雰囲気や校風にも浸透しているのかが問われます。すなわち、イギリスのサスティナブル・スクールのコアになっている「ケア」のように、教育内容や教育方法、教育方針の基盤となり、かつそれらを貫く校風が学校の教育活動全体にしみ込んでいることです。

　次に、フレームワークと対になって示されているパフォーマンス・マトリックス（評価表）についてです。持続可能な開発の視点から、学校の実践を自己評価し、どの部分が足りていないかを客観的に認識することができます。パフォーマンス・マトリックスを用いて管理職、教職員、生徒、保護者などの関係者が集い、自分達の学校の活動について評価を行います。パフォーマンス・マトリックスは、学校全体の改革に関する分野（Part A）と８つの扉に関する分野（Part B）の２分野からなります。学校全体の改革に関する分野には16の質問、８つの扉に関する分野には10の質問があります。それぞれ「スタート」「よい」「とてもよい」「優れている」の４段階で点数化されます。

　先のフレームワークとこのパフォーマンス・マトリックスの両者を併用して自分達の実践を確認することができます。ファシリテーターによるワークショップや話し合いの機会を設けることが期待されています。議論を重ね、各学校の独自性を重んじた実践へと発展させていくことが求められているのです。決して第三者による外部評価のツールではないため、評価に実践者自らも参加し、

自身の取り組みをふり返ることができます。これによって、実践者の主体的な参加を促すことができるでしょう。

　その一方で、数値化による評価の問題点が指摘されてよいでしょう。たとえ自己評価を前提に作成されたとしても、この数値による評価を単純に応用すると、持続可能性をめぐる競争主義をあおるような事態を生み出してしまうのではないでしょうか。つまり、競争原理と評価主義によって、「サスティナブル」という名のもとで行われる学校の序列化です。学校現場、特にサスティナブル・スクールでは、プロセスを見ずして成果のみを捉え、数値の高い・低いによって教育活動の優劣が決められるような事態が起きてはなりません。第三者が点数化できるモノサシで評価の眼差しをもつとすれば、それは生徒や教師らの日々の関心や興味から始まる内発的な発展の妨げとなってしまうことでしょう。

　例えば、日本でこのマトリックスが示され、教育委員会からのこの活用を各学校に奨励されたら、どうなるでしょう。教師は「～でなければならない」「～すべきである」と読み違えてしまわないでしょうか。管理職や教師はプログラム内容を参考として受け止められるでしょうか。新しい方針が出された際、自らの学校の状況と照らし合わせながら、カリキュラムを組み直す内発的なプロセスが求められます。

　このような評価枠組みが国の教育政策の一手法として示されるとき、それは汎用性をもつ一方で、強制的な力も働きます。政策や方針が出されるスピードに、学校現場が追いついていないのが現状ではないでしょうか。政策と現場との間に生まれた溝を埋めるためにも、管理職ならびに教員研修の改善や校内の研究会等の場の活用が求められているように思います。現場の実践者が実情に合わせて、新しく出される指針を読み解き、普段の教育活動として展開できるように、時間を確保することが優先されてよいのではないでしょうか。教師の多忙化が問題視される今日ですが、一度立ち止まって「～しなければならない」ことが本当に必要であるのかといった視点から見直してみたらどうでしょう。学び手とともにいる教育のあり方について、実践者自らが考える愉しさを味わえることに、ESDの醍醐味があるように思います。

　次に掲載するイギリスの評価ツールは、すでにESDに取り組んでいる実践者や学校には自らの立ち位置を確認し、これからの方向性を考えるのに役立つ

でしょう。また、第3章に載せるアクティビティはフレームワークを活用するときに併用できるワークショップ・ツールです。「学校の特徴」を話し合ったり「リーダーシップ」について考えたりするときに、どうすれば参加者が意見を出せるのかなど、話し合いの進め方がわからないというときはありませんか？ そうした際に役立つのが第3章です。とかく、会議というと学校ではトップダウンに進められる傾向が強いように思います。けれども、第Ⅰ部に述べたとおり、ESDは内発的な発展を特徴とします。ぜひ会議や話し合いなどにおいても、参加者の声を聴くことができるような場づくりを心がけてください。

これからESDに取り組んでみようと思っている人は、第2章を使ってサスティナブル・スクールのイメージをつくるのがよいかもしれません。その上で第3章のツールを活用して、参加者の意見を聴き合いながらボトムアップでサスティナブル・スクールになっていくプロセスを形成していきましょう。

【注】
(1) 本章は、永田・曽我（2015）の第3章をもとに修正・加筆しています。
(2) ケアリングの詳細については、例えば、Noddings（1984=1997）や中野・伊藤・立山（2006）、日本ホリスティック教育協会（2009）を参照してください。

【参考文献】
開発教育協会〔DEAR〕（2006）『「援助」する前に考えよう：参加型開発とPLAがわかる本』開発教育協会
永田佳之（2010）「持続可能な未来への学び：ESDとは何か」五島敦子・関口知子編著『未来をつくる教育ESD：持続可能な多文化社会をめざして』明石書店、pp.97-121.
永田佳之・曽我幸代（2015）「ポスト『国連持続可能な開発のための教育の10年』におけるESDのモニタリング・評価の課題：国内外の評価枠組みに関する批判的検討」聖心女子大学『聖心女子大学論叢』第124集、pp.53-99.
中野啓明・伊藤博美・立山善康編著（2006）『ケアリングの現在：倫理・教育・看護・福祉の境界を越えて』晃洋書房
日本ホリスティック教育協会 吉田敦彦・守屋治代・平野慶次編（2009）『ホリスティック・ケア：新たなつながりの中の看護・福祉・教育』せせらぎ出版
Department of Children, Schools and Families [DCSF].(2008a). *National Framework for Sustainable Schools: the Eight Doorways Poster*. London: DCSF.

——— (2008b). *S3: Sustainable School Self-evaluation: Driving School Improvement through Sustainable Development*. London: DCSF.
——— (2009). "Sustainable Schools_Teaching Awards.pdf." *Sustainable Schools*. London: DCSF.
Department of Education and Skills [DfES]. (2006). *Sustainable Schools for Pupils, Communities and the Environment*. DfES. <http://www.desd.org.uk/UserFiles/File/new_articles/england/dcsf/DFES_2006-SS_for_pupils_communities_environment.pdf>（2011年6月14日）
Government Office for London [GOL]. (2007). *Creating Sustainable Schools in London: a Case Study* Guide. London: GOL.
Noddings, N. (1984). *Caring: a Feminine Approach to Ethics & Moral Education*. University of California.〔立山善康・林泰成・清水重樹・宮﨑宏志・新茂之訳（1997）『ケアリング：倫理と道徳の教育：女性の観点から』晃洋書房〕

# 第2章 自己評価ツール

　ここでは、イギリスの元首相トニー・ブレアが政権を担っていたときに子ども・学校・家庭省（Department for Children, Schools and Families：以下、DCSF）が刊行した「サスティナブル・スクール自己評価：持続可能な開発を通した学校改善の促進」（"s3: sustainable school self-evaluation: Driving school improvement through sustainable development"）の翻訳を掲載しています。

## s3：サスティナブル・スクール自己評価

2009年6月、第3版

謝辞

本文書の作成に参加した校長や地方当局、その他関係者による協力と支援に、私共は感謝の意を表したい。

第2章　自己評価ツール

## Contents（目次）

サスティナブル・スクールについて
はじめに
使用説明

### Part A　学校改善の支援
1　学校の特徴
2　学習者、親／保護者、地域コミュニティ、その他の関係者の意見
3　目標達成と学力
4　個人の発達とウェルビーイング
5　教育の質
6　リーダーシップとマネージメント
Part A 達成度のまとめ

### Part B　持続可能な開発の支援
1　食べ物と飲み物
2.a　エネルギー
2.b　水
3　通学と交通
4　購買と無駄づかい
5.a　校舎
5.b　校庭
6　包摂と参加
7　地域のウェルビーイング
8　グローバルな側面
Part B 達成度のまとめ

資料

# サスティナブル・スクールについて

　子どもや若者に関する政府の戦略である『子ども計画』は、「私たちの子どもと若者の成長のために、この国を世界で最良の場所にする」[1]ことを狙いとする。この力強いビジョンは、もう一つの明確なビジョンをもった戦略である、イギリスの2005年持続可能な開発計画『未来を守る』と並行して出されている。そこでは、「未来世代の生活の質を損なうことなく、世界中のすべての人々が自らの基本的なニーズを満たすとともに、よりよい質のある人生を楽しめるようにすること」が目指される[2]。もちろん、この2つのビジョンは、相補的な関係にある。すなわち、もし私たちが国として、国際的なパートナーとして、私たちにとって非常に貴重な資源である地球を壊すことなく、自らのウェルビーイングをよりよくするための方法を見つけなければ、子ども達は安定した安全な世界で育つことができない。以上が、DCSFのサスティナブル・スクールの戦略の背景である。

---

(1) DCSF (2007). *The Children's Plan: Building brighter futures*, TSO, London.
(2) HM Government (2005). *Securing the Future: Delivering UK sustainable development strategy*, TSO, London.

## 第2章　自己評価ツール

> 「私たちの行動が環境にどのような影響を及ぼすかについて早期に教育することは、責任あるふるまいを促す上できわめて重要である。創造的で実践的な方法は、生徒が日常生活で気候変動の勉強を行動に移すのに役立つと認知されるだろう。」
> 　　　　　　　　　　　　　　　　　　　　ニコラス・スターン、2006年10月

### 未来には、若者にとっての多くの課題が待ち受けている

気候変動、不健康な食生活による肥満、そして国際的貧困は、その明確な事例としてあげられる。私たちの現在の開発モデルは、地球にますます負担をかけている。世界中の子ども達の未来を安全にするために、私たちは持続可能な開発に向けた決定的な手段をとる必要がある。生徒が勉強した気候変動についての学びを日常生活で行動に移すには創造的で実践的な方法が役に立つとわかるだろう。

### 若者は未来に多大な影響をもつ

若者達の中にはこのまま生きていけば22世紀を見る者もいるかもしれない。私たちは未来が今日と全く異なるだろうということは想像できるが、それ以外は未来がどのようなものなのかわからない。燃料によっては埋蔵量が底をついているものもあるかもしれない。極地の氷原が溶けているかもしれない。世界の人口が、倍増しているかもしれない。また、アフリカの大部分が砂漠になっているかもしれない。一方で、医療の分野での劇的な進歩から恩恵を得られたり、静かで排気ガスゼロの車を運転したりすることができるかもしれない。起こりうる危険とともに、夢のような機会もあるのである。

### 学校は、もっと明るい未来をつくれるように若者を育てていく特別な役割を担っている

学びの場としての学校は生徒に私たちが地球にどのような影響を与えているのかについて理解させ、その根本にあるエビデンス自体をよく考えるように促す。よい実践のモデルとして、学校は若者に、サスティナブルな生活に貢献し、人々によい実践を示す機会を提供することができる。若者が自身の未来に責任をもてるように元気づけることは、確かに望まれていることではあるが、それだけでなく、このことは教育の不可欠な役目なのである。

## 政府は、2020年までにすべての学校をサスティナブル・スクールにすることを望んでいる

　実際に、このことは、健康的な生活、環境への気づき、コミュニティへの関わりとシティズンシップという目標の達成、学力の向上や行動の改善の一体化を意味する。このような大きな志は、政府文書『すべての子どもが重要 (Every Child Matters)』の中で提言されている。

## ナショナル・フレームワークは、この目的に向かって学校を導くためにつくられている

　ナショナル・フレームワークは、3つの重なり合う部分からなる[3]。

### ・ケアするという関わり

　　サスティナブル・スクールには、ケアする精神――自分自身のケア、互い（文化間、遠距離、世代間）のケアそして環境（あらゆるところ）のケア――がある。学校は、ケアリングの場であることは周知のとおりであるが、サスティナブル・スクールは、新たな領域までこの関わりを広げる。それは、学校が消費するエネルギーや水、その反対に生み出しているゴミ、提供している給食、出入りしている交通量、そして周辺地域や世界のどこかの地で暮らしている人々が直面している困難さに対する気づかいである。

### ・統合されたアプローチ

　　サスティナブル・スクールは、学校の改善に向けて統合されたアプローチをとる。それは、授業の提供と学習を通して（カリキュラム）、また、多様な価値観をもって活動するというさまざまな方法の中に（キャンパス）、地域の人々や事業協力者などの参画の中で（コミュニティ）、持続可能な開発のあり方を調べていく。

### ・サスティナビリティのテーマもしくは「扉」の選択

　　「扉」は、学校が独自のサスティナビリティの実践を発展もしくは確立することができる視点や場所である。それぞれの「扉」は、持続可能な開発に関するさまざまな国の優先課題をヒントにしている。

## 持続可能な開発は、さまざまな構想と学校実践との間に一貫性をもたらすことができる

　持続可能な開発は学校に対して、『すべての子どもが重要』や修学旅行の計画、健康的な生活、給食、課外活動や、市民性と教室外での学びのように、さまざまな政策と構想上にある諸活動をつなげ、より大きな全体像を示すことができる。

---

(3) TeacherNet の Sustaianable Schools のサイトを参照されたい。〔訳注：現在アクセスできなくなっているため、次の URL を参照のこと。SSA (Sustainable Schools Alliance) http://sustainable-schools-alliance.org.uk/sustainable-schools-framework/〕

第2章　自己評価ツール

# はじめに

## s3 の目的は何か？

　DCSF は、2020年までにすべての学校をサスティナブル・スクールにしたいと考えており、その期待をしっかりと意識するようにサスティナブル・スクールのためのナショナル・フレームワーク[4]を発表した。s3（Sustainable School Self-evaluation: サスティナブル・スクール自己評価）は、学校がすでにしていることを自覚し、適切に認識するように、また持続可能な開発を促し、その利点を記録し、次の段階に進めるように開発された。

## s3 が学校の改善計画とどのように関連するのか？

　学校は、DCSF に 2020年目標までに指針を提供するように当然のことながら依頼してきた。その結果、進むべき道を歩んでいるのか否かを確認できるようになった。このことを s3 は可能にしたのである。これは、その補完的役割を担うツールである「サスティナブル・スクール計画：持続可能な開発を通した学校改善の促進」[5]とのつなぎ役として使われるとよい。2010年、2015年、2020年までの国の期待値と学校の達成度を対比できるようにする資料である。これら2つのツールに意図されているのは、学校がそれぞれの核となる目的達成に向けて、持続可能な開発がどのように貢献できるのか、また逆も同様であるのかについて考えることである。

## s3 は Ofsted（Office for Standards in Education: 教育水準監査院）の SEF（Self-Evaluation Form）とどのように違うのか？

　Ofsted はすでに学校に自己評価フォーム（SEF）[6]を通して自身の達成度を評価するように要求している。では、なぜ私たちは別のツールを必要としているのか？　2007年9月から SEF は、2つの場所でサスティナブル・スクールのためのナショナル・フレームワークを使うように指示している。持続可能な開発は非常に広範にわたる学校の活動を通して学校改善をサポートできるが、現行の SEF はこれらすべてを捉えることができない。s3 はこのようなより広範な機会を自主的に評価する方法なのである。

---

[4]　同左。
[5]　同左、本書第Ⅱ部第3章参照のこと。
[6]　s3 の本版（2008年5月）は、2007年9月の Ofsted SEF を参考にしている。https://forms.ofsted.gov.uk/blankpdf.aspx

## s3はどのように構成されているのか？

s3は2つの部分から構成されている。
- Part Aは、OfstedのSEFの6つの項目のもとで経過を評価する。本質的には、このPartは、次の質問を聞いている。「持続可能な開発は、Ofstedが関心を示している領域においてどのように学校改善を進めることができるのか？」
- Part Bは、サスティナブル・スクールのためのナショナル・フレームワークの8つの扉の進み具合を評価する。このPartは、次の質問を聞いている。「国の持続可能な開発に関する優先課題に取り組むことに、学校はどのように関わることができるか？」

はじめからきわめて高い段階で実践することを学校に期待することは非現実的であるので、2020年までの学校の発展の設計図を描けるように両方のPartは評定制でつくられている。

## なぜ持続可能な開発を評価するのか？

生徒は、サスティナブル・スクールにおいて私たちの関心の中心にいる。Ofstedの調査[7]は、サスティナブル・スクールがダイナミックで刺激的な学びの環境を提供すると示している。なぜなら、それは生徒達の学びのために実生活の状況と問題――生徒に関連のある、意味のある問題――をある一つの文脈として活かすからである。生徒達がサスティナビリティの問題に関心や情熱を注ぐことを通して、学びに没頭できることは、サスティナブル・スクールがもつきわめて明確な特徴の一つである。もちろん、このような学びのすべてが教室で行われるわけではない。それは、形式的な授業と学習を通してと同じくらい、学校の敷地内や地域コミュニティで持続可能な開発を実践し、学校が生徒達に提供する機会を通して行われる。Ofstedによると、優良実践校は戦略的に目標を設定して、活動と評価のサイクルを通して自分達の実践を組み立てている。

---

(7) Ofsted (2003). *Taking the first steps forward… towards an education for sustainable development*, Ofsted HMI 1658, London. www.ofsted.gov.uk/Ofsted-home/Forms-and-guidance/Browse-all-by/Other/General/Taking-the-first-step-forward-towards-an-education-for-sustainable-development/(language)/eng-GB

## 第2章　自己評価ツール

# 使用説明

### s3 を完成させるためのチームをつくること

これには、自分達の SEF を書き、それを維持することに参加した教員歴が長くリーダーシップを発揮したチームや自治体、その他関係者も含めるとよい。また教職員や親、生徒の代表者を含めるとよい。はじめに、学校にとって適当な目的を認識するために、s3 の一つか二つのセクションを小グループで完成させることが望ましい。その後、いくつかのペアのグループで、続く残りのセクションに取り組むのがよい。

### 始める前に、このフォームをすべて使うのかそれともいくつかを使うのかを決めること

もし今ちょうど、持続可能な開発について調べようとしているなら、自分達の発展段階に最も適した質問を集めることが役立つかもしれない（例えば、Part A だけ、もしくは Part B だけのように）。もし自分達が持続可能な開発の実践によく取り組んでいるのであれば、おそらく質問のすべて、もしくはほとんどが使えるだろう。自分達のニーズに合うように自由にこのツールを使ったり適用したりすることができる。これを使って取り組むには時間がかかるが、Ofsted の SEF を高めるために発見したことを活用できるように、十分に時間をとるべきである。

## ステップ 1：自分達の実践を段階づける

それぞれの質問項目または下位項目の下には、4つの尺度で学校実践の様子を格付けする質問がある（下表参照）。格付けの例は、自分達が評価する各側面について示している。「とてもよい」と「優れている」の段階には、自分達の実践を支えるエビデンス[※1]があげられる。

下表の事例は連続していて、相互依存の関係にある。例えば、「優れている」という段階は、「とてもよい」や「よい」と記述される実践段階に達していることを示す。いくつかの例は、実践の一側面以上を含んでいる。学校の実践を格付けする際に、もし示された例のいくつかの側面だけに取り組んでいるなら、自らの判断に従うとよい。その場合は、自分達の取り組みを格付けする際に最も顕著なものについて自身の判断に従うとよい。

注：
- 「改善された学校の有効性」とは、宣言した目標に向かって学校全体が発展することを示している。
- 「コミュニティの参画」とは、学区の活動を通して地域の生活の質が改善するように働きかけることを示している。
- 「改善された生徒のウェルビーイング」とは、『すべての子どもが重要』の5つの成果――健康であること、安全で居られること、楽しみながら目標達成すること、積極的な貢献をすること、経済的なウェルビーイングを達成すること――に関連した向上を示している。
- 「向上した学校の環境改善達成度」とは、学校のエネルギーや水を保全すること、無駄づかいを最小限にすること、持続可能な資源の調達先および通学手段を確保することに関連した改善を示している。

| 段階／別の表現 | 説明 |
| --- | --- |
| 優れている<br>　模範的、非常に効果的 | 学校改善とコミュニティ開発のエビデンスとなる<br>　十全に開発されている、明らかな影響が学校を超えて広まっている。 |
| とてもよい<br>　平均以上、効果的 | 生徒の実践と学校環境の実践の改善のエビデンスとなる<br>　よく開発されている、明らかな影響が学校内において強まり、進んでいる。 |
| よい<br>　基礎づくり | 適した準備がなされている<br>　改善とさらなる発展のための余地がある。 |
| スタート<br>　考慮に値しない、傾向が見られる、不十分 | 準備がなされていない、もしくは十分に開発されていない<br>　利点が検討されている、もしくは注目されている。または適切と考えられていないか、低い優先度である。 |

## ステップ 2: 評価文を書く

　一度自分達の学校実践の様子を格付けしたら、なぜそのような格付けになったのかを説明する必要がある。評価できるエビデンスを書きとめながら、評価文を書くとよい。エビデンスといっても、莫大な統計データや詳細に記録された状況を示す必要はない。自分達の実践についての主だった判断が正当なものになるために、入念に選んだエビデンスを使うべきである。次のような質問に答えるために簡潔な箇条書きの文を使うとよい。

- 仕事もしくは活動はどうだったか？
- 意図された結果はどうだったか？
- それらは満たされたか？
- もし満たされていないのなら、それはなぜか？
- もし満たされたのなら、どのように満たされたのか？
- 結果として、どのような変化があったか？
- なぜそれがわかるのか？　そのエビデンスは何か？

## ステップ 3: 発展のための鍵となる優先事項を確認する

　次に、さらなる改善につながる行動を記録しているかが聞かれる。簡潔な答えを準備しておくとよい。これらの優先課題は、自分達の学校改善や発展計画に反映されるとよい。さらなるアドバイスや計画については、s3 を補完するツールである「サスティナブル・スクール計画：持続可能な開発を通した学校改善の促進」を使うとよい。

## ステップ 4: 自分達の Ofsted SEF を高める

　自分達の実践に関するエビデンスが集まったら、Ofsted の SEF を高めるためにこの情報を使うことができるかどうかを考えてみるとよい。

## さらなるサポートと情報

　DCSF から出ている s3 の要約版もまたグループ活動に有効である。さらなる情報として、サスティナブル・スクールを支援する資料等の出版物は、次の TeacherNet のサイトを参考にしてみるとよい。www.teachernet.gov.uk/sustainableschools[※2]

---

※1 訳注：根拠となる取り組みや顕在的な状況のことを示す。教育活動や生徒の日常の言動を記録しておくとよい。

※2 訳注：現在アクセスできなくなっているため、次の URL を参照のこと。SSA（Sustainable Schools Alliance） http://sustainable-schools-alliance.org.uk/sustainable-schools-framework/

第Ⅱ部　サスティナブルな学校づくりのために

# Part A　学校改善の支援

　s3のこのパートを通して、OfstedのSEF——学校実践と改善にかかる6つの領域——の6つの項目の範囲をこえて、自分達の実践を評価することができる。

項目は、
1　学校の特徴
2　学習者、親／保護者、地域コミュニティ、その他の関係者の意見
3　目標達成と学力
4　個人の発達とウェルビーイング
5　教育の質
6　リーダーシップとマネージメント

　一度すべての質問に答えたら、Part Aの最後に達成度のまとめとして自分達の格付けをみることができる。s3の補完的ツールである「サスティナブル・スクール計画：持続可能な開発を通した学校改善の促進」を使って、DCSFによって示された指針と自分達の実践を比較することができる。

# 1 学校の特徴

　個人としての、またコミュニティや国としての長期にわたる私たちのウェルビーイングは、私たちが自分自身や他者をケアする方法、また環境や現在・未来を気づかう方法に依存している。

> DCSFからの提言
> 　学校が持続可能な開発を自らの精神的支柱に据えること、自分達の管理業務の中にそれを示すこと、自分達の授業の中にそれを埋め込むこと、そして自分達のコミュニティでそれを促進することを私共は勧める。

第Ⅱ部　サスティナブルな学校づくりのために

## 背　景

　どの学校も独特な地域の文脈の中で活動しており、物理的な環境と同じようにその伝統や発展計画、目的によって形づくられている。
　全国的に、生徒の学力はさまざまであり、それぞれが異なる社会的・経済的背景をもっている。こうした状況に鑑みて、学校は決定権をもって、生徒や学区のニーズをしっかりと満たすための、また成功の妨げとなるものを減らすための、戦略の方向性を定めることができる。
　ますます多くの学校がその精神的支柱に持続可能な開発を据えている。このことについてのもう一つの考え方は、学校がどのようにうまくケアの関わりを示すことができるかという点である。つまり、自分自身のケアであり、他者のケアであり、環境のケアである。
　持続可能性は、学校におけるイノベーションの機会と、また学校が地域での役割を高めるための機会を提供する。また、それは、健康的な生活、環境に配慮した移動、社会的包摂（インクルージョン）、より幅広い分野での水準を上げることと同じように、さまざまな目標を設定することの助けとなり得る。このことによって、生徒と学区についてのより一貫したビジョンを学校管理職が示し、またどのようにより広範な計画を進めているのかを提示しながら、学校の優先する改善策を強調することができるのである。

第2章 自己評価ツール

**持続可能な開発がどの程度、学校の典型的な特徴となっているのだろうか?** *

　　　　　　*Part A の他の項目すべてを考えた後で、この質問に応じるほうがよいであろう。

　4段階―「スタート」「よい」「とてもよい」「優れている」―から成り立っている。例は各段階で示されており、「発展的な」過程を表している。あなたの学校の特徴が「優れている」段階にあれば、「とてもよい」と「よい」の段階も達しているということである。あなたの学校の現状に見合う最適なボックスに「x」を記してください。

| 段　階 | | | |
|---|---|---|---|
| スタート　　☒ | よい　　☒ | とてもよい　　☒ | 優れている　　☒ |
| 持続可能な開発のおかげで学校改善がより効果的になり得るかどうか、またそれがどのように自分達の学校の明確な目的または独自性となり得るのかについて考えたことがない、あるいは、考え始めたばかりである。 | 持続可能な開発を自分達の計画や対策における特徴として見なしている。 | 倫理的な原則として、そして学校改革の戦略として、持続可能な開発を積極的に追求している。持続可能な開発を促進するための努力が生徒のウェルビーイング、および/または環境に配慮した学校の実践に役立っているというエビデンスがある。 | 自分達の校風は、持続可能な開発という目標によって導かれている。自分達のアプローチによって、学校の全体的な効果が高められ、地域コミュニティのニーズに応えられているというエビデンスがある。自分達の実践を他者と共有している。 |
| あなたの学校の段階を説明すること 適切なエビデンスやデータを参考資料として使いながら、評価すべき意見を書くこと。 | | 発展のための鍵となる優先事項は何か? | |

##  学習者、親／保護者、地域コミュニティ、その他の関係者の意見

　関係者のニーズを理解すること、そして意思決定に彼／彼女らを巻き込むことは持続可能な開発にとって不可欠な条件である。このことはまた、学校と地域コミュニティの開発のために信頼を築き、人々の熱意を活用するという点においても学校にとっても必要である。生徒、親、地域コミュニティから利益団体、他校、公的事業に至るまでの幅広い関係者が検討されるべきである。

> DCSF からの提言
> 　私共の提案は、学校が関係者の声を聴き、持続可能な開発を地域にまたそれをこえて促進する際のより幅広い役割と学校の喫緊の関心とを調和させながら、意思決定に彼／彼女らを巻き込むことである。

## 第2章 自己評価ツール

### 背　景

　関係者とは、意思決定のプロセスに影響される人、または影響を及ぼすことができる人である。学校におけるその明らかな例として、生徒や教職員、校長、親／保護者、地域コミュニティ、行政機関、利益団体が含まれる。

　しかしながら、持続可能な開発となると、他のいくつかの関係者の団体も検討されるべきである。例えば、天然資源を提供したり、商品を生産したり、また学校の運営上生じる廃棄物を処理したりする遠く離れた場所に住み、働いている人々も想起される。典型的な学校の慌ただしい日々をざっと見渡しても、未来世代や人間以外の種のように、検討すべき他の集団も含まれる。

　持続可能な開発のための意思決定とは、あらゆる関係者の意見を考慮することである。実践的な目的のために、このプロセスは、学校とそれに直接関わるコミュニティにいる関係者とともに始めることができるが、またさらに遠いところにいる人々や場所への学校の影響を認識すべきである。

　多くの地域の人々は彼／彼女らのコミュニティや環境について高い関心を抱いている。サスティナブル・スクールの設立には果たす役割が大きい。彼／彼女らの熱意を引き出すことによって、学校改善に向けた取り組みの効果を高めることができる。

　このことは特に、未来への関心事のリストのトップに通常環境をあげる子ども達や若者達に当てはまる。学校の現在の運営について、そしてどのように改善することができるのかについて彼／彼女らの意見を求めることは、この問題に彼／彼女らを参加させることに向けた重要なステップである。

　一般に、関係者との相談、対話、そして関与があることで、本質的な問題が生じる前にそれを予測することができ、また改善するためのパートナーとして彼／彼女らとともに働くために必要な信頼を築くことができる。

　質問項目2.aから2.dは、さまざまな関係者の関与に関わり、学習者（2.a）、親／保護者（2.b）、地域コミュニティ（2.c）、その他の関係者（2.d）からなる。

第Ⅱ部　サスティナブルな学校づくりのために

## 2.a 学習者の意見は、学校の持続可能な開発に関する取り組みにどのように影響を与えているのだろうか？

4段階―「スタート」「よい」「とてもよい」「優れている」―から成り立っている。例は各段階で示されており、「発展的な」過程を表している。あなたの学校の特徴が「優れている」段階にあれば、「よい」と「とてもよい」の段階も達しているということである。あなたの学校の現状に見合う最適なボックスに「x」を記してください。

| 段　階 | | | |
|---|---|---|---|
| スタート ☒ | よい ☒ | とてもよい ☒ | 優れている ☒ |
| 生徒をどのように学校の意思決定に参加させることができるのかについて考えたことがない、あるいは、考え始めたばかりである。生徒とのコミュニケーションで現在終始しているのは、学校で何が起きているのかを彼／彼女らに知らせることである。 | 生徒の参加を促しており、学校生活と学びの多くの場面における決定に生徒を関わらせる仕組みがある。 | 生徒が学校の意思決定に完全に参加し、彼／彼女らの提案に基づいて行動している。持続可能な開発への取り組みについて具体的に生徒に相談しており、それに参加するように彼／彼女らを励ましている。<br>自分達のアプローチが生徒のウェルビーイング、および／または環境に配慮した学校の実践に役立っているというエビデンスがある。 | 持続可能な開発に関する学校の取り組みを生徒が強く方向づけている。彼／彼女らは、実践的な部分において、考えを発展させ、学校のサポートや後援によって、それらを具現化するように奨励されている。自分達のアプローチによって、学校の全体的な効果が高められ、地域コミュニティのニーズに応えられているというエビデンスがある。自分達の実践を他者と共有している。 |
| あなたの学校の段階を説明すること<br>適切なエビデンスやデータを参考資料として使いながら、評価すべき意見を書くこと。 | | 発展のための鍵となる優先事項は何か？ | |

## 親／保護者の意見は、学校の持続可能な開発に関する取り組みにどのように影響を与えているのだろうか？

4段階—「スタート」「よい」「とてもよい」「優れている」—から成り立っている。例は各段階で示されており、「発展的な」過程を表している。あなたの学校の特徴が「優れている」段階にあれば、「よい」と「とてもよい」の段階も達しているということである。あなたの学校の現状に見合う最適なボックスに「x」を記してください。

| 段　階 | | | |
|---|---|---|---|
| スタート ☒ | よい ☒ | とてもよい ☒ | 優れている ☒ |
| 親／保護者をどのように学校の意思決定に参加させることができるのかについて考えたことがない、あるいは、考え始めたばかりである。親とのコミュニケーションを通して、学校で何が起きているのかについて彼／彼女らに話すことができている。 | 意思決定の多くの場面に親／保護者を関わらせる仕組みをもっている。さまざまな学校の諸課題について彼／彼女らの意見を通常求めている。 | 親／保護者が学校の意思決定に完全に参加し、彼／彼女らの提案に基づいて行動している。親のニーズをより理解するために、持続可能な開発への取り組みについて親に具体的に相談している。自分達のアプローチが生徒のウェルビーイング、および／または環境に配慮した学校の実践に役立っているというエビデンスがある。 | 親／保護者が持続可能な開発に関する学校の取り組みを支援し、積極的な役割を担っている。彼／彼女らは協働して、いくつかの問題において持続可能性の実践を高めており、生徒や職員と直接関わっている。自分達のアプローチによって、学校の全体的な効果が高められ、地域コミュニティのニーズに応えられているというエビデンスがある。自分達の実践を他者と共有している。 |
| あなたの学校の段階を説明すること 適切なエビデンスやデータを参考資料として使いながら、評価すべき意見を書くこと。 | | 発展のための鍵となる優先事項は何か？ | |

第Ⅱ部　サスティナブルな学校づくりのために

## 2.c 地域コミュニティの意見は、学校の持続可能な開発に関する取り組みにどのように影響を与えているのだろうか？

4段階―「スタート」「よい」「とてもよい」「優れている」―から成り立っている。例は各段階で示されており、「発展的な」過程を表している。あなたの学校の特徴が「優れている」段階にあれば、「よい」と「とてもよい」の段階も達しているということである。あなたの学校の現状に見合う最適なボックスに「×」を記してください。

| 段　階 ||||
|---|---|---|---|
| スタート ☒ | よい ☒ | とてもよい ☒ | 優れている ☒ |
| 地域コミュニティをどのように学校の意思決定に参加させることができるのかについて考えたことがない、あるいは、考え始めたばかりである。地域コミュニティとのコミュニケーションを通して、学校で何が起きているのかについて地域に伝えている。 | 意思決定の多くの場面に地域コミュニティが関わる仕組みをもっている。さまざまな学校の諸課題について彼／彼女らの意見を通常求めている。 | 地域コミュニティは、意思決定に重要な影響をもたらす。地域コミュニティのニーズをより理解するために、持続可能な開発への取り組みについて地域に具体的に相談している。自分達のアプローチが生徒のウェルビーイング、および／または環境に配慮した学校の実践に役立っているというエビデンスがある。 | 地域コミュニティは、持続可能な開発に関する学校の取り組みを支援し、積極的な役割を担っている。地域の知識を広く活用して、地域のニーズがある領域において自分達の実践を共有している。自分達のアプローチによって、学校の全体的な効果が高められ、地域コミュニティのニーズに応えられているというエビデンスがある。自分達の実践を他者と共有している。 |
| あなたの学校の段階を説明すること<br>適切なエビデンスやデータを参考資料として使いながら、評価すべき意見を書くこと。 ||  発展のための鍵となる優先事項は何か？ ||

第2章 自己評価ツール

**2.d** その他の関係者\*の意見は、学校の持続可能な開発に関する取り組みにどのように影響を与えているのだろうか？

\*例えば、利益団体や他校、公共団体および行政機関、その他の外部組織を示す。

4段階—「スタート」「よい」「とてもよい」「優れている」—から成り立っている。例は各段階で示されており、「発展的な」過程を表している。あなたの学校の特徴が「優れている」段階にあれば、「よい」と「とてもよい」の段階も達しているということである。あなたの学校の現状に見合う最適なボックスに「×」を記してください。

| 段　階 ||||
|---|---|---|---|
| スタート ☒ | よい ☒ | とてもよい ☒ | 優れている ☒ |
| その他の関係者をどのように学校の意思決定に参加させることができるのかについて考えたことがない、あるいは、考え始めたばかりである。 | その他の関係者から多く学ぶことがあることを認識しており、知識を共有することができる場において、幅広い関係性やパートナーシップを築いている。 | その他の関係者が意思決定に重要な貢献をしている。改善するための機会を確認するために、持続可能な開発への取り組みについて彼／彼女らに具体的に相談している。<br>自分達のアプローチが生徒のウェルビーイング、および／または環境に配慮した学校の実践に役立っているというエビデンスがある。 | 持続可能な開発に関する学校の取り組みにいつも決まってその他の関係者を参加させており、彼／彼女らの批判的な意見を求めている。意識的に自分達の取り組みに外部からの関心を取り入れることを促している。<br>自分達のアプローチによって、学校の全体的な効果が高められ、地域コミュニティのニーズに応えられているというエビデンスがある。自分達の実践を他者と共有している。 |
| あなたの学校の段階を説明すること<br>適切なエビデンスやデータを参考資料として使いながら、評価すべき意見を書くこと。 || 発展のための鍵となる優先事項は何か？ ||

第Ⅱ部　サスティナブルな学校づくりのために

## 3　目標達成と学力

　持続可能な開発を通して、実生活との関連性が示される。生徒の楽しみと発達が促され、実践的な生活スキルを身につけながら、学びをより有意義で適切にすることができる。

> DCSF からの提言
> 　私共の提案は、学校が持続可能な開発を通して生徒のやる気を高め、彼／彼女らが学ぶことの楽しさをより多くもつこと、究極的には目標を達成し、学力を上げることである。

第2章　自己評価ツール

## 背　景

　サスティナブル・スクールと、目標達成と学力の向上との接点については、2つあげられる。
　1つ目は、自然光と空調の使用、室内の空気の質の改善、栄養価の高い食品の摂取、生徒のよりよい身体的健康を通して生徒の注意力と集中力を高めることに関心をもつことである。2つ目は、どのように実生活の状況や問題を通して若者により興味深く適切な学びをもたらすことができるのかである。教室の内外において、実生活に関連のある話題に生徒が参加し、楽しむことは、彼／彼女らの学習目標の成果とふるまいを高めるとともに、学校の職員間により大きな仕事の充実感をもたらすことができる。これらすべてが、教育水準を高めることに寄与することができる。
　これらの利点は、国際的な調査とイギリスやその他の国々において報告されている実践者のエビデンスによって裏づけられている※。

※訳注：第Ⅱ部第4章「サスティナブル・スクールが与える影響を裏づけるエビデンス」参照。

第Ⅱ部　サスティナブルな学校づくりのために

## 3.a 持続可能な開発は、どの程度、学習者が学力を高め、成果をあげることに役立っているのだろうか？

4段階―「スタート」「よい」「とてもよい」「優れている」―から成り立っている。例は各段階で示されており、「発展的な」過程を表している。あなたの学校の特徴が「優れている」段階にあれば、「よい」と「とてもよい」の段階も達しているということである。あなたの学校の現状に見合う最適なボックスに「×」を記してください。

| 段階 | | | |
|---|---|---|---|
| スタート ☒ | よい ☒ | とてもよい ☒ | 優れている ☒ |
| 持続可能な開発が生徒の成果と学力にどのように影響を与えているのかについて考えたことがない、あるいは、考え始めたばかりである。 | 多くの生徒が持続可能な開発に関する問題に興味があり、これを使って教室の内外で学びに参加している。 | 持続可能な開発が学校において成果をあげる重要な戦略になっており、すべての教科と部活動にわたって学力を上げることができている。自分達のアプローチが生徒のウェルビーイング、および／または環境に配慮した学校の実践に役立っているというエビデンスがある。 | 持続可能な開発のために、学校に説得力のあるビジョンと目的が示され、教職員や生徒、そして地域コミュニティに学習への熱意が生み出されている。自分達のアプローチによって、学校の全体的な効果が高められ、地域コミュニティのニーズに応えられているというエビデンスがある。自分達の実践を他者と共有している。 |
| あなたの学校の段階を説明すること<br>適切なエビデンスやデータを参考資料として使いながら、評価すべき意見を書くこと。 | | 発展のための鍵となる優先事項は何か？ | |

146

第2章　自己評価ツール

 個人の発達とウェルビーイング

　学校は、家族やコミュニティ、環境、より広い世界に積極的に貢献するために、各個人の価値観と技能、自信を培うことができる。

> DCSFからの提言
> 　学校が持続可能な開発を促進することに関する私共の提案は、次の通りである。すなわち、生徒達が自らのウェルビーイングに影響をもたらす要因についての理解を手助けすること、また彼／彼女らが体験する状況や環境において自らの生活を改善する能力を伸ばすということである。

第Ⅱ部　サスティナブルな学校づくりのために

## 背　景

　個人のウェルビーイングは、多くの要素によって影響される。それは、単に身体的・感情的なケアでもなく、経済の安定でもない。生徒達の社会的ウェルビーイング（子ども達が、家族やコミュニティ、仲間に囲まれている状態）と彼／彼女らの環境が最善な状態にあること（物理的な環境と空間に満たされていること）が特に大切である。

　ゆえに、学校が生徒のウェルビーイングを改善するためにできることは多くある一方で、生徒の生活は家庭やコミュニティ、そして今日ではインターネットにも影響されている。そのような数々の場所の一つとして学校は存在する。学校は、子ども達のウェルビーイングに影響を与えることができる。それは、広範なサービスを提供したり、地域改善のプロジェクトで学校の関係者と関わったりすることで行われる。例えば、道路上の危険に対処すること、地域の場の再生を支援すること、親のための教育プログラムを運営すること、コミュニティで虐げられているところに援助の手を差し伸べることにある。

　政府文書『すべての子どもが重要』は、0歳から19歳までの子どものために5つの成果を設定している。その狙いは、すべての子どものために支援をすること、つまりそれは、いかなるバックグランドや環境に育っていたとしても、彼／彼女らが健康であること、安全で居られること、楽しみながら目標達成すること、社会に積極的な貢献をすること、経済的なウェルビーイングを達成することである。

　もちろん、若者と生徒達は受動的にウェルビーイングを得る者達ではない。彼／彼女らは自分達の選んだふるまいによって積極的にそれを形づくっていく。この文脈において、個人的な発達とはウェルビーイングを形づくる各要素を理解すること、また毎日の行動を通してウェルビーイングを実現するという生涯のプロセスである。学校は、若者が自ら発見していくプロセスを促し、深まりのあるものにしていくのに適した場である[8]。

　4.a から 4.f までの質問項目は、個人の発達とウェルビーイングの異なる側面に関わり、健康的なライフスタイル（4.a)、安全性の維持（4.b)、教育の楽しさ（4.c)、ふるまい（4.d)、コミュニティへの貢献（4.e)、経済的なウェルビーイングのための準備（4.f) からなる。

---

[8] ECM と持続可能な開発の関係は、『Every Child's Future Matters（Sustainable Development Commission, London, 2007 www.sd-commission.org.uk/pages/edu_cayp.html)』の中で検討されている。

第2章　自己評価ツール

 **4.a** 持続可能な開発のあり方を通して、どの程度、学習者が健康的なライフスタイルを選ぶことができているのだろうか？

4段階―「スタート」「よい」「とてもよい」「優れている」―から成り立っている。例は各段階で示されており、「発展的な」過程を表している。あなたの学校の特徴が「優れている」段階にあれば、「よい」と「とてもよい」の段階も達しているということである。あなたの学校の現状に見合う最適なボックスに「x」を記してください。

| 段　階 ||||
|---|---|---|---|
| スタート ☒ | よい ☒ | とてもよい ☒ | 優れている ☒ |
| 持続可能な開発と健康的なライフスタイルとの関係を考えたことがない、あるいは、考え始めたばかりである。 | 健康と持続可能性が重なる部分があることを認識しており、学校の方針と授業、課外活動を通して生徒のニーズと選択に応じるように取り組んでいる。 | 持続可能な開発に向けた、より広範な貢献の重要な要素として、健康的なライフスタイルへの取り組みが見られる。自分達のアプローチが生徒のウェルビーイング、および／または環境に配慮した学校の実践に役立っているというエビデンスがある。 | 健康的なライフスタイルを促進させるために自分達の地域コミュニティとともに働いている。自分達のアプローチによって、学校の全体的な効果が高められ、地域コミュニティのニーズに応えられているというエビデンスがある。自分達の実践を他者と共有している。 |
| あなたの学校の段階を説明すること<br>適切なエビデンスやデータを参考資料として使いながら、評価すべき意見を書くこと。 || 発展のための鍵となる優先事項は何か？ ||

第Ⅱ部　サスティナブルな学校づくりのために

**4.b　持続可能な開発のあり方を通して、どの程度、学習者が安全を感じ、安全性の高い実践を採用することができているのだろうか？**

4段階―「スタート」「よい」「とてもよい」「優れている」―から成り立っている。例は各段階で示されており、「発展的な」過程を表している。あなたの学校の特徴が「優れている」段階にあれば、「よい」と「とてもよい」の段階も達しているということである。あなたの学校の現状に見合う最適なボックスに「x」を記してください。

| 段　階 | | | |
|---|---|---|---|
| スタート ☒ | よい ☒ | とてもよい ☒ | 優れている ☒ |
| 持続可能な開発と生徒の安全との関係を考えたことがない、あるいは、考え始めたばかりである。 | 例えば、道路交通の点において、安全と持続可能性が重なる部分があることを認識しており、学校の方針と授業、課外活動を通して、生徒のニーズと選択に応じるように取り組んでいる。 | 持続可能な開発に向けた、より広範な貢献の重要な要素として、生徒の安全への取り組みが見られる。自分達のアプローチが生徒のウェルビーイング、および／または環境に配慮した学校の実践に役立っているというエビデンスがある。 | 個人の安全や危機管理、地域のウェルビーイングといった問題に取り組むために、私たちの地域コミュニティとともに働いている。自分達のアプローチによって、学校の全体的な効果が高められ、地域コミュニティのニーズに応えられているというエビデンスがある。自分達の実践を他者と共有している。 |
| あなたの学校の段階を説明すること<br>適切なエビデンスやデータを参考資料として使いながら、評価すべき意見を書くこと。 | | 発展のための鍵となる優先事項は何か？ | |

第2章　自己評価ツール

**4.c**　持続可能な開発のあり方を通して、どの程度、学習者が自らの教育を楽しむことができているのだろうか？

4段階―「スタート」「よい」「とてもよい」「優れている」―から成り立っている。例は各段階で示されており、「発展的な」過程を表している。あなたの学校の特徴が「優れている」段階にあれば、「よい」と「とてもよい」の段階も達しているということである。あなたの学校の現状に見合う最適なボックスに「×」を記してください。

| 段　階 ||||
|---|---|---|---|
| スタート ☒ | よい ☒ | とてもよい ☒ | 優れている ☒ |
| 持続可能な開発と生徒の学ぶ楽しさとの接点について考えたことがない、あるいは、考え始めたばかりである。 | 持続可能な開発を、教室の内外における学びの楽しさを高める手段として見なしている。適切で興味深い学びの機会を生徒に提供することを教職員に対して推奨している。 | 持続可能な開発は、学校において学びを楽しく、適切で、目的あるものにするための核となっている。自分達のアプローチが生徒のウェルビーイング、および／または環境に配慮した学校の実践に役立っているというエビデンスがある。 | 地域コミュニティと持続可能な開発についての自分達の学びを共有し、理解を高めるために関係者と協働することを勧めている。自分達のアプローチによって、学校の全体的な効果が高められ、地域コミュニティのニーズに応えられているというエビデンスがある。自分達の実践を他者と共有している。 |
| あなたの学校の段階を説明すること<br>適切なエビデンスやデータを参考資料として使いながら、評価すべき意見を書くこと。 || 発展のための鍵となる優先事項は何か？ ||

## 4.d 持続可能な開発のあり方を通して、どの程度、学習者がよいふるまいを身につけることができているのだろうか？

4段階―「スタート」「よい」「とてもよい」「優れている」―から成り立っている。例は各段階で示されており、「発展的な」過程を表している。あなたの学校の特徴が「優れている」段階にあれば、「よい」と「とてもよい」の段階も達しているということである。あなたの学校の現状に見合う最適なボックスに「x」を記してください。

| 段 階 | | | |
|---|---|---|---|
| スタート ☒ | よい ☒ | とてもよい ☒ | 優れている ☒ |
| 持続可能な開発が生徒のふるまいをどのように改善することができるのかについて考えたことがない、あるいは、考え始めたばかりである。 | 持続可能な開発に秘められた可能性が学校における積極的で責任のあるふるまいの文化を創造するものと認識している。また教室の内外での生徒のふるまいを改善するために持続可能な開発を採用している。 | 持続可能な開発は、私たちの学校において、ふるまいを改善する重要な戦略である。自分達のアプローチが生徒のウェルビーイング、および／または環境に配慮した学校の実践に役立っているというエビデンスがある。 | 持続可能な開発への私たちの関与は、学校生活のあらゆる場面において、積極的で責任あるふるまいを促すことである。自分達のアプローチによって、学校の全体的な効果が高められ、地域コミュニティのニーズに応えているというエビデンスがある。自分達の実践を他者と共有している。 |
| あなたの学校の段階を説明すること<br>適切なエビデンスやデータを参考資料として使いながら、評価すべき意見を書くこと。 | | 発展のための鍵となる優先事項は何か？ | |

第2章 自己評価ツール

**4.e** 持続可能な開発のあり方を通して、どの程度、学習者がコミュニティに積極的な貢献をすることができているのだろうか？

　4段階―「スタート」「よい」「とてもよい」「優れている」―から成り立っている。例は各段階で示されており、「発展的な」過程を表している。あなたの学校の特徴が「優れている」段階にあれば、「よい」と「とてもよい」の段階も達しているということである。あなたの学校の現状に見合う最適なボックスに「×」を記してください。

| 段　階 | | | |
|---|---|---|---|
| スタート ☒ | よい ☒ | とてもよい ☒ | 優れている ☒ |
| 持続可能な開発が、どのように生徒が地域コミュニティに積極的に貢献できるのかについて考えたことがない、あるいは、考え始めたばかりである。 | 持続可能な開発を、生徒が積極的な市民となるよう促すための手段と見なし、彼／彼女らが地域のニーズがあるところで積極的に貢献できるようにしている。私たちは、教室での教えを通してこのことを主に成し遂げている。 | 学校の核となる狙いは、生徒達の地域コミュニティ、ならびにより広い世界のニーズに焦点を当て、積極的かつ責任感のある市民になるように生徒達を育てることである。自分達の取り組みは、教室を越えて学校や地域での活動にまで拡張している。自分達のアプローチが生徒のウェルビーイング、および／または環境に配慮した学校の実践に役立っているというエビデンスがある。 | 自分達の成功が地域コミュニティの成功と結びついていることを認識しており、生徒が教育の核となる地域のニーズに積極的に取り組むことができるようにしている。自分達のアプローチによって、学校の全体的な効果が高められ、地域コミュニティのニーズに応えられているというエビデンスがある。自分達の実践を他者と共有している。 |
| あなたの学校の段階を説明すること 適切なエビデンスやデータを参考資料として使いながら、評価すべき意見を書くこと。 | | 発展のための鍵となる優先事項は何か？ | |

153

第Ⅱ部　サスティナブルな学校づくりのために

**4.f**　持続可能な開発のあり方を通して、どの程度、学習者が自らの将来の経済的なウェルビーイングに備えるように手助けできているのだろうか？

4段階―「スタート」「よい」「とてもよい」「優れている」―から成り立っている。例は各段階で示されており、「発展的な」過程を表している。あなたの学校の特徴が「優れている」段階にあれば、「よい」と「とてもよい」の段階も達しているということである。あなたの学校の現状に見合う最適なボックスに「x」を記してください。

| 段　階 | | | |
|---|---|---|---|
| スタート ☒ | よい ☒ | とてもよい ☒ | 優れている ☒ |
| 持続可能な開発がどのように生徒の将来の経済的なウェルビーイングと関わっているのかについて考えたことがない、あるいは、考え始めたばかりである。 | 持続可能な開発が、すべての人の将来の繁栄に重要であることを認識している。経済がどのように安定した社会と健全な環境に依存しているのかについて、生徒が理解できるようにしている。私たちは、特に教室の授業を通して、このことを成し遂げている。 | 生徒達が持続可能な開発の経済的な価値を発見することができるようにしている。それは、学校運営が環境に及ぼすインパクトを生徒達が測ったり、節約のための実践を改善し、その活動を続けたりすることによって為されている。自分達の取り組みは、教室を越えて、学校内や地域へと広がりを見せている。自分達のアプローチが生徒のウェルビーイング、および／または環境に配慮した学校の実践に役立っているというエビデンスがある。 | 生徒達が持続可能な開発の経済的な価値を理解し、その知識を活用できるようにしている。このことは、プロジェクトやスモール・ビジネスを創設することを通して行われ、その結果、学校や地域コミュニティは、環境的・社会的目的に貢献するようにしている。自分達のアプローチによって、学校の全体的な効果が高められ、地域コミュニティのニーズに応えられているというエビデンスがある。自分達の実践を他者と共有している。 |
| あなたの学校の段階を説明すること<br>適切なエビデンスやデータを参考資料として使いながら、評価すべき意見を書くこと。 | | 発展のための鍵となる優先事項は何か？ | |

## 5 教育の質

　持続可能な開発のおかげで、実生活の諸問題を地域や地球規模の文脈で探究する機会がある。生徒達が持続可能な社会に貢献できるように、授業と学習活動を彼／彼女らのニーズや興味に合わせることができる。

> DCSF からの提言
> 　私共の提案は、学校がカリキュラムと課外活動の全体を持続可能な開発のための教育を行うための手段と見なすことである。そして、すべての生徒達が勉学と直接体験を通して、必要とされる知識や技能、価値観を養うことができるアプローチを使うことが求められる。

## 背　景

　すべての教科を通して、若者は予測できない未来でよりよく生きていくことができる可能性をもつようになる。このことを達成するためにデザインされたカリキュラムは、多くの学校で現在教えられているものとは異なってくるだろう。

　そのようなカリキュラムによって、考える、また学ぶ技能すべてを実世界の問題解決に応用できる機会が生徒達にもたらされるだろう。生徒達のチャレンジは、協働的なチームワークと同時に、効果的な自立した学びのための戦略を展開することである。このことは、学習リソースとしての校舎や校庭、周辺環境や地域コミュニティがあって完全に実現されるものであり、それによって実際に応用できる形で学びを生活にもち込むことができるだろう。また、それは学びのプロセスの中心に生徒と彼／彼女らの地域を置くことで、生徒が自分達の学びの展開と評価にますます責任をもてるようになるだろう。

　持続可能な開発は、生徒を学びに参加させるための意味のある文脈を提供しようとするナショナル・カリキュラムの分野横断的な領域である。それは、4つの認定教科――地理、理科、シティズンシップ、デザイン・技術――の特定事項であるが、「世界をよりよい場所にする」という考えはすべての教科にわたって明確な関連性をもっている。

　学校での豊かで楽しい学びの経験を通して、持続可能な生活の原則を理解しながら、若者は雇用と生活のために必要な技能を習得することができる。

　質問項目5.aから5.cまでは、教育の質に関する多くの側面を含んでいる。授業と学びの質（5.a）、生徒のニーズと興味に合うこと（5.b）、ガイダンスと支援の質（5.c）からなる。

## 5.a 持続可能な開発が、どの程度、授業と学びの質を高めているのだろうか？

4段階―「スタート」「よい」「とてもよい」「優れている」―から成り立っている。例は各段階で示されており、「発展的な」過程を表している。あなたの学校の特徴が「優れている」段階にあれば、「よい」と「とてもよい」の段階も達しているということである。あなたの学校の現状に見合う最適なボックスに「×」を記してください。

| 段　階 | | | |
|---|---|---|---|
| スタート ☒ | よい ☒ | とてもよい ☒ | 優れている ☒ |
| 持続可能な開発がどのように私たちの授業と学びの質を高めているのかについて考えたことがない、あるいは、考え始めたばかりである。 | 理科や地理、シティズンシップ、デザイン・技術のような限られた教科の中で持続可能な開発について教えている。教室の内外で関連する実世界の諸問題に触れることを通して、生徒が学びに参加できるその可能性を認識している。 | カリキュラム全体を持続可能な開発、そしてそれに関連する価値観、態度、技能を教える機会と見なしている。生徒は、自分達の学びを学校の実践に活かすように促されている。自分達のアプローチが生徒のウェルビーイング、および／または環境に配慮した学校の実践に役立っているというエビデンスがある。 | 自らの学びに、すなわち自分達の未来に責任をもつことを生徒達に求めている。学校と地域コミュニティを、生徒が彼／彼女らの学びを実際の状況や課題に応用することができる実践の場であると見なしている。自分達のアプローチによって、学校の全体的な効果が高められ、地域コミュニティのニーズに応えられているというエビデンスがある。自分達の実践を他者と共有している。 |
| あなたの学校の段階を説明すること<br>適切なエビデンスやデータを参考資料として使いながら、評価すべき意見を書くこと。 | | 発展のための鍵となる優先事項は何か？ | |

第Ⅱ部　サスティナブルな学校づくりのために

**5.b** 持続可能な開発のあり方を通して、どの程度、カリキュラムと他の活動が生徒のニーズと興味の範囲に見合うことができているのだろうか？

4段階―「スタート」「よい」「とてもよい」「優れている」―から成り立っている。例は各段階で示されており、「発展的な」過程を表している。あなたの学校の特徴が「優れている」段階にあれば、「よい」と「とてもよい」の段階も達しているということである。あなたの学校の現状に見合う最適なボックスに「×」を記してください。

| 段　　階 | | | |
|---|---|---|---|
| スタート ☒ | よい ☒ | とてもよい ☒ | 優れている ☒ |
| 持続可能な開発がどのように私たちのカリキュラムの質を高めているのかについて考えたことがない、あるいは、考え始めたばかりである。 | 持続可能な開発が生徒に興味をもたせ、また彼／彼女らに関わる実世界の状況において、その基礎を教えることで、自分達のカリキュラムに重要な関連性をもたせている。 | カリキュラムと幅広い学びの諸活動のおかげで、生徒が学校の持続可能な開発について確認し、探究し、また取り組むことができる機会が提供されている。<br>自分達のアプローチが生徒のウェルビーイング、および／または環境に配慮した学校の実践に役立っているというエビデンスがある。 | 持続可能な開発を生活や仕事の普段のあり方として見なすことを生徒達に求めている。カリキュラムと幅広い学びの諸活動は、上記の目的に合うようにデザインされている。<br>自分達のアプローチによって、学校の全体的な効果が高められ、地域コミュニティのニーズに応えられているというエビデンスがある。自分達の実践を他者と共有している。 |
| あなたの学校の段階を説明すること<br>適切なエビデンスやデータを参考資料として使いながら、評価すべき意見を書くこと。 | | 発展のための鍵となる優先事項は何か？ | |

## 5.c 持続可能な開発を通して、どの程度、学習者を導き、また促す方法が改善されているのだろうか？

4段階―「スタート」「よい」「とてもよい」「優れている」―から成り立っている。例は各段階で示されており、「発展的な」過程を表している。あなたの学校の特徴が「優れている」段階にあれば、「よい」と「とてもよい」の段階も達しているということである。あなたの学校の現状に見合う最適なボックスに「×」を記してください。

| 段 階 | | | |
|---|---|---|---|
| スタート ☒ | よい ☒ | とてもよい ☒ | 優れている ☒ |
| 持続可能な開発がどのように生徒への指導とサポートに影響しているのかについて考えたことがない、あるいは、考え始めたばかりである。 | 生徒に対するサポートは、学校にあるケアの文化に反映されている。学校に関連する生徒の課題や目標に最も高い関心をもっている。 | 生徒の生活全般と将来の見通しへの関心から、生徒らへのサポートについて考えている。生徒の成功(そして自分達自身の成功)が家族や地域コミュニティの成功に結びついているということを認識している。私たちはこのことが反映されるように指導し、導いている。<br>自分達のアプローチが生徒のウェルビーイング、および／または環境に配慮した学校の実践に役立っているというエビデンスがある。 | すべての生徒が持続可能な開発に貢献する者として、可能性を最大限に活かすように育成されている。このことが達成されるのは、地域のコミュニティや環境、広範な世界の中で生徒達が必要とするものに学校全体で応えることを通してである。<br>自分達のアプローチによって、学校の全体的な効果が高められ、地域コミュニティのニーズに応えられているというエビデンスがある。自分達の実践を他者と共有している。 |
| あなたの学校の段階を説明すること<br>適切なエビデンスやデータを参考資料として使いながら、評価すべき意見を書くこと。 | | 発展のための鍵となる優先事項は何か？ | |

第Ⅱ部　サスティナブルな学校づくりのために

 リーダーシップとマネージメント

　持続可能な開発は、学校改善のための長期的で独自の枠組み——地域コミュニティ、環境、そして広範な社会貢献と同時に、学校の利点を測るもの——を提供している。

> DCSF からの提言
> 　私共の提案は、学校がそのカリキュラムとキャンパス、コミュニティにわたって、持続可能な開発の中心的なテーマを促進するリーダーシップと学校運営の方法を採用することである。

第2章　自己評価ツール

## 背　景

　NCSL（National College for School Leadership: 国立学校リーダーシップカレッジ）は、最近、サスティナブル・スクールのリーダーの典型的な特徴を見直し、次のように結論づけた[9]。

- 楽観的で外向的である――楽観的な世界観をもちながら、校門の外の周辺地域とグローバル・コミュニティへと学校の経験を広げている。
- 達成志向型である――生徒の学習経験を豊かにし、学習達成度を高める具体的な持続可能な開発の結果を出している。
- 参加型アプローチをとっている――計画、実行、評価に参加型アプローチを通して、幅広い関係者（特に教職員と生徒）が関わり合い、彼／彼女らの間に持続可能な開発に求められるリーダーシップを広めている。
- 物事を相互関連のあるシステムとして見る視点がある――世界とその中における自分達の立ち位置についての統合的かつ全体的な理解と、それを他者に伝えるための能力をもっている。

　このことを成し遂げるリーダー達――カリキュラムとキャンパス、コミュニティを越えた学びへの統合的なアプローチを開発する人々――は、学校の状況やニーズ、改善のための戦略を極めて十分に理解しているといえる。

　時間割の中で各授業時間を確保することは難しい。しかし、学校のリーダーシップの中心に持続可能な開発を置くことで、すべての学校における多くのイニシアティブに向けた協働型アプローチが推進される。このことは、『すべての子どもが重要』の成果をもたらす賢明な手段であると同時に、学力を向上させ、生徒のふるまいをよりよくし、金銭価値や教職員の士気を高める。言うまでもなく、学校の環境改善達成度や、国や地域の持続可能性の目標も成し遂げられる。

　上記の基礎となるのは、学校の教職員と広範囲なコミュニティのリーダーシップ能力であり、両者は学校改善に向けて体系的・有機的なアプローチをもって取り組むのである。

---

(9) NCSL (2007). *Leading Sustainable Schools: What the research tells us*, NCSL, Nottingham
　　www.ncsl.org.uk/sustainableschools

第Ⅱ部　サスティナブルな学校づくりのために

**持続可能な開発を通して、どの程度、リーダーシップとマネージメントの効果と効率性を高めることができているのだろうか？**

4段階―「スタート」「よい」「とてもよい」「優れている」―から成り立っている。例は各段階で示されており、「発展的な」過程を表している。あなたの学校の特徴が「優れている」段階にあれば、「よい」と「とてもよい」の段階も達しているということである。あなたの学校の現状に見合う最適なボックスに「x」を記してください。

| 段階 ||||
|---|---|---|---|
| スタート ☒ | よい ☒ | とてもよい ☒ | 優れている ☒ |
| 持続可能な開発がどのように自分達のリーダーシップと管理業務を高めるかについて考えたことがない、あるいは、考え始めたばかりである。 | 目的や活力、ビジョンを自分達のリーダーシップと管理業務に結びつけるために、持続可能な開発に秘められた可能性を認識しており、この分野において自分達の能力を強化する段階にある。 | 持続可能な開発への取り組みのおかげで、学校での諸活動に一貫性がもたらされている。持続可能な開発を支援するために教職員の能力を伸ばし、彼／彼女らの成果を認識している。自分達のアプローチが生徒のウェルビーイング、および／または環境に配慮した学校の実践に役立っているというエビデンスがある。 | 持続可能な開発のおかげで、よりよい世界を築くという共通のビジョンと目的のもと、学校が一つにまとまっている。教職員は熱心であり、上記のビジョンが彼／彼女らの仕事の原動力となり、互いに支え合うことができている。自分達のアプローチによって、学校の全体的な効果が高められ、地域コミュニティのニーズに応えられているというエビデンスがある。自分達の実践を他者と共有している。 |
| あなたの学校の段階を説明すること<br>適切なエビデンスやデータを参考資料として使いながら、評価すべき意見を書くこと。 || 発展のための鍵となる優先事項は何か？ ||

第2章 自己評価ツール

 ## Part A　達成度のまとめ

　次の頁の表を用いて、サスティナブル・スクールに向けての進み具合を概観することができる。

第Ⅱ部　サスティナブルな学校づくりのために

| Ofsted SEF の項目<br>学校改善の支援 | 合計点 | 質問の数 | 平均点 |
|---|---|---|---|
| 1　学校の特徴 | | 1 | |
| 2　学習者や関係者の意見 | | 4 | |
| 3　目標達成と学力 | | 1 | |
| 4　個人の発達とウェルビーイング | | 6 | |
| 5　教育の質 | | 3 | |
| 6　リーダーシップとマネージメント | | 1 | |

Part A 合計　　　　/90

> 表を完成させるために、
> 1. Part A を通してふり返り、Ofsted SEF の項目ごとに点数化されたポイントを足す。点数づけは、次のとおりである。
>    スタート＝0　　　よい＝5
>    とてもよい＝10　　優れている＝15
> 2. 各項目が異なる質問の数からなっていることを念頭に置きながら、Ofsted SEF の項目ごとに平均の点数を付ける。
> 3. s3 の Part A の合計を出すために平均を集計する。

　国の期待値と自分達の達成度を比較するために、s3 の補完的な役割を担うツール——「サスティナブル・スクール計画：持続可能な開発を通した学校改善の促進」——を使うことができる（第Ⅱ部第3章参照）。おおよその目安では、DCSF はすべての学校に以下の目標に達することを求めている。

2010年までに＝30～59点
2015年までに＝60～74点
2020年までに＝75～90点

第2章　自己評価ツール

# Part B　持続可能な開発の支援

　s3のこのPartを使って、サスティナブル・スクールのためのナショナル・フレームワークの8つの扉を用いて達成度を評価することができる。扉のうちの2つ（「エネルギーと水」と「校舎と校庭」）はより焦点化させるために細かく部分分けされている。

10の評価は、次のとおりである。

1　食べ物と飲み物
2.a　エネルギー
2.b　水
3　通学と交通
4　購買と無駄づかい
5.a　校舎
5.b　校庭
6　包摂と参加
7　地域のウェルビーイング
8　グローバルな側面

　ひとたび質問を完成させると、Part Bの最後にある「達成度のまとめ」で学校の現状を調べることができる。s3の補完的な役割を担うツール――「サスティナブル・スクール計画：持続可能な開発を通した学校改善の促進」――を使えば、DCSFによって提案された目標と自分達の達成度を比較することができる（本書255-261頁参照）。

##  食べ物と飲み物

　不健康な食事は、食生活の乱れによる肥満と生徒の集中力の欠如につながる。健康的で、倫理的に配慮されて提供される食べ物は、栄養的にも利点があるだけでなく、環境を守り、地元の生産者や仕入れ先を支えることになる。

> DCSFからの提言
> 　すべての学校が、健康的で地産地消の持続可能な食べ物を提供するモデルとなることを私共は願っている。それは、飲食の提供における環境への強い関与や社会的責任、動物保護を示し、また地元の仕入れ先を最大限に活用することになる。

　学校実践をランク付けする前に、順位を説明したり、新しいアプローチを示したりするのに役立つかもしれない優良実践の次の側面について検討する。

●**カリキュラム**　（□にはチェックを入れます。以下同じ）

☐ 　カリキュラムを通して、生徒が健康的で持続可能な飲食を取るために必要な知識や技能、価値観、自信を身につけることができているか？　また学校や地域での積極的な活動を通してこのことが強化されているか？

☐ 　教職員が専門性の開発によって、カリキュラム、また課外活動において健康的で持続可能な飲食の提供に取り組めるようになっているか？

☐ 　学校独自の飲食の提供に関する情報がカリキュラムで活用されているか、またキーステージ（年齢区分）や教科領域全般にわたって、それがなされているか？

☐ 　教職員や生徒は、健康的で持続可能な飲食の諸問題に取り組む計画に関わっているか？

## ●キャンパス

☐ 健康や持続可能性の視点から学校の飲食をモニターしているか？

☐ 改善計画（または、それに関わる計画）は、関連する実践目標にともなって、健康的で持続可能な飲食の諸問題を含んでいるか？

☐ 学校の飲食に関する健康と持続可能性の進み具合をモニターし、達成された実践目標について報告しているか？

☐ 教職員が学校内における健康的で持続可能な飲食に関する研修を受けているか？

☐ 健康的で持続可能な飲食のことは、学校の持続可能な開発に携わるコーディネーターやこれに関連する人の職務に付託された権限に委ねられているか？

## ●コミュニティ

☐ 健康的で持続可能な飲食に関する選択を促すために、学校は関係者との連絡やサービス、契約、パートナーシップを活かしているか？

☐ 健康的で持続可能な飲食を提供するモデルとなるための試みをサポートする上で、学校は地方行政や外部団体と連絡を取り合う関係を築いているか？

第Ⅱ部　サスティナブルな学校づくりのために

## 1 カリキュラムやキャンパス、コミュニティに、どの程度、健康的で持続可能な飲食を取り入れているのだろうか？

4段階—「スタート」「よい」「とてもよい」「優れている」—から成り立っている。例は各段階で示されており、「発展的な」過程を表している。あなたの学校の特徴が「優れている」段階にあれば、「よい」と「とてもよい」の段階も達しているということである。あなたの学校の現状に見合う最適なボックスに「×」を記してください。

| 段　階 ||||
|---|---|---|---|
| スタート ☒ | よい ☒ | とてもよい ☒ | 優れている ☒ |
| 健康的で持続可能な学校の飲食をどのように採用するのかについて考えたことがない、あるいは、考え始めたばかりである。 | 学校の飲食における健康と持続可能性を促進するための機会をモニターし、理解している。この分野において自分達の実践を高めるための計画に生徒、教職員、地域を巻き込んでいる。また、学校のカリキュラムで諸課題を扱っている。 | 生徒と教職員に健康的で持続可能な飲食の取り組みについて伝え、モニターすることに関わらせ、必要なときは外部の専門家に依頼している。自分達のアプローチが生徒のウェルビーイング、および／または環境に配慮した学校の実践に役立っているというエビデンスがある。 | 生徒と教職員が学校外での生活で健康的で持続可能な飲食について学んだことを活かし、地域の人々と自分達の学びを共有するように促している。関係者を自分達の実践の進み具合についての定期的な評価に巻き込んでいる。<br>自分達のアプローチによって、学校の全体的な効果が高められ、地域コミュニティのニーズに応えられているというエビデンスがある。自分達の実践を他者と共有している。 |
| あなたの学校の段階を説明すること<br>適切なエビデンスやデータを参考資料として使いながら、評価すべき意見を書くこと。 ||  発展のための鍵となる優先事項は何か？ ||

## 2.a エネルギー

エネルギーの需要を上げることは、将来世代の問題を増幅することになる。エネルギーの効率性の向上と再生可能エネルギーの使用によって、学校の経費を節約しながら、この世代間の問題に取り組むことができる。

> DCSFからの提言
> 　私共は、すべての学校が、効率のよいエネルギーを使い、また再生可能エネルギーを利用するモデルとなることを願っている。それは、風力や太陽光、バイオマス・エネルギー、断熱、低電力技術、エネルギー管理のようなさまざまな可能性について、学校を使っているすべての人に紹介することによって実現されるだろう。

学校実践をランク付けする前に、順位を説明したり、新しいアプローチを示したりするのに役立つかもしれない優良実践の次の側面について検討する。

### ●カリキュラム

☐ カリキュラムを通して、生徒がエネルギーを賢く使うために必要な知識や技能、価値観、自信を身につけることができているか？　また学校や地域での積極的な活動を通してこのことが強化されているか？

☐ 教職員が専門性の開発によって、カリキュラム、また課外活動においてエネルギー問題に取り組むことができているか？

☐ 学校のエネルギーの需要量と消費に関する情報が、カリキュラムにおいて活用されているか、またキーステージ（年齢区分）や教科領域全般にわたって、それがなされているか？

☐ 教職員や生徒は、エネルギーの効率性や再生可能エネルギーを促進するための計画に関わっているか？

第Ⅱ部　サスティナブルな学校づくりのために

## ●キャンパス

- [ ] 学校のエネルギーをモニターする活動に取り組んでいるか？

- [ ] 改善計画（または、それに関わる計画）は、関連する実践目標にともなって、エネルギーの効率性や再生可能エネルギーの活用を含んでいるか？

- [ ] エネルギー効率に関する進み具合をモニターし、達成された実践目標について報告しているか？

- [ ] 教職員が学校内におけるエネルギー効率の測定に関われるように研修を受けているか？

- [ ] エネルギーの効率性は、学校の持続可能な開発に携わるコーディネーターやこれに関連する人の職務に付託された権限に委ねられているか？

## ●コミュニティ

- [ ] エネルギーの効率性や再生可能エネルギーを促進するために、学校は関係者との連絡やサービス、契約、パートナーシップを活かしているか？

- [ ] 持続可能なエネルギー管理のモデルとなるための試みをサポートする上で、学校は地方行政や外部団体と連絡を取り合う関係を築いているか？

第2章　自己評価ツール

**2.a** カリキュラムやキャンパス、コミュニティに、どの程度、エネルギーの節約と再生可能エネルギーの使用を取り入れているのだろうか？

4段階—「スタート」「よい」「とてもよい」「優れている」—から成り立っている。例は各段階で示されており、「発展的な」過程を表している。あなたの学校の特徴が「優れている」段階にあれば、「よい」と「とてもよい」の段階も達しているということである。あなたの学校の現状に見合う最適なボックスに「×」を記してください。

| 段階 | | | |
|---|---|---|---|
| スタート | よい | とてもよい | 優れている |
| エネルギーの効率性と再生可能エネルギーに統合されたアプローチをどのように採用するのかについて考えたことがない、あるいは、考え始めたばかりである。 | エネルギーの効率性と再生可能エネルギーを促進するための機会をモニターし、理解している。この分野において自分達の実践を高めるための計画に生徒、教職員、地域を巻き込んでいる。また、学校のカリキュラムで諸課題を扱っている。 | 生徒と教職員にエネルギーの効率性と再生可能エネルギーの取り組みを伝え、モニターすることに関わらせ、必要なときは外部の専門家に依頼している。自分達のアプローチが生徒のウェルビーイング、および／または環境に配慮した学校の実践に役立っているというエビデンスがある。 | 生徒と教職員が学校外での生活にエネルギーの効率性と再生可能エネルギーについて学んだことを活かし、地域の人々と自分達の学びを共有するように促している。関係者を自分達の実践の進み具合についての定期的な評価に巻き込んでいる。自分達のアプローチによって、学校の全体的な効果が高められ、地域コミュニティのニーズに応えられているというエビデンスがある。自分達の実践を他者と共有している。 |
| あなたの学校の段階を説明すること 適切なエビデンスやデータを参考資料として使いながら、評価すべき意見を書くこと。 | | 発展のための鍵となる優先事項は何か？ | |

171

## 2.b 水

　水の需要を上げることは、将来世代の問題を増幅することになる。水の保全によって、学校の経費を節約しながら、この世代間の問題に取り組むことができるようになる。

> DCSFからの提言
> 　すべての学校が、水を保全するモデルとなることを私共は願っている。それは、雨水貯水、廃水のリサイクル、可能なところでは、持続可能な排水システムのようなさまざまな可能性について、学校を使っているすべての人に紹介することによって実現されるだろう。

　学校実践をランク付けする前に、順位を説明したり、新しいアプローチを示したりするのに役立つかもしれない優良実践の次の側面について検討する。

### ●カリキュラム

☐ カリキュラムを通して、生徒が水を賢く使うために必要な知識や技能、価値観、自信を身につけることができているか？　また学校や地域での積極的な活動を通してこのことが強化されているか？

☐ 教職員が専門性の開発によって、カリキュラム、また課外活動において水の保全の問題に取り組むことができているか？

☐ 学校の水の需要量と消費に関する情報がカリキュラムにおいて活用されているか、またキーステージ（年齢区分）や教科領域全般にわたって、それがなされているか？

☐ 教職員や生徒は、水の保全を促進するための計画に関わっているか？

第2章　自己評価ツール

## ●キャンパス

☐ 学校の水使用をモニターする活動に取り組んでいるか？

☐ 改善計画（または、それに関わる計画）は、関連する実践目標にともなって、水の保全を含んでいるか？

☐ 水の保全に関する進み具合をモニターし、達成された実践目標について報告しているか？

☐ 教職員が学校内における水の保全の測定に関われるように研修を受けているか？

☐ 水の管理は、学校の持続可能な開発に携わるコーディネーターやこれに関連する人の職務に付託された権限に委ねられているか？

## ●コミュニティ

☐ 水の保全を促進するために、学校は関係者との連絡やサービス、契約、パートナーシップを活かしているか？

☐ 持続可能な水使用のモデルとなるための試みをサポートする上で、学校は地方行政や外部団体と連絡を取り合う関係を築いているか？

第Ⅱ部　サスティナブルな学校づくりのために

## 2.b カリキュラムやキャンパス、コミュニティに、どの程度、水の保全を取り入れているのだろうか？

4段階―「スタート」「よい」「とてもよい」「優れている」―から成り立っている。例は各段階で示されており、「発展的な」過程を表している。あなたの学校の特徴が「優れている」段階にあれば、「よい」と「とてもよい」の段階も達しているということである。あなたの学校の現状に見合う最適なボックスに「x」を記してください。

| 段　階 ||||
|---|---|---|---|
| スタート　☒ | よい　☒ | とてもよい　☒ | 優れている　☒ |
| 水の保全に統合されたアプローチをどのように採用するのかについて考えたことがない、あるいは、考え始めたばかりである。 | 私たちは、水の保全を促進するための機会をモニターし、理解している。私たちは、この分野において自分達の実践を高めるための計画に生徒、教職員、地域を巻き込んでいる。また、学校のカリキュラムで諸課題を扱っている。 | 生徒と教職員に水の保全の取り組みを伝え、モニターすることに関わらせ、必要なときは外部の専門家に依頼している。<br>自分達のアプローチが生徒のウェルビーイング、および／または環境に配慮した学校の実践に役立っているというエビデンスがある。 | 生徒と教職員が学校外での生活で水の保全について学んだことを活かし、地域の人々と自分達の学びを共有するように促している。関係者を自分達の実践の進み具合についての定期的な評価に巻き込んでいる。<br>自分達のアプローチによって、学校の全体的な効果が高められ、地域コミュニティのニーズに応えられているというエビデンスがある。自分達の実践を他者と共有している。 |
| あなたの学校の段階を説明すること<br>適切なエビデンスやデータを参考資料として使いながら、評価すべき意見を書くこと。 ||発展のための鍵となる優先事項は何か？||

#  通学と交通

　車の使用が増えることは、二酸化炭素排出を含む汚染、路上の事故、渋滞を増加させる。カーシェアリングや公共交通機関を利用することが上記の問題を緩和させる。歩くことや自転車に乗ることもまた身体の健康状態やウェルビーイングを促進することになる。

> DCSF からの提言
> 　すべての学校が持続可能な交通のモデルとなることを私共は願っている。そこでは、車は絶対に必要なときのみの使用に限られ、より健康的で、汚染や危険がより少ない交通状況につながるような他の模範となる手段がある。

　学校実践をランク付けする前に、順位を説明したり、新しいアプローチを示したりするのに役立つかもしれない優良実践の次の側面について検討する。

## ●カリキュラム

☐ カリキュラムを通して、生徒が持続可能な交通を選択するために必要な知識や技能、価値観、自信を身につけることができているか？　また学校や地域での積極的な活動を通してこのことが強化されているか？

☐ 教職員が専門性の開発によって、カリキュラム、また課外活動において持続可能な交通の問題に取り組むことができているか？

☐ 学校が採用している交通手段に関する情報がカリキュラムにおいて活用されているか、またキーステージ（年齢区分）や教科領域全般にわたって、それがなされているか？

☐ 教職員や生徒は、持続可能な交通を促進するための計画に関わっているか？

第Ⅱ部　サスティナブルな学校づくりのために

●キャンパス

☐　学校の交通をモニターする活動に取り組んでいるか？

☐　改善計画（または、それに関わる計画）は、関連する実践目標にともなって、持続可能な交通を含んでいるか？

☐　持続可能な交通に関する進み具合をモニターし、達成された実践目標について報告しているか？

☐　教職員が持続可能な交通の測定に関われるように研修を受けているか？

☐　持続可能な交通は、学校の持続可能な開発に携わるコーディネーターやこれに関連する人の職務に付託された権限に委ねられているか？

●コミュニティ

☐　持続可能な交通を促進するために、学校は関係者との連絡やサービス、契約、パートナーシップを活かしているか？

☐　持続可能な交通を採用しているモデルとなるための試みをサポートする上で、学校は地方行政や外部団体と連絡を取り合う関係を築いているか？

第2章 自己評価ツール

 カリキュラムやキャンパス、コミュニティに、どの程度、持続可能な交通を取り入れているのだろうか？

4段階—「スタート」「よい」「とてもよい」「優れている」—から成り立っている。例は各段階で示されており、「発展的な」過程を表している。あなたの学校の特徴が「優れている」段階にあれば、「よい」と「とてもよい」の段階も達しているということである。あなたの学校の現状に見合う最適なボックスに「x」を記してください。

| 段 階 ||||
|---|---|---|---|
| スタート ☒ | よい ☒ | とてもよい ☒ | 優れている ☒ |
| 持続可能な交通に統合されたアプローチをどのように採用するのかについて考えたことがない、あるいは、考え始めたばかりである。 | 私たちは、持続可能な交通を促進するための機会をモニターし、理解している。私たちは、この分野において自分達の実践を高めるための計画に生徒、教職員、地域を巻き込んでいる。また、学校のカリキュラムで諸課題を扱っている。 | 生徒と教職員に持続可能な交通の取り組みを伝え、モニターすることに関わらせ、必要なときは外部の専門家に依頼している。自分達のアプローチが生徒のウェルビーイング、および／または環境に配慮した学校の実践に役立っているというエビデンスがある。 | 生徒と教職員が学校外での生活で持続可能な交通について学んだことを活かし、地域の人々と自分達の学びを共有するように促している。関係者を自分達の実践の進み具合についての定期的な評価に巻き込んでいる。自分達のアプローチによって、学校の全体的な効果が高められ、地域コミュニティのニーズに応えられているというエビデンスがある。自分達の実践を他者と共有している。 |
| あなたの学校の段階を説明すること<br>適切なエビデンスやデータを参考資料として使いながら、評価すべき意見を書くこと。 ||  発展のための鍵となる優先事項は何か？ ||

第Ⅱ部　サスティナブルな学校づくりのために

 購買と無駄づかい

　無駄づかい、そしてそれを助長する使い捨ての文化に対して、持続可能な消費を通して取り組むことができる。学校はコストを減らし、同時に倫理的に適正な商品とサービスのための市場を支持することができる。

> DCSFからの提言
> 　私共は、すべての学校が無駄づかいを最小限にすることと持続可能に消費することのモデルとなることを願っている。それは、地産地消によって環境および倫理水準を高く掲げた商品とサービスを活用すること、また可能なかぎり節約したり、再利用や修理したり、リサイクルしたりすることによって蓄えられたお金の価値を高めることを通してなされる。

　学校実践をランク付けする前に、順位を説明したり、新しいアプローチを示したりするのに役立つかもしれない優良実践の次の側面について検討する。

●カリキュラム

☐ カリキュラムを通して、生徒が無駄づかいを最小限にし、持続可能な消費をするために必要な知識や技能、価値観、自信を身につけることができているか？　また学校や地域での積極的な活動を通してこのことが強化されているか？

☐ 教職員が専門性の開発によって、カリキュラム、また課外活動において無駄づかいと消費の問題に取り組むことができているか？

☐ 学校が採用している購買と無駄づかいの状況に関する情報がカリキュラムにおいて活用されているか、またキーステージ（年齢区分）や教科領域全般にわたって、それがなされているか？

- [ ] 教職員や生徒は、無駄づかいの最小限化と持続可能な消費を促進するための計画に関わっているか？

● キャンパス

- [ ] 学校の購買と無駄づかいをモニターする活動に取り組んでいるか？

- [ ] 改善計画（または、それに関わる計画）は、関連する実践目標にともなって、無駄づかいの最小限化と持続可能な消費を含んでいるか？

- [ ] 無駄づかいの最小限化と持続可能な消費に関する進み具合をモニターし、達成された実践目標について報告しているか？

- [ ] 教職員が無駄づかいの最小限化と持続可能な消費の測定に関われるように研修を受けているか？

- [ ] 無駄づかいの最小限化と持続可能な消費は、学校の持続可能な開発に携わるコーディネーターやこれに関連する人の職務に付託された権限に委ねられているか？

● コミュニティ

- [ ] 無駄づかいの最小限化と持続可能な消費を促進するために、学校は関係者との連絡やサービス、契約、パートナーシップを活かしているか？

- [ ] 無駄づかいの最小限化と持続可能な消費を採用しているモデルとなるための試みをサポートする上で、学校は地方行政や外部団体と連絡を取り合う関係を築いているか？

第Ⅱ部　サスティナブルな学校づくりのために

 **4　カリキュラムやキャンパス、コミュニティに、どの程度、無駄づかいの最小限化と持続可能な消費を取り入れているのだろうか？**

4段階―「スタート」「よい」「とてもよい」「優れている」―から成り立っている。例は各段階で示されており、「発展的な」過程を表している。あなたの学校の特徴が「優れている」段階にあれば、「よい」と「とてもよい」の段階も達しているということである。あなたの学校の現状に見合う最適なボックスに「×」を記してください。

| 段　階 | | | |
|---|---|---|---|
| スタート ☒ | よい ☒ | とてもよい ☒ | 優れている ☒ |
| 無駄づかいの最小限化と持続可能な消費に統合されたアプローチをどのように採用するのかについて考えたことがない、あるいは、考え始めたばかりである。 | 無駄づかいの最小限化と持続可能な消費を促進するための機会をモニターし、理解している。この分野において自分達の実践を高めるための計画に生徒、教職員、地域を巻き込んでいる。また、学校のカリキュラムで諸課題を扱っている。 | 生徒と教職員に無駄づかいの最小限化と持続可能な消費の取り組みを伝え、モニターすることに関わらせ、必要なときは外部の専門家に依頼している。自分達のアプローチが生徒のウェルビーイング、および／または環境に配慮した学校の実践に役立っているというエビデンスがある。 | 生徒と教職員が学校外での生活で無駄づかいの最小限化と持続可能な消費について学んだことを活かし、地域の人々と自分達の学びを共有するように促している。自分達の実践の進み具合についての定期的な評価に関係者を巻き込んでいる。自分達のアプローチによって、学校の全体的な効果が高められ、地域コミュニティのニーズに応えられているというエビデンスがある。自分達の実践を他者と共有している。 |
| あなたの学校の段階を説明すること<br>適切なエビデンスやデータを参考資料として使いながら、評価すべき意見を書くこと。 | | 発展のための鍵となる優先事項は何か？ | |

180

第2章　自己評価ツール

 校舎

　学校の建物の設計・建設・管理方法が影響を与えるのは、環境負荷だけでなく、生徒がケアされているという感覚や、学校が楽しいという感覚、そして持続可能な生活について学ぶ可能性である。校舎の素材や技術、学校の設備、さらに備品や建具にいたるすべての選択が、持続可能な実践を顕著にする機会となる。

> DCSFからの提言
> 　すべての学校――新しかろうが古かろうが――が自分達の校舎を管理し、可能なところでは設計もすることを私共は願っている。それは、学校を使うすべての人に持続可能な開発とは何かを目で見てわかるような方法で行われなくてはならない。

　学校実践をランク付けする前に、順位を説明したり、新しいアプローチを示したりするのに役立つかもしれない優良実践の次の側面について検討する。

## ●カリキュラム

- [ ] カリキュラムを通して、生徒が自分達の校舎の質を改善するために必要な知識や技能、価値観、自信を身につけることができているか？　また学校や地域での積極的な活動を通してこのことが強化されているか？

- [ ] 教職員が専門性の開発によって、カリキュラム、また課外活動において学習リソースとしての校舎を使うことができているか？

- [ ] 学校の校舎の設計と管理に関する情報がカリキュラムにおいて活用されているか、またキーステージ（年齢区分）や教科領域全般にわたって、それがなされているか？

- [ ] 教職員や生徒は、持続可能な方法で校舎を設計し管理するための計画に関わっているか？

第Ⅱ部　サスティナブルな学校づくりのために

### ●キャンパス

☐ 持続可能な開発が、学校のメンテナンスや改修、もしくは新築計画の核となる検討事項であるか？

☐ 持続可能な開発を教えるための校舎の潜在的可能性をモニターする活動に取り組んでいるか？

☐ 改善計画（または、それに関わる計画）は、関連する実践目標にともなって、校舎のサスティナブルな設計と管理を含んでいるか？

☐ 校舎のサスティナブルな設計と管理の進み具合をモニターし、達成された実践目標について報告しているか？

☐ 教職員が校舎のサスティナブルな管理と設計の測定に関われるように研修を受けているか？

☐ 校舎のサスティナブルな設計と管理は、学校の持続可能な開発に携わるコーディネーターやこれに関連する人の職務に付託された権限に委ねられているか？

### ●コミュニティ

☐ 校舎のサスティナブルな設計と管理を促進するために、学校は関係者との連絡やサービス、契約、パートナーシップを活かしているか？

☐ 校舎におけるサスティナブルな設計と管理を実証するための試みをサポートする上で、学校は地方行政や外部団体と連絡を取り合う関係を築いているか？

# 第2章 自己評価ツール

**5.a** 校舎はその設計と管理にどの程度、持続可能な開発のあり方を具現化しているのだろうか？

4段階―「スタート」「よい」「とてもよい」「優れている」―から成り立っている。例は各段階で示されており、「発展的な」過程を表している。あなたの学校の特徴が「優れている」段階にあれば、「よい」と「とてもよい」の段階も達しているということである。あなたの学校の現状に見合う最適なボックスに「x」を記してください。

| 段階 | | | |
|---|---|---|---|
| スタート ☒ | よい ☒ | とてもよい ☒ | 優れている ☒ |
| 自分達の校舎が持続可能な開発をその設計と管理の中にどのように具現化しているのかについて考えたことがない、あるいは、考え始めたばかりである。 | 自分達の校舎が持続可能な開発をその設計と管理の中にどのように具現化しているのかについて、学習リソースとしての機能を含めてモニターし、理解している。この分野において自分達の実践を高めるための計画に生徒、教職員、地域を巻き込んでいる。また、学校のカリキュラムで諸問題を扱っている。 | 生徒と教職員に持続可能な校舎の取り組みを伝え、モニターすることに関わらせ、必要なときは外部の専門家に依頼している。<br>自分達のアプローチが生徒のウェルビーイング、および／または環境に配慮した学校の実践に役立っているというエビデンスがある。 | 生徒と教職員が生活活動する場である校舎に学んだことを活かし、地域の人々と自分達の学びを共有するように促している。関係者を自分達の実践の進み具合についての定期的な評価に巻き込んでいる。<br>自分達のアプローチによって、学校の全体的な効果が高められ、地域コミュニティのニーズに応えられているというエビデンスがある。自分達の実践を他者と共有している。 |
| あなたの学校の段階を説明すること<br>適切なエビデンスやデータを参考資料として使いながら、評価すべき意見を書くこと。 | | 発展のための鍵となる優先事項は何か？ | |

第Ⅱ部　サスティナブルな学校づくりのために

## 5.b　校庭

　校庭が設計され管理される方法は、学校環境の質だけでなく、生徒達を想像力に富んだ外での遊びに引きこませたり、持続可能な生活について学ぶことの助けになったりする可能性を広げる。食物の成長や生物多様性の保全、自然界とのふれ合いの場は、かなりの付加価値がある。また、材料や植物、設備の選択が、持続可能な実践に強く関わる。

> DCSF からの提言
> 　すべての学校は、校庭の設計と管理を通して、生徒が自然界をより身近に感じ、外での遊びを通して想像力を育て、持続可能な生活について学ぶことができるように求められている。

　学校実践をランク付けする前に、順位を説明したり、新しいアプローチを示したりするのに役立つかもしれない優良実践の次の側面について検討する。

### ●カリキュラム

☐　カリキュラムを通して、生徒が自分達の外の環境の質を改善するために必要な知識や技能、価値観、自信を身につけることができているか？　また学校や地域での積極的な活動を通してこのことが強化されているか？

☐　教職員が専門性の開発によって、カリキュラム、また課外活動において学習リソースとしての校庭を使うことができているか？

☐　学校の校庭の設計と管理に関する情報がカリキュラムにおいて活用されているか、またキーステージ（年齢区分）や教科領域全般にわたって、それがなされているか？

☐　教職員や生徒は、持続可能な方法で校庭を設計し管理するための計画に関わっているか？

第2章　自己評価ツール

● キャンパス

☐ 持続可能な開発が、校庭のメンテナンスや手入れ、もしくは設計計画の核となる検討事項であるか？

☐ 持続可能な開発を教えるための校庭の潜在的可能性をモニターする活動に取り組んでいるか？

☐ 改善計画（または、それに関わる計画）は、関連する実践目標にともなって、校庭のサスティナブルな設計と管理を含んでいるか？

☐ 校庭のサスティナブルな設計と管理の進展をモニターし、達成された実践目標について報告しているか？

☐ 教職員が校庭のサスティナブルな管理と設計の測定に関われるように研修を受けているか？

☐ 校庭のサスティナブルな設計と管理は、学校の持続可能な開発に携わるコーディネーターやこれに関連する人の職務に付託された権限に委ねられているか？

● コミュニティ

☐ 外部環境のサスティナブルな設計と管理を促進するために、学校は関係者との連絡やサービス、契約、パートナーシップを活かしているか？

☐ 校庭におけるサスティナブルな設計と管理を実証するための試みをサポートする上で、学校は地方行政や外部団体と連絡を取り合う関係を築いているか？

第Ⅱ部　サスティナブルな学校づくりのために

 校庭はその設計と管理にどの程度、持続可能な開発のあり方を具現化しているのだろうか？

4段階—「スタート」「よい」「とてもよい」「優れている」—から成り立っている。例は各段階で示されており、「発展的な」過程を表している。あなたの学校の特徴が「優れている」段階にあれば、「よい」と「とてもよい」の段階も達しているということである。あなたの学校の現状に見合う最適なボックスに「×」を記してください。

| 段　階 | | | |
|---|---|---|---|
| スタート ☒ | よい ☒ | とてもよい ☒ | 優れている ☒ |
| 自分達の校庭が持続可能な開発をその設計と管理の中にどのように具現化しているのかについて考えたことがない、あるいは、考え始めたばかりである。 | 自分達の校庭が持続可能な開発をその設計と管理の中にどのように具現化しているのかについて、学習リソースとしての機能を含めて、モニターし理解している。この分野において自分達の実践を高めるための計画に生徒、教職員、地域を巻き込んでいる。また、学校のカリキュラムで諸課題を扱っている。 | 生徒と教職員に持続可能な校庭の取り組みを伝え、モニターすることに関わらせ、必要なときは外部の専門家に依頼している。<br>自分達のアプローチが生徒のウェルビーイング、および／または環境に配慮した学校の実践に役立っているというエビデンスがある。 | 生徒と教職員が生活活動する場である外部環境に学んだことを活かし、地域の人々と自分達の学びを共有するように促している。関係者を自分達の実践の進み具合についての定期的な評価に巻き込んでいる。<br>自分達のアプローチによって、学校の全体的な効果が高められ、地域コミュニティのニーズに応えられているというエビデンスがある。自分達の実践を他者と共有している。 |
| あなたの学校の段階を説明すること<br>適切なエビデンスやデータを参考資料として使いながら、評価すべき意見を書くこと。 | | 発展のための鍵となる優先事項は何か？ | |

#  包摂と参加

　学校は、受け入れ、迎え入れる雰囲気をつくることで、地域との一体感を高めることができる。それは、すべての人が参加し貢献すること——生まれ育った環境、文化、年齢、宗教、または能力に関わりなく——に価値を置き、どのような形であれ、偏見や不正に挑むような学校全体の環境となるのである。

> DCSFからの提言
> 　すべての学校が、社会的包摂のモデルとなることを私共は望んでいる。それは、人権や自由、文化、創造的な表現が永続的に尊重されることを教えながら、すべての生徒が学校生活に完全に参加することができるような場である。

　学校実践をランク付けする前に、順位を説明したり、新しいアプローチを示したりするのに役立つかもしれない優良実践の次の側面について検討する。

## ●カリキュラム

- [ ] カリキュラムを通して、生徒が不正に挑み、多様性を受け入れ、学校生活に積極的に参加するために必要な知識や技能、価値観、自信を身につけることができているか？また学校や地域での積極的な活動を通してこのことが強化されているか？

- [ ] 教職員が専門性の開発によって、カリキュラム、また課外活動において包摂と参加の問題に取り組むことができているか？

- [ ] 学校の包摂と参加の状況に関する情報がカリキュラムにおいて活用されているか、またキーステージ（年齢区分）や教科領域全般にわたって、それがなされているか？

- [ ] 教職員や生徒は、包摂と参加を促進するための計画に関わっているか？

第Ⅱ部　サスティナブルな学校づくりのために

## ●キャンパス

☐　学校の包摂と参加をモニターする活動に取り組んでいるか？

☐　改善計画（または、それに関わる計画）は、関連する実践目標にともなって、包摂と参加を含んでいるか？

☐　包摂と参加に関する進み具合をモニターし、達成された実践目標について報告しているか？

☐　教職員が包摂と参加の測定に関われるように研修を受けているか？

☐　包摂と参加は、学校の持続可能な開発に携わるコーディネーターやこれに関連する人の職務に付託された権限に委ねられているか？

## ●コミュニティ

☐　包摂と参加を促進するために、学校は関係者との連絡やサービス、契約、パートナーシップを活かしているか？

☐　包摂と参加のモデルとなるための試みをサポートする上で、学校は地方行政や外部団体と連絡を取り合う関係を築いているか？

第2章 自己評価ツール

 **カリキュラムやキャンパス、コミュニティに、どの程度、包摂と参加を取り入れているのだろうか？**

4段階―「スタート」「よい」「とてもよい」「優れている」―から成り立っている。例は各段階で示されており、「発展的な」過程を表している。あなたの学校の特徴が「優れている」段階にあれば、「よい」と「とてもよい」の段階も達しているということである。あなたの学校の現状に見合う最適なボックスに「x」を記してください。

| 段 階 | | | |
|---|---|---|---|
| スタート ☒ | よい ☒ | とてもよい ☒ | 優れている ☒ |
| 包摂と参加に統合されたアプローチをどのように採用するのかについて考えたことがない、あるいは、考え始めたばかりである。 | 包摂と参加を促進するための機会をモニター し理解している。この分野において自分達の実践を高めるための計画に生徒、教職員、地域を巻き込んでいる。また、学校のカリキュラムで諸課題を扱っている。 | 生徒と教職員に包摂と参加の取り組みを伝え、モニターすることに関わらせ、必要なときは外部の専門家に依頼している。自分達のアプローチが生徒のウェルビーイング、および／または環境に配慮した学校の実践に役立っているというエビデンスがある。 | 生徒と教職員が学校外での生活で包摂と参加について学んだことを活かし、地域の人々と自分達の学びを共有するように促している。関係者を自分達の実践の進み具合についての定期的な評価に巻き込んでいる。<br>自分達のアプローチによって、学校の全体的な効果が高められ、地域コミュニティのニーズに応えられているというエビデンスがある。自分達の実践を他者と共有している。 |
| あなたの学校の段階を説明すること<br>適切なエビデンスやデータを参考資料として使いながら、評価すべき意見を書くこと。 | | 発展のための鍵となる優先事項は何か？ | |

第Ⅱ部　サスティナブルな学校づくりのために

## 7　地域のウェルビーイング

　学校は、地域の中心的な位置にあるため、またその施設や広範囲のネットワークがあるため、地域コミュニティにおける学びと変化のハブとして活動することができる。目前にある諸問題に取り組むことによって、適切かつ献身的に関わる機会を与えられ、生徒は学習する。さらに、地域との関係を強める手段となる。

> DCSFからの提言
> 　私共は、すべての学校が地域の中で企業市民（コーポレート・シティズンシップ）のモデルとなることを願っている。地域の人々の生活の質と環境を改善する活動を通して、教育的使命が豊かになるのである。

　学校実践をランク付けする前に、順位を説明したり、新しいアプローチを示したりするのに役立つかもしれない優良実践の次の側面について検討する。

### ●カリキュラム

☐　カリキュラムを通して、生徒が地域課題を理解し、それに対する解決策を探すために必要な知識や技能、価値観、自信を身につけることができているか？　また学校や地域での積極的な活動を通してこのことが強化されているか？

☐　教職員が専門性の開発によって、カリキュラム、また課外活動において地域のウェルビーイングの問題に取り組むことができているか？

☐　地域のウェルビーイングに関する情報がカリキュラムにおいて活用されているか、またキーステージ（年齢区分）や教科領域全般にわたって、それがなされているか？

☐　教職員や生徒は、地域のウェルビーイングを促進するための計画に関わっているか？

## ●キャンパス

☐ 地域課題をモニターする活動に取り組み、学校がどのように役割を担えるかについて評価しているか？

☐ 改善計画（または、それに関わる計画）は、関連する実践目標にともなって、地域のウェルビーイングを含んでいるか？

☐ 地域のウェルビーイングへの学校の貢献度に関する進み具合をモニターし、達成された実践目標について報告しているか？

☐ 教職員が地域におけるウェルビーイング・プロジェクトに関われるように研修を受けているか？

☐ 地域のウェルビーイングは、学校の持続可能な開発に携わるコーディネーターやこれに関連する人の職務に付託された権限に委ねられているか？

## ●コミュニティ

☐ 地域のウェルビーイングを促進するために、学校は関係者との連絡やサービス、契約、パートナーシップを活かしているか？

☐ 模範的な地域のパートナーとなるための試みをサポートする上で、学校は地方行政や外部団体と連絡を取り合う関係を築いているか？

第Ⅱ部　サスティナブルな学校づくりのために

## カリキュラムやキャンパス、コミュニティに、どの程度、地域のウェルビーイングを取り入れているのだろうか？

　4段階―「スタート」「よい」「とてもよい」「優れている」―から成り立っている。例は各段階で示されており、「発展的な」過程を表している。あなたの学校の特徴が「優れている」段階にあれば、「よい」と「とてもよい」の段階も達しているということである。あなたの学校の現状に見合う最適なボックスに「×」を記してください。

| 段　階 ||||
|---|---|---|---|
| スタート ☒ | よい ☒ | とてもよい ☒ | 優れている ☒ |
| 地域のウェルビーイングに統合されたアプローチをどのように採用するのかについて考えたことがない、あるいは、考え始めたばかりである。 | 地域のウェルビーイングを促進するための機会をモニターし理解している。この分野において自分達の実践を高めるための計画に生徒、教職員、地域を巻き込んでいる。また、学校のカリキュラムで諸課題を扱っている。 | 生徒と教職員に地域のウェルビーイングの取り組みを伝え、モニターすることに関わらせ、必要なときは外部の専門家に依頼している。自分達のアプローチが生徒のウェルビーイングおよび／または環境に配慮した学校の実践に役立っているというエビデンスがある。 | 生徒と教職員が学校外での生活で地域のウェルビーイングについて学んだことを活かし、地域の人々と自分達の学びを共有するように促している。関係者を自分達の実践の進み具合についての定期的な評価に巻き込んでいる。自分達のアプローチによって、学校の全体的な効果が高められ、地域コミュニティのニーズに応えられているというエビデンスがある。自分達の実践を他者と共有している。 |
| あなたの学校の段階を説明すること　適切なエビデンスやデータを参考資料として使いながら、評価すべき意見を書くこと。 || 発展のための鍵となる優先事項は何か？ ||

## 8 グローバルな側面

　国家間の相互依存性が拡張してきたために、私たちの世界や自分自身に対する見方が変わってきた。グローバルな課題に取り組む個人の価値観やふるまいによる影響を重視した上で、若者達の責任ある国際的な視野を育むことを通して、学校はこうした課題に対応し得る。

> DCSFからの提言
> 　すべての学校が、グローバル・シティズンシップのモデルとなることを私共は願っている。世界のほかの地で暮らしている人々の生活を改善する活動によって、教育的使命が豊かになるのである。

　学校実践をランク付けする前に、順位を説明したり、新しいアプローチを示したりするのに役立つかもしれない優良実践の次の側面について検討する。

### ●カリキュラム

☐ カリキュラムを通して、生徒がグローバルな諸課題を理解し、それに対応するために必要な知識や技能、価値観、自信を身につけることができているか？ また学校や地域での積極的な活動を通してこのことが強化されているか？

☐ 教職員が専門性の開発によって、カリキュラム、また課外活動においてグローバルな諸問題に取り組むことができているか？

☐ グローバルな課題への学校独自の対応策に関する情報がカリキュラムにおいて活用されているか、またキーステージ（年齢区分）や教科領域全般にわたって、それがなされているか？

☐ 教職員や生徒は、グローバル・シティズンシップを促進するための計画に関わっているか？

第Ⅱ部　サスティナブルな学校づくりのために

● キャンパス

☐ グローバルな諸課題をモニターする活動に取り組み、学校がどのように役割を担えるかについて評価しているか？

☐ 関連する実践目標とともに、改善計画（または、それに関わる計画）はグローバル・シティズンシップを含んでいるか？

☐ グローバルな諸課題への学校の貢献度に関する進み具合をモニターし、達成された実践目標について報告しているか？

☐ 教職員が学校生活の異なる局面でグローバルな観点を推し進めていくように研修を受けているか？

☐ グローバルな観点は、学校の持続可能な開発に携わるコーディネーターやこれに関連する人の職務に付託された権限に委ねられているか？

● コミュニティ

☐ 学校は、地球市民であることの認識（グローバル・シティズンシップ）を促すために、関係者との連絡やサービス、契約、パートナーシップを活かしているか？

☐ 地球市民となるための試みをサポートする上で、学校は地方行政や外部団体と連絡を取り合う関係を築いているか？

第2章　自己評価ツール

カリキュラムやキャンパス、コミュニティに、どの程度、グローバルな観点を取り入れているのだろうか？

　4段階—「スタート」「よい」「とてもよい」「優れている」—から成り立っている。例は各段階で示されており、「発展的な」過程を表している。あなたの学校の特徴が「優れている」段階にあれば、「よい」と「とてもよい」の段階も達しているということである。あなたの学校の現状に見合う最適なボックスに「×」を記してください。

| 段　階 | | | |
|---|---|---|---|
| スタート ☒ | よい ☒ | とてもよい ☒ | 優れている ☒ |
| グローバルな観点に統合されたアプローチをどのように採用するのかについて考えたことがない、あるいは、考え始めたばかりである。 | グローバルな観点を促進するための機会をモニターし、理解している。この分野において自分達の実践を高めるための計画に生徒、教職員、地域を巻き込んでいる。また、学校のカリキュラムで諸課題を扱っている。 | 生徒と教職員にグローバルな取り組みを伝え、モニターすることに関わらせ、必要なときは外部の専門家に依頼している。<br>自分達のアプローチが生徒のウェルビーイング、および／または環境に配慮した学校の実践に役立っているというエビデンスがある。 | 生徒と教職員が学校外での生活でグローバルな観点について学んだことを活かし、地域の人々と自分達の学びを共有するように促している。関係者を自分達の実践の進み具合についての定期的な評価に巻き込んでいる。<br>自分達のアプローチによって、学校の全体的な効果が高められ、地域コミュニティのニーズに応えられているというエビデンスがある。自分達の実践を他者と共有している。 |
| あなたの学校の段階を説明すること<br>適切なエビデンスやデータを参考資料として使いながら、評価すべき意見を書くこと。 | | 発展のための鍵となる優先事項は何か？ | |

第Ⅱ部　サスティナブルな学校づくりのために

 Part B　達成度のまとめ

　次頁にある表を使って、サスティナブル・スクールになることへの進み具合を概観することができる。

## 達成度のまとめ

| 扉<br>持続可能な開発の支援 | 点数 |
|---|---|
| 1　食べ物と飲み物 | |
| 2　a．エネルギー | |
| 　　b．水 | |
| 3　通学と交通 | |
| 4　購買と無駄づかい | |
| 5　a．校舎 | |
| 　　b．校庭 | |
| 6　包摂と参画 | |
| 7　地域のウェルビーイング | |
| 8　グローバルな側面 | |

Part B合計　　　　　／90

表を完成させるために、
1. Part Bを通してふり返り、「扉」ごとに点数化されたポイントを足す。点数づけは、次のとおりである。
   スタート＝0　　よい＝3　　とてもよい＝6　　優れている＝9
2. s3のPart Bの合計を出すために点数を集計する。

　国の期待値と自分達の達成度を比較するために、s3の補完的な役割を担うツール──「サスティナブル・スクール計画：持続可能な開発を通した学校改善の促進」──を使うこと（第Ⅱ部第3章参照）。おおよその目安では、DCSFはすべての学校に以下の目標に達することを求めている。

2010年までに＝30〜59点
2015年までに＝60〜74点
2020年までに＝75〜90点

第Ⅱ部　サスティナブルな学校づくりのために

# 資　料

**参考となる URL**[※]

ティーチャーネットのサスティナブル・スクール：www.teachernet.gov.uk/sustainableschools

DCSF の持続可能な開発行動計画：www.dcsf.gov.uk/aboutus/sd

NCSL の持続可能性関連サイト：www.ncsl.org.uk/sustainableschools-index

Ofsted の最新のサスティナブル・スクール調査：
　　　　　　　　　　　www.ofsted.gov.uk/Ofsted-home/Publications-and-research/Government-and-community/Initiatives/Schools-and-sustainability

グローイング・スクール（Growing Schools）：www.teachernet.gov.uk/growingschools

ラーニング・アウトサイド・ザ・クラスルーム（Learning Outside the Classroom）：
　　　　　　　　　　　www.teachernet.gov.uk/learningoutsidetheclassroom

**包括的組織**

SEEd – 持続可能な世界のための教育を支援する：www. se-ed.org.uk

DEA – 公正で持続可能な世界のための教育を促進する：www.dea.org.uk

**サスティナビリティに関する行政のウェブページ**

ウェブサイト：www.defra.gov.uk/sustainable/government

独立アドバイザーと監視機関：www.sd-commission.org.uk

---

※訳注：旧政権下で制作された URL であるため、現在アクセスできない情報があるが、英国でサスティナブル・スクールや ESD の運動を展開する SEEd が「国民的知見」としていくつかのサスティナブル・スクール関連の情報を扱っている。

## 第2章　自己評価ツール

この出版物の複写の許可は、以下より得ることができる。
Department for Children, Schools and Families Publications
PO Box 5050
Sherwood Park, Annesley
Nottingham NG15 0DJ
Tel 0845 60 222 60
Fax 0845 60 333 60
Textphone 0845 60 555 60
次を参照のこと。 03973-2006DOM-EN ISBN: 978-1-84775-181-2

PPAPG/D35(4082)/0509/53

© Crown Copyright 2008
the Department for Children, Schools and Families

本文書からの引用は、出所が表明される限り、非営利な調査または教育、訓練の目的のためであれば許可される。その他の使用については、licensing@opsi.gov.uk まで連絡すること。

# サスティナブル・スクールのためのナショナル・フレームワーク
www.teachernet.gov.uk/sustainableschools

## 食べ物と飲み物

**チャンス**
不健康な食事は、食生活の乱れによる肥満と生徒の集中力の欠如につながる。健康的で、倫理的に配慮されて提供される食べ物は、栄養的にも利点があるだけでなく、環境を守り、地元の生産者や仕入れ先を支えることになる。

**提言（2020年までに）**
私共は、すべての学校が健康的で地産地消の持続可能な食べ物を提供するモデルとなることを願っている。それは、飲食の提供における環境への強い関与や社会的責任、動物保護を示し、また地元の仕入れ先を最大限に活用することになる。

## エネルギーと水

**チャンス**
エネルギーと水の需要を上げることは、将来世代の問題を増幅することになる。エネルギーの効率性の向上と再生可能エネルギーの使用、水の保全によって、学校の経費を節約しながら、この世代間の問題に取り組むことができる。

**提言（2020年までに）**
私共は、すべての学校が効率のよいエネルギーの使用、また再生可能エネルギーの利用と水の保全のモデルとなることを願っている。それは風力や太陽光、バイオマス・エネルギー、断熱、雨水貯水、廃水のリサイクルのようなさまざまな可能性について、学校を使っているすべての人に紹介することによって実現されるだろう。

## 通学と交通

**チャンス**
車の使用が増えることは、二酸化炭素排出を含む汚染、路上の事故、渋滞を増加させる。カーシェアリングや公共交通機関を利用することが上記の問題を緩和させる。歩くことや自転車に乗ることもまた身体の健康状態やウェルビーイングを促進することになる。

**提言（2020年までに）**
すべての学校が持続可能な交通のモデルとなることを私共は願っている。そこでは、車は絶対に必要なときのみの使用に限られ、より健康的で、汚染や危険がより少ない交通状況につながるような他の模範となる手段がある。

## 購買と無駄づかい

**チャンス**
無駄づかい、そしてそれを助長する使い捨ての文化に対して、持続可能な消費を通して取り組むことができる。学校はコストを減らし、同時に倫理的に適正な商品とサービスのための市場を支持することができる。

**提言（2020年までに）**
私共は、すべての学校が無駄づかいを最小限にすることと持続可能な消費のモデルとなることを願っている。それは、地産地消によって、環境水準および倫理水準を高く掲げた商品とサービスを活用すること、また可能なかぎり節約したり、再利用や修理したり、リサイクルしたりすることによって蓄えられたお金の価値を高めることを通してなされる。

## 校舎と校庭

**チャンス**
学校の建物の設計・建設・管理方法が影響を与えるのは、持続可能な生活について「教える」という可能性である。例えば、校舎の素材や備品は、持続可能な実践を顕著にする機会となる一方で、食物の成長や生物多様性の保全、校庭での自然と触れ合う遊びを通して、生徒が学ぶことの価値を高めることができる。

**提言（2020年までに）**
すべての学校一新しくても古くても一が自分達の校舎を管理し、可能なところでは設計もすることは、学校を使うすべての人に持続可能な開発とは何かを目で見てわかるような方法で行われる。校庭を通して、生徒が自然界をより身近に感じ、外での遊びを通して想像力を育て、持続可能な生活について学ぶことができるように、学校は求められている。

## 包摂と参加

**チャンス**
学校は、受け入れ、迎え入れる雰囲気をつくることで、地域との一体感を高めることができる。それは、すべての人が参加し貢献すること一生まれ育った環境、文化、年齢、宗教、または能力に関わりなく一に価値を置き、どのような形であれ、偏見や不正に挑むような学校全体の環境となるのである。

**提言（2020年までに）**
すべての学校が、社会的包摂のモデルとなることを私共は望んでいる。それは、人権や自由、文化、創造的な表現が永続的に尊重されながら、すべての生徒が学校生活に完全に参加することができるような場である。

第2章　自己評価ツール

**地域のウェルビーイング**

チャンス
学校は地域の中心的な位置にあるため、またその施設や広範囲のネットワークがあるため、地域コミュニティにおける学びと変化のハブとして活動することができる。目前の諸問題に取り組むことによって、適切かつ献身的に関わる機会を与えられ、生徒は学習する。さらに、地域との関係を強める手段となる。

提言（2020年までに）
私共は、すべての学校が地域の中で企業市民（コーポレート・シティズンシップ）のモデルとなることを願っている。地域の人々の生活の質と環境を改善する活動を通して、教育的使命が豊かになるのである。

**グローバルな側面**

チャンス
国家間の相互依存性が拡張してきたために、私たちの世界や自分自身に対する見方が変わってきた。グローバルな課題に取り組む個人の価値観やふるまいからの影響を重視した上で、若者達の責任ある国際的な視野を育むことを通して、学校はこうした課題に対応し得る。

提言（2020年までに）
私共は、すべての学校がグローバル・シティズンシップのモデルとなることを願っている。世界のほかの地で暮らしている人々の生活を改善する活動によって、教育的使命が豊かになるのである。

政府は、2020年までにすべての学校をサスティナブル・スクールにすることを望んでいる。
　ナショナル・フレームワークは、この目的に向かって学校を導くためにつくられている。
　ナショナル・フレームワークは、3つの重なり合う部分からなる。

・ケアするという関わり
　サスティナブル・スクールは、ケアする精神―自分自身のケア、互いのケア（文化間、遠距離、世代間）そして環境（あらゆるところ）のケア―をもっている。学校は、ケアリングの場所であることは周知のとおりであるが、サスティナブル・スクールは、新たな領域までこの関わりを広げる。それは、学校が消費するエネルギーや水、その反対に生み出しているゴミ、提供している給食、出入りしている交通量、そして周辺地域や世界のどこかの地で暮らしている人々が直面している困難さに対する気づかいである。

・統合されたアプローチ
　サスティナブル・スクールは、学校の改善に向けて統合されたアプローチをとる。それは、授業の提供と学習を通して（カリキュラム）、また、多様な価値観と活動するというさまざまな方法の中に（キャンパス）、地域の人々や事業協力者などの参画の中で（コミュニティ）持続可能な開発のあり方を調べていく。

・サスティナビリティのテーマもしくは「扉」の選択
　「扉」は、学校が独自のサスティナビリティの実践を発展もしくは確立することができる視点や場所である。それぞれの「扉」は、持続可能な開発に関するさまざまな国の優先課題をヒントにしている。

未来には、若者にとっての多くの課題が待ち受けている。
　気候変動、不健康な食生活による肥満そして国際的貧困は、明確な事例としてあげられる。

学校は、もっと明るい未来をつくれるように若者を育てていく特別な役割を担っている。

若者が自身の未来に責任をもてるように元気づけることは、確かに望まれていることではあるが、それだけでなく、それは教育の不可欠な役目なのである。

持続可能な開発とは何か？
　持続可能な開発とは、私たちの極めて貴重な資源である地球を破壊しないように、自分達の生活と仕事―教育システムを含む―をどのように全体として捉えるかについての考え方である。

　魚の乱獲から地球温暖化にいたるまで、私たちの暮らしが地球にかけている負担は増加しており、これでは地球を保持することはできない。燃料供給の確保や安定した気候のようなかつて当然と捉えられていたことが、現在では永続しそうにない。

　私たちは、世界中のあらゆるところにいる人々が未来に諸問題を蓄積したり、他の人々の生活に不公平に影響を与えたりすることなく、生活の質を改善する解決策を見つけられるように手助けする必要がある。持続可能な開発とは、ビンのリサイクルや慈善活動への寄付以上のものである。それは、異なる方法で深く考える、そして取り組むことに関わってくる。

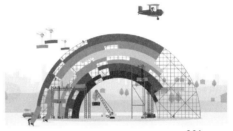

201

本書では紙幅の関係上、分割した表を載せています（203-211頁）。「s3 パフォーマンス・マトリックス」は上図のように PartA が左側、PartB が右側に記され、一枚で全体がわかるようにデザインされています。個別に評価したいときは第2章のs3を活用してください。

# s3 パフォーマンス・マトリックス

これは、DCSF によるサスティナブル・スクール自己評価 (s3) の要約版である。s3 と同様よく考えられ、Ofsted SEF の項目 (PartA) と、サスティナブル・スクールのためのナショナル・フレームワークの扉 (PartB) を含む、2 つの部分からなる。

## Part A　学校改善の支援
右手の欄に点数を入れ、下のところに Part A の合計を計算しなさい。

| Ofsted SEF の項目 | 4段階（関連する点数） | | | | 点数 |
|---|---|---|---|---|---|
| | スタート　　0 | よい　　5 | とてもよい*　　10 | 優れている**　　15 | |
| **1　学校の特徴** | | | | | |
| 1.a 持続可能な開発がどの程度、あなたの学校の典型的な特徴となっているのだろうか？ | 持続可能な開発のおかげで学校改善がより効果的になり得るかどうか、またそれがどのように自分達の学校の明確な目的または独自性となり得るのかについて考えたことがない、あるいは、考え始めたばかりである。 | 持続可能な開発を自分達の計画や対策における特徴として見なしている。 | 倫理的な原則として、そして学校改革の戦略として、持続可能な開発を積極的に追求している。持続可能な開発を促進するための努力が生徒のウェルビーイング、および／または環境に配慮した学校の実践に役立っているというエビデンスがある。 | 自分達の校風は、持続可能な開発という目標によって導かれている。自分達のアプローチによって、学校の全体的な効果が高められ、地域コミュニティのニーズに応えられているというエビデンスがある。自分達の実践を他者と共有している。 | |
| | | | | 小計 | |
| **2　学習者、親／保護者、地域コミュニティ、その他の関係者の意見** | | | | | |
| 2.a 学習者の意見は、学校の持続可能な開発に関する取り組みにどのように影響を与えているのだろうか？ | 生徒をどのように学校の意思決定に参加させることができるかについて考えたことがない、あるいは、考え始めたばかりである。生徒とのコミュニケーションで現在終始しているのは、学校で何が起きているのかを彼／彼女らに知らせることである。 | 生徒の参加を促しており、学校生活と学びの多くの場面における決定に生徒を関わらせる仕組みがある。 | 生徒が学校の意思決定に完全に参加し、彼／彼女らの提案に基づいて行動している。持続可能な開発への取り組みについて具体的に生徒に相談しており、それに参加するように彼／彼女らを励ましている。自分達のアプローチが生徒のウェルビーイング、および／または環境に配慮した学校の実践に役立っているというエビデンスがある。 | 持続可能な開発に関する学校の取り組みを生徒が強く方向づけている。彼／彼女らは、実践的な部分において、考えを発展させ、学校のサポートや後援によって、それらを具現化するように奨励されている。自分達のアプローチによって、学校の全体的な効果が高められ、地域コミュニティのニーズに応えられているというエビデンスがある。自分達の実践を他者と共有している。 | |
| 2.b 親／保護者の意見は、学校の持続可能な開発に関する取り組みにどのように影響を与えているのだろうか？ | 親／保護者をどのように学校の意思決定に参加させることができるのかについて考えたことがない、あるいは、考え始めたばかりである。親とのコミュニケーションを通して、学校で何が起きているのかについて彼／彼女らに話すことができている。 | 意思決定の多くの場面に親／保護者を関わらせる仕組みをもっている。さまざまな学校の諸課題について彼／彼女らの意見を通常求めている。 | 親／保護者が学校の意思決定に完全に参加し、彼／彼女らの提案に基づいて行動している。親のニーズをより理解するために、持続可能な開発への取り組みについて親に具体的に相談している。自分達のアプローチが生徒のウェルビーイング、および／または環境に配慮した学校の実践に役立っているというエビデンスがある。 | 親／保護者が持続可能な開発に関する学校の取り組みを支援し、積極的な役割を担っている。彼／彼女らは協働して、いくつかの問題において持続可能性的な実践を高めており、生徒や職員と直接関わっている。自分達のアプローチによって、学校の全体的な効果が高められ、地域コミュニティのニーズに応えられているというエビデンスがある。自分達の実践を他者と共有している。 | |

第Ⅱ部　サスティナブルな学校づくりのために

| | | | | | | |
|---|---|---|---|---|---|---|
| 2.c 地域コミュニティの意見は、学校の持続可能な開発に関する取り組みにどのように影響を与えているのだろうか？ | 地域コミュニティをどのように学校の意思決定に参加させることができるのかについて考えたことがない、あるいは、考え始めたばかりである。地域コミュニティとのコミュニケーションを通して、学校で何が起きているのかについて地域に伝えている。 | 意思決定の多くの場面に地域コミュニティが関わる仕組みをもっている。さまざまな学校の諸課題について彼／彼女らの意見を通常求めている。 | 地域コミュニティは、意思決定に重要な影響をもたらす。地域コミュニティのニーズをより理解するために、持続可能な開発への取り組みについて地域に具体的に相談している。自分達のアプローチが生徒のウェルビーイング、および／または環境に配慮した学校の実践に役立っているというエビデンスがある。 | 地域コミュニティは、持続可能な開発に関する学校の取り組みを支援し、積極的な役割を担っている。地域の知識を広く活用して、地域のニーズがある領域において自分達の実践を共有している。自分達のアプローチによって、学校の全体的な効果が高められ、地域コミュニティのニーズに応えられているというエビデンスがある。自分達の実践を他者と共有している。 | |
| 2.d その他の関係者の意見は、学校の持続可能な開発に関する取り組みにどのように影響を与えているのだろうか？ | その他の関係者をどのように学校の意思決定に参加させることができるのかについて考えたことがない、あるいは、考え始めたばかりである。 | その他の関係者から多く学ぶことがあることを認識しており、知識を共有することができる場において、幅広い関係性やパートナーシップを築いている。 | その他の関係者が意思決定に重要な貢献をしている。改善するための機会を確認するために、持続可能な開発への取り組みについて彼／彼女らに具体的に相談している。自分達のアプローチが生徒のウェルビーイング、および／または環境に配慮した学校の実践に役立っているというエビデンスがある。 | 持続可能な開発に関する学校の取り組みにいつも決まってその他の関係者を参加させており、彼／彼女らの批判的な意見を求めている。意識的に自分達の取り組みに外部からの関心を取り入れることを促している。自分達のアプローチによって、学校の全体的な効果が高められ、地域コミュニティのニーズに応えられているというエビデンスがある。自分達の実践を他者と共有している。 | |
| | | | | 小計（合計を出し、4で割る） | | |
| **3　目標達成と学力** | | | | | | |
| 3.a 持続可能な開発はどの程度、学習者が学力を高め、成果をあげることに役立っているのだろうか？ | 持続可能な開発が生徒の成果と学力にどのように影響を与えているのかについて考えたことがない、あるいは、考え始めたばかりである。 | 多くの生徒が持続可能な開発に関する問題に興味があり、これを使って教室の内外で学びに参加している。 | 持続可能な開発が学校において成果をあげる重要な戦略になっており、すべての教科と部活動にわたって学力を上げることができている。自分達のアプローチが生徒のウェルビーイング、および／または環境に配慮した学校の実践に役立っているというエビデンスがある。 | 持続可能な開発のために、学校に説得力のあるビジョンと目的が示され、教職員や生徒、そして地域コミュニティに学習への熱意が生み出されている。自分達のアプローチによって、学校の全体的な効果が高められ、地域コミュニティのニーズに応えられているというエビデンスがある。自分達の実践を他者と共有している。 | |
| | | | | | 小計 | |

第2章　自己評価ツール

| 4　個人の発達とウェルビーイング | | | | | |
|---|---|---|---|---|---|
| 4.a 持続可能な開発のあり方を通して、学習者が健康的なライフスタイルを選ぶことができているのだろうか？ | 持続可能な開発と健康的なライフスタイルとの関係を考えたことがない、あるいは、考え始めたばかりである。 | 健康と持続可能性が重なる部分があることを認識しており、学校の方針と授業、課外活動を通して、生徒のニーズと選択に応じるように取り組んでいる。 | 持続可能な開発に向けた、より広範な貢献の重要な要素として、健康的なライフスタイルへの取り組みが見られる。自分達のアプローチが生徒のウェルビーイング、および／または環境に配慮した学校の実践に役立っているというエビデンスがある。 | 健康的なライフスタイルを促進させるために自分達の地域コミュニティとともに働いている。自分達のアプローチによって、学校の全体的な効果が高められ、地域コミュニティのニーズに応えられているというエビデンスがある。自分達の実践を他者と共有している。 | |
| 4.b 持続可能な開発のあり方を通して、どの程度、学習者が安全を感じ、安全性の高い実践を採用することができているのだろうか？ | 持続可能な開発と生徒の安全との関係を考えたことがない、あるいは、考え始めたばかりである。 | 例えば、道路交通の点において、安全と持続可能性が重なる部分があることを認識しており、学校の方針と授業、課外活動を通して、生徒のニーズと選択に応じるように取り組んでいる。 | 持続可能な開発に向けた、より広範な貢献の重要な要素として、生徒の安全への取り組みが見られる。自分達のアプローチが生徒のウェルビーイング、および／または環境に配慮した学校の実践に役立っているというエビデンスがある。 | 個人の安全や危機管理、地域のウェルビーイングといった問題に取り組むために、私たちの地域コミュニティとともに働いている。自分達のアプローチによって、学校の全体的な効果が高められ、地域コミュニティのニーズに応えられているというエビデンスがある。自分達の実践を他者と共有している。 | |
| 4.c 持続可能な開発のあり方を通して、どの程度、学習者が自らの教育を楽しむことができているのだろうか？ | 持続可能な開発と生徒の学ぶ楽しさとの接点について考えたことがない、あるいは、考え始めたばかりである。 | 持続可能な開発を、教室の内外における学びの楽しさを高める手段として見なしている。適切で興味深い学びの機会を生徒に提供することを教職員に対して推奨している。 | 持続可能な開発は、学校において学びを楽しく、適切で、目的あるものにするための核となっている。自分達のアプローチが生徒のウェルビーイング、および／または環境に配慮した学校の実践に役立っているというエビデンスがある。 | 地域コミュニティと持続可能な開発についての自分達の学びを共有し、理解を高めるために関係者と協働することを勧めている。自分達のアプローチによって、学校の全体的な効果が高められ、地域コミュニティのニーズに応えられているというエビデンスがある。自分達の実践を他者と共有している。 | |
| 4.d 持続可能な開発のあり方を通して、どの程度、学習者がよいふるまいを身につけることができているのだろうか？ | 持続可能な開発が生徒のふるまいをどのように改善することができるのかについて考えたことがない、あるいは、考え始めたばかりである。 | 持続可能な開発に秘められた可能性が学校における積極的で責任のあるふるまいの文化を創造するものと認識している。また教室の内外での生徒のふるまいを改善するために持続可能な開発を採用している。 | 持続可能な開発は、私たちの学校においてふるまいを改善する重要な戦略である。自分達のアプローチが生徒のウェルビーイング、および／または環境に配慮した学校の実践に役立っているというエビデンスがある。 | 持続可能な開発への私たちの関与は、学校生活のあらゆる場面において、積極的で責任あるふるまいを促すことである。自分達のアプローチによって、学校の全体的な効果が高められ、地域コミュニティのニーズに応えられているというエビデンスがある。自分達の実践を他者と共有している。 | |

第Ⅱ部　サスティナブルな学校づくりのために

| | | | | | | |
|---|---|---|---|---|---|---|
| 4.e 持続可能な開発のあり方を通して、どの程度、学習者がコミュニティに積極的な貢献をすることができているのだろうか？ | 持続可能な開発を通してどのように生徒が地域コミュニティに積極的に貢献できるのかについて考えたことがない、あるいは、考え始めたばかりである。 | 持続可能な開発を、生徒が積極的な市民となるよう促すための手段と見なし、彼／彼女らが地域のニーズがあるところで積極的に貢献できるようにしている。私たちは、教室での教えを通してこのことを主に成し遂げている。 | 学校の核となる狙いは、生徒達の地域コミュニティ、ならびにより広い世界のニーズに焦点を当て、積極的かつ責任感のある市民になるように生徒達を育てることである。自分達の取り組みは、教室を越えて学校や地域での活動にまで拡張している。自分達のアプローチが生徒のウェルビーイング、および／または環境に配慮した学校の実践に役立っているというエビデンスがある。 | 自分達の成功が地域コミュニティの成功と結びついていることを認識しており、生徒が教育の核となる地域のニーズに積極的に取り組むことができるようにしている。自分達のアプローチによって、学校の全体的な効果が高められ、地域コミュニティのニーズに応えられているというエビデンスがある。自分達の実践を他者と共有している。 | |
| 4.f 持続可能な開発のあり方を通して、どの程度、学習者が自らの将来の経済的なウェルビーイングに備えることができているのだろうか？ | 持続可能な開発がどのように生徒の将来の経済的なウェルビーイングと関わっているのかについて考えたことがない、あるいは、考え始めたばかりである。 | 持続可能な開発が、すべての人の将来の繁栄に重要であることを認識している。経済がどのように安定した社会と健全な環境に依存しているのかについて、生徒が理解できるようにしている。私たちは、特に教室の授業を通して、このことを成し遂げている。 | 生徒達が持続可能な開発の経済的な価値を発見することができるようにしている。それは、学校運営が環境に及ぼすインパクトを生徒達が測ったり、節約のために実践を改善し、その活動を続けたりすることによって為されている。自分達の取り組みは、教室を越えて、学校内や地域へと広がりを見せている。自分達のアプローチが生徒のウェルビーイング、および／または環境に配慮した学校の実践に役立っているというエビデンスがある。 | 生徒が持続可能な開発の経済的な価値を理解し、その知識を活用できるようにしている。このことは、プロジェクトやスモール・ビジネスを創設することを通して行われ、その結果、学校や地域コミュニティは、環境的・社会的目的に貢献するようにしている。自分達のアプローチによって、学校の全体的な効果が高められ、地域コミュニティのニーズに応えられているというエビデンスがある。自分達の実践を他者と共有している。 | |
| | | | | | 小計（合計を出し、6で割る） | |
| **5　教育の質** | | | | | | |
| 5.a 持続可能な開発がどの程度、授業と学びの質を高めているのだろうか？ | 持続可能な開発がどのように私たちの授業と学びの質を高めているのかについて考えたことがない、あるいは、考え始めたばかりである。 | 理科や地理、シティズンシップ、デザイン・技術のような限られた教科の中で持続可能な開発について教えている。教室の内外に関連する実世界の諸問題に触れることを通して、生徒が学びに参加できるその可能性を認識している。 | カリキュラム全体を持続可能な開発、そしてそれに関連する価値観、態度、技能を教える機会と見なしている。生徒は、自分達の学びを学校の実践に活かすよう促されている。自分達のアプローチが生徒のウェルビーイング、および／または環境に配慮した学校の実践に役立っているというエビデンスがある。 | 自らの学びに、すなわち自分達の未来に責任をもつことを生徒達に求めている。学校と地域コミュニティを、生徒が彼／彼女らの学びを実際の状況や課題に応用することができる実践の場であると見なしている。自分達のアプローチによって、学校の全体的な効果が高められ、地域コミュニティのニーズに応えられているというエビデンスがある。自分達の実践を他者と共有している。 | |

206

第2章 自己評価ツール

| | | | | | |
|---|---|---|---|---|---|
| 5.b 持続可能な開発のあり方を通して、どの程度、カリキュラムと他の活動が生徒のニーズと興味の範囲に見合うことができているのだろうか? | 持続可能な開発がどのように私たちのカリキュラムの質を高めているのかについて考えたことがない、あるいは、考え始めたばかりである。 | 持続可能な開発が生徒に興味をもたせ、また彼/彼女らが関わる実世界の状況において、その基礎を教えることで、自分達のカリキュラムに、重要な関連性をもたせている。 | カリキュラムと幅広い学びの諸活動のおかげで、生徒が学校の持続可能な開発について確認し、探究し、また取り組むことができる機会が提供されている。自分達のアプローチが生徒のウェルビーイング、および/または環境に配慮した学校の実践に役立っているというエビデンスがある。 | 持続可能な開発を生活や仕事のあり方の普段のあり方として見なすことを生徒達に求めている。カリキュラムと幅広い学びの諸活動は、上記の目的に合うようにデザインされている。自分達のアプローチによって、学校の全体的な効果が高められ、地域コミュニティのニーズに応えられているというエビデンスがある。自分達の実践を他者と共有している。 | |
| 5.c 持続可能な開発を通して、どの程度、学習者を導き、また促す方法が改善されているのだろうか? | 持続可能な開発がどのように生徒への指導とサポートに影響しているのかについて考えたことがない、あるいは、考え始めたばかりである。 | 生徒に対するサポートは、学校にあるケアの文化に反映されている。学校に関連する生徒の課題や目標に最も高い関心をもっている。 | 生徒の生活全般と将来の見通しへの関心から、生徒らへのサポートについて考えている。生徒の成功(そして自分達自身の成功)が家族や地域コミュニティの成功に結びついているということを認識している。私たちはこのことが反映されるように指導し、導いている。自分達のアプローチが生徒のウェルビーイング、および/または環境に配慮した学校の実践に役立っているというエビデンスがある。 | すべての生徒が持続可能な開発に貢献する者として、最大限の可能性を活かすように育成されている。このことが達成されるのは、地域コミュニティや環境、広範な世界の中で生徒達が必要とするものに学校全体で応えることを通してである。自分達のアプローチによって、学校の全体的な効果が高められ、地域コミュニティのニーズに応えられているというエビデンスがある。自分達の実践を他者と共有している。 | |
| | | | | 小計(合計を出し、3で割る) | |

### 6 リーダーシップとマネージメント

| | | | | | |
|---|---|---|---|---|---|
| 6.a 持続可能な開発を通して、どの程度、リーダーシップとマネージメントの効果と効率性を高めることができているのだろうか? | 持続可能な開発がどのように自分達のリーダーシップと管理業務を高めるかについて考えたことがない、あるいは、考え始めたばかりである。 | 目的や活力、ビジョンを自分達のリーダーシップと管理業務に結びつけるために、持続可能な開発に秘められた可能性を認識しており、この分野において自分達の能力を強化する段階にある。 | 持続可能な開発への取り組みのおかげで、学校での諸活動に一貫性がもたらされている。持続可能な開発を支援するために教職員の能力を伸ばし、彼/彼女らの成果を認識している。自分達のアプローチが生徒のウェルビーイング、および/または環境に配慮した学校の実践に役立っているというエビデンスがある。 | 持続可能な開発のおかげで、よりよい世界を築くという共通のビジョンと目的のもと、学校が一つにまとまっている。教職員は熱心であり、上記のビジョンが彼/彼女らの仕事の原動力となり、互いに支え合うことができている。自分達のアプローチによって、学校の全体的な効果が高められ、地域コミュニティのニーズに応えられているというエビデンスがある。自分達の実践を他者と共有している。 | |
| | | | | 小計 | |

\* この段階は、あなたの学校のアプローチが生徒のウェルビーイングおよび/または環境に配慮した学校実践のためになるというエビデンスによって支えられるとよい。
\*\* この段階は、あなたの学校のアプローチが全体的な効果を高め、地域コミュニティのニーズに応えているというエビデンスによって支えられるとよい。

Part A合計: /90

第Ⅱ部　サスティナブルな学校づくりのために

## Part B　持続可能な開発の支援
右手の欄に点数を入れ、下のところに Part B の合計を計算しなさい。

| 扉 | 4段階（関連する点数） | | | | 点数 |
|---|---|---|---|---|---|
| | スタート　　0 | よい　　3 | とてもよい*　　6 | 優れている**　　9 | |
| **1　食べ物と飲み物** | | | | | |
| カリキュラムやキャンパス、コミュニティに、どの程度、健康的で持続可能な飲食を取り入れているのだろうか？ | 健康的で持続可能な学校の飲食をどのように採用するのかについて考えたことがない、あるいは、考え始めたばかりである。 | 学校の飲食における健康と持続可能性を促進するための機会をモニターし理解している。この分野において自分達の実践を高めるための計画に生徒、教職員、地域を巻き込んでいる。また、学校のカリキュラムで諸課題を扱っている。 | 生徒と教職員に健康的で持続可能な飲食の取り組みについて伝え、モニターすることに関わらせ、必要なときは外部の専門家に依頼している。自分達のアプローチが生徒のウェルビーイング、および／または環境に配慮した学校の実践に役立っているというエビデンスがある。 | 生徒と教職員が学校外での生活で健康的で持続可能な飲食について学んだことを活かし、地域の人々と自分達の学びを共有するように促している。関係者を自分達の実践の進み具合についての定期的な評価に巻き込んでいる。自分達のアプローチによって、学校の全体的な効果が高められ、地域コミュニティのニーズに応えられているというエビデンスがある。自分達の実践を他者と共有している。 | |
| **2.a　エネルギー** | | | | | |
| カリキュラムやキャンパス、コミュニティに、どの程度、エネルギーの節約と再生可能エネルギー使用を取り入れているのだろうか？ | エネルギーの効率性と再生可能エネルギーに統合されたアプローチをどのように採用するのかについて考えたことがない、あるいは、考え始めたばかりである。 | エネルギーの効率性と再生可能エネルギーを促進するための機会をモニターし理解している。この分野において自分達の実践を高めるための計画に生徒、教職員、地域を巻き込んでいる。また、学校のカリキュラムで諸課題を扱っている。 | 生徒と教職員にエネルギーの効率性と再生可能エネルギーの取り組みを伝え、モニターすることに関わらせ、必要なときは外部の専門家に依頼している。自分達のアプローチが生徒のウェルビーイング、および／または環境に配慮した学校の実践に役立っているというエビデンスがある。 | 生徒と教職員が学校外での生活にエネルギーの効率性と再生可能エネルギーについて学んだことを活かし、地域の人々と自分達の学びを共有するように促している。関係者を自分達の実践の進み具合についての定期的な評価に巻き込んでいる。自分達のアプローチによって、学校の全体的な効果が高められ、地域コミュニティのニーズに応えられているというエビデンスがある。自分達の実践を他者と共有している。 | |

第2章　自己評価ツール

| 2.b　水 | | | | | | |
|---|---|---|---|---|---|---|
| カリキュラムやキャンパス、コミュニティに、どの程度、水の保全を取り入れているのだろうか？ | 水の保全に統合されたアプローチをどのように採用するのかについて考えたことがない、あるいは、考え始めたばかりである。 | 私たちは、水の保全を促進するための機会をモニターし理解している。この分野において自分たちの実践を高めるための計画に生徒、教職員、地域を巻き込んでいる。また、学校のカリキュラムで諸課題を扱っている。 | 生徒と教職員に水の保全の取り組みを伝え、モニターすることに関わらせ、必要なときは外部の専門家に依頼している。自分達のアプローチが生徒のウェルビーイング、および／または環境に配慮した学校の実践に役立っているというエビデンスがある。 | 生徒と教職員が学校外での生活で水の保全について学んだことを活かし、地域の人々と自分たちの学びを共有するように促している。関係者を自分たちの実践の進み具合についての定期的な評価に巻き込んでいる。自分たちのアプローチによって、学校の全体的な効果が高められ、地域コミュニティのニーズに応えられているというエビデンスがある。自分たちの実践を他者と共有している。 | |
| 3.　通学と交通 | | | | | | |
| カリキュラムやキャンパス、コミュニティに、どの程度、持続可能な交通を取り入れているのだろうか？ | 持続可能な交通に統合されたアプローチをどのように採用するのかについて考えたことがない、あるいは、考え始めたばかりである。 | 持続可能な交通を促進するための機会をモニター し理解している。この分野において自分達の実践を高めるための計画に生徒、教職員、地域を巻き込んでいる。また、学校のカリキュラムで諸課題を扱っている。 | 生徒と教職員に持続可能な交通の取り組みを伝え、モニターすることに関わらせ、必要なときは外部の専門家に依頼している。自分達のアプローチが生徒のウェルビーイング、および／または環境に配慮した学校の実践に役立っているというエビデンスがある。 | 生徒と教職員が学校外での生活で持続可能な交通について学んだことを活かし、地域の人々と自分たちの学びを共有するように促している。関係者を自分達の実践の進み具合についての定期的な評価に巻き込んでいる。自分たちのアプローチによって、学校の全体的な効果が高められ、地域コミュニティのニーズに応えられているというエビデンスがある。自分たちの実践を他者と共有している。 | |
| 4　購買と無駄づかい | | | | | | |
| カリキュラムやキャンパス、コミュニティに、どの程度、無駄づかいの最小限化と持続可能な消費を取り入れているのだろうか？ | 無駄づかいの最小限化と持続可能な消費に統合されたアプローチをどのように採用するのかについて考えたことがない、あるいは、考え始めたばかりである。 | 無駄づかいの最小限化と持続可能な消費を促進するための機会をモニターし理解している。この分野において自分達の実践を高めるための計画に生徒、教職員、地域を巻き込んでいる。また、学校のカリキュラムで諸課題を扱っている。 | 生徒と教職員に無駄づかいの最小限化と持続可能な消費の取り組みを伝え、モニターすることに関わらせ、必要なときは外部の専門家に依頼している。自分達のアプローチが生徒のウェルビーイング、および／または環境に配慮した学校の実践に役立っているというエビデンスがある。 | 生徒と教職員が学校外での生活で無駄づかいの最小限化と持続可能な消費について学んだことを活かし、地域の人々と自分たちの学びを共有するように促している。自分達の実践の進み具合についての定期的な評価に関係者を巻き込んでいる。自分たちのアプローチによって、学校の全体的な効果が高められ、地域コミュニティのニーズに応えられているというエビデンスがある。自分の実践を他者と共有している。 | |

第Ⅱ部　サスティナブルな学校づくりのために

| | | | | | |
|---|---|---|---|---|---|
| 5.a 校舎 | | | | | |
| 校舎はその設計と管理に持続可能な開発のあり方をどの程度、具現化しているのだろうか？ | 自分達の校舎が持続可能な開発をその設計と管理の中にどのように具現化しているのかについて考えたことがない、あるいは、考え始めたばかりである。 | 自分達の校舎が持続可能な開発をその設計と管理の中にどのように具現化しているのかについて、学習リソースとしての機能を含めてモニターし理解してきている。この分野において自分達の実践を高めるための計画に生徒、教職員、地域を巻き込んでいる。また、学校のカリキュラムでこの諸問題を扱っている。 | 生徒と教職員に持続可能な校舎の取り組みを伝え、モニターすることに関わらせ、必要なときは外部の専門家に依頼している。自分達のアプローチが生徒のウェルビーイング、および/または環境に配慮した学校の実践に役立っているというエビデンスがある。 | 生徒と教職員が生活し活動する場である校舎に学んだことを活かし、地域の人々と自分達の学びを共有するように促している。関係者を自分達の実践の進み具合についての定期的な評価に巻き込んでいる。自分達のアプローチによって、学校の全体的な効果が高められ、地域コミュニティのニーズに応えられているというエビデンスがある。自分達の実践を他者と共有している。 | |
| 5.b 校庭 | | | | | |
| 校庭はその設計と管理に持続可能な開発のあり方をどの程度、具現化しているのだろうか？ | 自分達の校庭が持続可能な開発をその設計と管理の中にどのように具現化しているのかについて考えたことがない、あるいは、考え始めたばかりである。 | 自分達の校庭が持続可能な開発をその設計と管理の中にどのように具現化しているのかについて、学習リソースとしての機能を含めてモニターし理解している。この分野において自分達の実践を高めるための計画に生徒、教職員、地域を巻き込んでいる。また、学校のカリキュラムで諸課題を扱っている。 | 生徒と教職員に持続可能な校庭の取り組みを伝え、モニターすることに関わらせ、必要なときは外部の専門家に依頼している。自分達のアプローチが生徒のウェルビーイング、および/または環境に配慮した学校の実践に役立っているというエビデンスがある。 | 生徒と教職員が生活し活動する場である外部環境に学んだことを活かし、地域の人々と自分達の学びを共有するように促している。関係者を自分達の実践の進み具合についての定期的な評価に巻き込んでいる。自分達のアプローチによって、学校の全体的な効果が高められ、地域コミュニティのニーズに応えられているというエビデンスがある。自分達の実践を他者と共有している。 | |
| 6 包摂と参加 | | | | | |
| カリキュラムやキャンパス、コミュニティに、どの程度、包摂と参加を取り入れているのだろうか？ | 包摂と参加に統合されたアプローチをどのように採用するのかについて考えたことがない、あるいは、考え始めたばかりである。 | 包摂と参加を促進するための機会をモニターし理解している。この分野において自分達の実践を高めるための計画に生徒、教職員、地域を巻き込んでいる。また、学校のカリキュラムで諸課題を扱っている。 | 生徒と教職員に包摂と参加の取り組みを伝え、モニターすることに関わらせ、必要なときは外部の専門家に依頼している。自分達のアプローチが生徒のウェルビーイング、および/または環境に配慮した学校の実践に役立っているというエビデンスがある。 | 生徒と教職員が学校外での生活で包摂と参加について学んだことを活かし、地域の人々と自分達の学びを共有するように促している。関係者を自分達の実践の進み具合についての定期的な評価に巻き込んでいる。自分達のアプローチによって、学校の全体的な効果が高められ、地域コミュニティのニーズに応えられているというエビデンスがある。自分達の実践を他者と共有している。 | |

第2章 自己評価ツール

| 7 地域のウェルビーイング | | | | | | |
|---|---|---|---|---|---|---|
| カリキュラムやキャンパス、コミュニティに、どの程度、地域のウェルビーイングを取り入れているのだろうか？ | 地域のウェルビーイングに統合されたアプローチをどのように採用するのかについて考えたことがない、あるいは、考え始めたばかりである。 | 地域のウェルビーイングを促進するための機会をモニターし理解している。この分野において自分達の実践を高めるための計画に生徒、教職員、地域を巻き込んでいる。また、学校のカリキュラムで諸課題を扱っている。 | 生徒と教職員に地域のウェルビーイングの取り組みを伝え、モニターすることに関わらせ、必要なときは外部の専門家に依頼している。自分達のアプローチが生徒のウェルビーイング、および／または環境に配慮した学校の実践に役立っているというエビデンスがある。 | 生徒と教職員が学校外での生活で地域のウェルビーイングについて学んだことを活かし、地域の人々と自分達の学びを共有するように促している。関係者を自分達の実践の進み具合についての定期的な評価に巻き込んでいる。自分達のアプローチによって、学校の全体的な効果が高められ、地域コミュニティのニーズに応えられているというエビデンスがある。自分達の実践を他者と共有している。 | |
| 8 グローバルな側面 | | | | | | |
| カリキュラムやキャンパス、コミュニティに、どの程度、グローバルな観点を取り入れているのだろうか？ | グローバルな観点に統合されたアプローチをどのように採用するのかについて考えたことがない、あるいは、考え始めたばかりである。 | グローバルな観点を促進するための機会をモニター理解している。この分野において自分達の実践を高めるための計画に生徒、教職員、地域を巻き込んでいる。また、学校のカリキュラムで諸課題を扱っている。 | 生徒と教職員にグローバルな取り組みを伝え、モニターすることに関わらせ、必要なときは外部の専門家に依頼している。自分達のアプローチが生徒のウェルビーイング、および／または環境に配慮した学校の実践に役立っているというエビデンスがある。 | 生徒と教職員が学校外での生活でグローバルな観点について学んだことを活かし、地域の人々と自分達の学びを共有するように促している。関係者を自分達の実践の進み具合についての定期的な評価に巻き込んでいる。自分達のアプローチによって、学校の全体的な効果が高められ、地域コミュニティのニーズに応えられているというエビデンスがある。自分達の実践を他者と共有している。 | |

\* この段階は、あなたの学校のアプローチが生徒のウェルビーイングおよび／または環境に配慮した学校実践のためになるというエビデンスによって支えられるとよい。
\*\* この段階は、あなたの学校のアプローチが全体的な効果を高め、地域コミュニティのニーズに応じているというエビデンスによって支えられるとよい。

Part B合計： /90

学校実践と国の期待値を比較して

おおよその目安では、DCSFはすべての学校が以下の目標（PartAとBを足して）を達成することを求めている。
- 2010年までに、すべての学校は60～119点に達していること
  この点数は、すべての項目で「よい」の段階にマークされ、「とてもよい」の段階にある項目が少ないが、それに点を付けている範囲を（平均的に）表している。
- 2015年までに、すべての学校は120～150点に達していること
  この点数は、すべての項目で「とてもよい」の段階にマークされ、「とてもよい」と「優れている」の段階が半々ぐらいの点を付けている範囲を（平均的に）表している。
- 2020年までに、すべての学校が151～180点に達していること
  この点数は、すべての項目で「とてもよい」が半分、「優れている」が半分以上の段階「優れている」の段階に点が付けられている範囲を（平均的に）表している。

注：もしあなたの学校がPartAかPartBのみに限って評価しているなら、上記の点数を2で割るとよい。改善すべき活動を計画するためには、s3の補完的な役割を担うツール——「サスティナブル・スクール計画：持続可能な開発を通した学校改善の促進」——を使うとよい。

# 第3章 ホールスクールのためのワークショップ・ツール

## サスティナブル・スクール計画

持続可能な開発を通した学校改善の促進
子ども・学校・家庭省(Department for Children, Schools, and Families, DCSF)

　この章では、第Ⅱ部第2章で紹介した「s3」の補完的ツールである「サスティナブル・スクール計画：持続可能な開発を通した学校改善の促進」("Planning a Sustainable School : Driving School Improvement through Sustainable Development")の翻訳を掲載します。一部、前章と重複する部分は除いてあります。

第3章 ホールスクールのためのワークショップ・ツール

2008年5月

謝　辞

　本文書は子ども・学校・家庭省より委託され、WWF-UK の支援のもとに完成した。本文書のために力添え頂いた学校長、地方当局、そしてその他関係者各位のご支援とご協力に感謝申し上げる。

第Ⅱ部　サスティナブルな学校づくりのために

# Contents（目次）

序文
サスティナブル・スクール
　　　　サスティナブル・スクールとは？
　　　　サスティナブル・スクールの２つの側面
　　　　連携アプローチ
**学校改善計画のためのアクティビティ**
　はじめに
　アクティビティは誰のためのものか？　問い

**アクティビティ 1：**　　ケアを育む
**アクティビティ 2：**　　サスティナブル・スクールを定義する
**アクティビティ 3：**　　参加の輪を広げる
**アクティビティ 4：**　　サスティナブル・スクールのためのリーダーシップ
**アクティビティ 5：**　　私の学校のあゆみ
**アクティビティ 6：**　　s3 を始める
**アクティビティ 7：**　　成功への足掛かり
**アクティビティ 8：**　　「扉」を開ける
**アクティビティ 9：**　　サスティナブル・スクールを発展させる
**アクティビティ10：**　　実施計画
**アクティビティ11：**　　実施中の学び
**アクティビティ12：**　　実施後の学び
**アクティビティ13：**　　エビデンスと評価文書

次はどこへ？
　　　　　　実践を共有する
　　　　　　役立つ情報
　　　　　　参考文献

## 第3章 ホールスクールのためのワークショップ・ツール

## 序　文

ケビン・ブレナン下院議員（MP）

　みなさんきっとこうお思いだろう、「また問題か」「また指導が入った」「また学校の仕事が増えた」と。しかしこれは全く異なる。若い人々がこの先前例のない困難に見舞われることを懸念するみなさんはこれを、また添付されている自己評価ツール（第Ⅱ部第２章）を読むとよい。私たちは若者がその困難を乗り越えるだけでなく、それに立ち向かい、解決策を見出すためのリーダーシップをとるようになってほしいと望んでいる。

　ここで言う困難とは、気候変動、肥満、国際的貧困、国と国や国内での緊張のことである。これらの問題提起のために行動しなければ、それは個人の、また国としての未来を脅かすことにつながる。その問題提起の方法が持続可能な開発である。

　行動を起こさないことによって、特に、未来の社会を支える一番の柱である子ども達への影響が拡大している。つまり必然的に学校の役割を考えることが必要である。しかし、この文書はこれまでのものとは違うと言った。私は本当にそうであると思う。みなさんはこれを読み、持続可能な開発について２つの新しい見解を学ぶことになるだろう。

　私たちは気候変動、ゴミ問題、地域生活の質といった国の優先課題をいかに学校が支援できるかのみならず、これを逆にして、いかに持続可能な開発が学校を支援できるかを問うている。私たちは、これによって生徒がワクワクする学びに引き込まれることであれ、自身の価値を高めることであれ、地域コミュニティとより深く関わることであれ、そこに有益さを見出すことにとても熱心なのである。

　持続可能な開発の真価を発揮するのに学校以上の場所はなかなかないだろう。この計画ツールによって、すべての学校が持続可能な未来への重要な一歩を踏み出す準備ができると確信している。

ケビン・ブレナンMP<br>
子ども・若者・家庭省政務次官

第Ⅱ部　サスティナブルな学校づくりのために

# サスティナブル・スクール

　多くの学校は持続可能な開発が学校の環境活動を改善し、持続可能な地域コミュニティのさまざまな目標に貢献するとともに、生徒の経験と学習効果を一変させるであろう可能性をもっていることを認識している。また、それを成し遂げることが多忙な学校のリーダーにとっていかに大変なことかも認識している。

## サスティナブル・スクールとは？

　サスティナブル・スクールではその教育、基本構造、そして日々の実践を通して若者が生涯を通じて持続可能な暮らしを営むことができるように備える。これは次のようなケアへの関与が基盤となる。

- 自分自身のため（私たちの健康とウェルビーイング）
- 互いのため（文化、距離、世代を超えて）
- 環境のため（地域的にも地球規模にも）

　ケアには影響力がある。ケアという概念の基盤がない生徒がお互いを、そして文化または自然界を尊重するとは想像し難い。また、ケアによって責任感をもつようになる生徒もでてくる。校内で遊ぶ場所の設計に生徒を参加させる学校では、いじめや公共物破壊を含む悪い行動の事例が減った。

　何よりもサスティナブル・スクールは持続可能な開発に貢献する。サスティナブル・スクールは、積極的な働きかけによって、若者と地域コミュニティに対し責任感のある実践を示し、問題点やその起こり得る結果について生徒を学びに引き入れる。サスティナブル・スクールが指針とするビジョンは、その中核が子ども達の将来にふさわしい世界をつくることであり、それに向けて改善の指標となる全体像を学校に与える。

## 持続可能な開発とは？

　持続可能な開発とは地球という最も大切な資源を破壊しないために、私たちがいかに生活を営み仕事をするか（教育制度も含む）に関する考え方である。
　動植物の乱獲から地球温暖化まで、私たちの暮らしが地球にかける負担は増加しており、これでは地球を保持することはできない。燃料供給の確保や安定した気候のようなかつて当たり前に捉えられていたことが現在では永続しそうにない。

第3章 ホールスクールのためのワークショップ・ツール

　私たちの繁栄が地球の健全な状態と関連するのであれば、環境が保護されないかぎり私たちのウェルビーイングも保証されることはない。貧困、不平等、戦争や不健康に苦しむ世界では私たちが繁栄することができないというのであれば、私たちの未来は他者や多くの地域の未来に深く関係している。

　持続可能な開発とは、世界中の人々が未来への問題を蓄積することや不公平に他者の暮らしに影響を与えることなく、暮らしの質を改善する解決策を探そうという気持ちを人々に抱かせることである。これは使用済みの瓶をリサイクルしたり、チャリティに寄付したりする以上の意味をもつ。つまりこれまでとは大いに異なる考え方と働き方をするということだ。

## サスティナブル・スクールの2つの側面[1]

　持続可能な開発について広く使われている定義、いわゆるブルントラント委員会による定義は、「将来の世代のニーズを満たしつつ、現代の世代のニーズも満たす発展」、つまり生態系の均衡を破壊することなく、という意味である。この定義は有益な出発点ではあるが、持続可能な開発を考え始めた学校はそれぞれこれについての異なる解釈をするであろう。

　リサイクル、二酸化炭素排出量を抑えること、フェアトレードといった問題への対処となる行動は、私たちがいかにこの現在の状況に応えているかを映し出している。しかし急速に変わりゆく世界において、そのような既存の措置が十分である、または今後それが正しい措置であるかの根拠をもつことはできない。また私たちは見通しを明るくするために一人ひとりがさまざまなことで貢献できるということも知っている。

　こうした意味においても、学校は持続可能な開発に対し2つの異なる、しかし相補的な側面を考慮することが求められている。

### 第1の側面：学習過程としてのサスティナブル・スクール

　生徒を急速に変化する世界の諸課題と状況に備えさせるために、サスティナブル・スクールは有機的に、そして持続可能な開発に関する既存の英知をこえた思考・能力を育てねばならない。生徒に彼／彼女ら自身で新たな概念を生み出し、それを試すことができるようさまざまな機会を与えることでこれを遂げることができる。

　この側面ではサスティナブル・スクールは試験台であり、または学びの中心と捉えることができる。今日の専門家は持続可能な世界に具体的にどのような解決法が生まれるかを知る余地はない。つまり学校の適切な役割とは生徒が状況を批判的に考えられるように手助けし、彼／彼女らが人生で直面する問題を解決する能力を向上させることである。このアプローチはBirneyら（2007）が3つの原則をもつものとして説明している：

---

[1] ESDの2つの側面については、VareとScott（2007）で紹介されています。

## 第Ⅱ部　サスティナブルな学校づくりのために

参　加
- 生徒を地域そして世界中の環境や他者とつなげる。
- 生徒と学校コミュニティを重要な意思決定に引き入れる。
- 成功した活動における当事者意識と責任感を育てる。
- 生徒と学校コミュニティの中に協力し合うのに必要なスキルを育てる。

システム思考
- 生徒に全体像とともに各部分のつながりを把握させる。
- 持続可能性を学校改善の中心に置く。
- 最先端科学、クリエイティブ・アート、実践的活動、環境との直接的な関わりからの学びを融合する。

アクション・ラーニング
- 問題や課題についての深い理解を必要とする重要な質問をする。
- どのアプローチが最適かを知るために行動する。
- 生徒が、従来考えもしなかった可能性を積極的に受け入れる姿勢をもちながら、思考し見て行動するように手助けをする。
- どのような変化が必要とされているか批判的に考える。

　これらの方針の見解はすでに多くの優れた教育と学びの場に存在するだろう。しかしこれらは学校改善のための戦略に意図的に組み込まれたときに最も効果を発揮する。すべての学校がこの方向に向かい、それが2020年までに実現するよう次にあげる事柄を推奨する。これらは、この本質を強化するため、Ofstedの自己評価フォーム（Self-evaluation form, SEF）をもとに構成される。

## 第3章 ホールスクールのためのワークショップ・ツール

| OfstedのSEFの項目 | 2020年までにすべての学校が…ことを提言する |
|---|---|
| 学校の特徴 | 持続可能な開発を自らの精神的支柱に据えること、自分達の管理業務の中にそれを示すこと、自分達の授業の中にそれを埋め込むこと、そして自分達のコミュニティでそれを促進する |
| 学習者、親／保護者、コミュニティ、その他関係者の意見 | 関係者の声を聴き、持続可能な開発を地域にまたそれをこえて促進する際のより幅広い役割と学校の喫緊の関心とを調和させながら、意思決定に彼／彼女らを巻き込む |
| 目標達成と学力 | 持続可能な開発を通して生徒のやる気を高め、彼／彼女らが学ぶことの楽しさをより多くもつこと、究極的には目標を達成し、学力を上げる |
| 個人の発達とウェルビーイング | 自らのウェルビーイングに影響をもたらす要因についての生徒達の理解を手助けすること、また彼／彼女らが体験する状況や環境において自らの生活を改善する能力を伸ばすように持続可能な開発を促進する |
| 教育の質 | カリキュラムと課外活動の全体を持続可能な開発のための教育を行うための手段と見なし、すべての生徒達が勉学と直接体験を通して、必要とされる知識や技能、価値観を養うことができるアプローチを使う |
| リーダーシップとマネージメント | カリキュラムとキャンパス、コミュニティにわたって、持続可能な開発の中心的なテーマを促進するリーダーシップと学校運営の方法を採用する |

出典）子ども・学校・家庭省（2006b）より

### 第2の側面：国の優先事項を支援するサスティナブル・スクール

　国の優先事項に学校が公正な貢献をするために特定の行動と考え方を促進するための機会が学校にはあり、このことについての需要は政府も明確に認めている。この側面ではサスティナブル・スクールは持続可能な開発や地域のウェルビーイングといった分野を含む多様な国の優先事項に貢献すると捉えられる。

　英国の持続可能な開発戦略である「未来を守る(Securing the Future)」(HMG, 2005)は「未来の世代の暮らしの質を落とすことなしに全世界すべての人の基本的欲求を満足させ、よりよい質の暮らしを享受できるようにすること」を目的とする。この計画の最優先事項は持続可能な消費と生産、気候変動、天然資源の保護と持続可能なコミュニティである。「サスティナブル・スクールのためのナショナル・フレームワーク(The National Framework for Sustainable Schools)」はこれら優先事項を学校用に記し、学校がそれを通じてサスティナビリティの実践を確立できるようさまざまな「扉」を提供する。

　「扉」とは開始点、つまり学校が共感し行動を起こすことができる、個々に独立しながらも統合した重点分野の集合体を指す。地域と国全体の優先事項を提起するために、各扉は持続可能な開発と暮らしの質に関連するさまざまな政治的政策からヒントを得ている。2020年までにすべての学校がすべての「扉」においてよい実績をあげるように願い、この点について以下を提案する。

# 第3章 ホールスクールのためのワークショップ・ツール

| 扉 | 2020年までにすべての学校が…ことを提言する |
|---|---|
| 食べ物と飲み物 | 健康的で地産地消の持続可能な食べ物を提供するモデルとなり、飲食の提供における環境への強い関与や社会的責任、動物保護を示し、また地元の仕入れ先を最大限に活用する |
| エネルギーと水 | 効率のよいエネルギーの使用、また再生可能エネルギーの利用と水の保全のモデルとなり、風力や太陽光、バイオマス・エネルギー、断熱、雨水貯水、廃水リサイクルのようなさまざまな可能性について学校を使っているすべての人に紹介する |
| 通学と交通 | 持続可能な交通のモデルとなり、車は絶対に必要なときのみの使用に限られ、より健康的で、汚染や危険がより少ない交通状況につながるような他の模範となる手段がある |
| 購買と無駄づかい | 無駄づかいを最小限にすることと持続可能な調達のモデルとなり、地産地消によって環境および倫理水準を高く掲げた商品とサービスを活用すること、また可能なかぎり節約したり、再利用や修理したり、リサイクルしたりすることによって蓄えられたお金の価値を高める |
| 校舎と校庭 | 校舎を管理し、可能なところでは学校を使うすべての人に持続可能な開発とは何かを目で見てわかるような方法で設計も行うこと、校庭を通して生徒が自然界をより身近に感じ、外での遊びを通して想像力を育て、持続可能な生活について学ぶことができるようにする |
| 包摂と参加 | 社会的包摂のモデルとなり、人権や自由、文化、創造的な表現が永続的に尊重されることを教えながら、すべての生徒が学校生活に完全に参加することができるようにする |
| 地域のウェルビーイング | 地域の企業市民（コーポレート・シティズンシップ）のモデルとなり、地域の人々の生活の質と環境を改善する活動を通して教育的使命が豊かになる |
| グローバルな側面 | 地球市民（グローバル・シティズンシップ）のモデルとなり、世界のほかの地で暮らしている人々の生活を改善する活動によって教育的使命が豊かになる |

出典）子ども・学校・家庭省（2006a）より
注：後に紹介するアクティビティは、これと前の表の提言事項と照らし合わせることによって、学校の進展を比較するのに役立つ。

## 連携アプローチ

サスティナブル・スクールのこの2つの側面は大きく異なるにもかかわらず、相互補完的である。より措置的であるにもかかわらず、「扉」は持続可能な開発を最も効果的に促進する方法についてであり、開かれた議論や討論の始点となる。さらにそれは重要なスキルと素養を発達させ、類似する問題や困難に直面したときに、生徒が活用できる直接的な経験を提供する。

私たちは、学校がどこから始めて、どのようにそれに取り組んでいくべきかを説いているのではない。こうした決定は、現状から前に進むための行動や計画を考案するために各学校の状況とニーズから自然と明確になるはずである。しかし、私たちは自己評価に限っては推奨しており、「s3」、すなわちサスティナブル・スクール自己評価ツール（"sustainable school self-evaluation" tool）をこの目的のために学校に提案している（DCSF, 2006b）。

## 戦略的計画

刊行以来、多くの学校が持続可能な開発の実践の現状を確認し、改善事項の優先順位を決める目的でs3を利用してきた。s3を利用する学校のリーダーシップチームにより3つの重要な質問が浮上した。

- 目的や目標を定める際に学校が考えるパフォーマンスの期待値はあるのか？
- 「サスティナブル・スクール」におけるリーダーシップと優良な学校のリーダーシップはいかに異なるのか？
- 「とてもよい」または「優れている」実践とは具体的にどのようなものか？

興味深いことに、これら3つの質問は「計画、実行、評価」という学校改善サイクルの段階に直接関連する。初めてs3を利用する学校が「評価」の段階から始め、何をもって「とてもよい」または「優れている」実践と呼ぶのかと戸惑うのも無理はない。意図的に「とてもよい」または「優れている」実践をデータとして集めておくことをしない限り、それを決めるのはなかなか難しいことである。ある程度の指導がなければ、学校が優先事項とする行動と長期的目標を定めようとする「計画」の段階に進むこともまた同じように困難である。

## 第3章 ホールスクールのためのワークショップ・ツール

| 学校改善サイクルの段階 | 本質的な問い | s3を利用したことで出された問い |
|---|---|---|
| 計　画 | 何を成し遂げようとしているのか？ | 目的や目標を定める際に学校が考えるパフォーマンスの期待値はあるのか？ |
| 実　行 | どのように導くか？ | 「サスティナブル・スクール」におけるリーダーシップと優良な学校のリーダーシップはいかに異なるのか？ |
| 評　価 | 目標をどの程度達成しているか？ | 「とてもよい」または「優れている」実践とは具体的にどのようなものか？ |

　学校からは持続可能な開発に取り組むにあたり「どの程度の活動」を目指すべきなのか教えてほしいと言われる。ナショナル・フレームワークは持続可能な開発への包括的アプローチの要点をまとめ、8つの「扉」すべてにおいて2020年を迎えるまでに私たちが学校にどの程度の達成度を期待しているかを示している。しかし、多くの学校はこれらが長期的な目標であると捉えているようである。本文書は2020年の目標までの過程における成功とは何を意味するのかについての学校の理解を助けることを目的としている。

## 他の政策分野とイニシアティブとの関連性

　サスティナブル・スクールは、その活動を「大局的に」捉える。そのような学校は、カリキュラム、キャンパス、コミュニティの改善にホリスティック・アプローチを取ることで、ケアの精神に基づいて築かれた学校文化が素晴らしい結果につながるだろうことを認識している。その結果、そうした学校は一つの力強いビジョンで、既存の政策やイニシアティブと連携する機会を逃さない。この一貫性を生み出す可能性が持続可能な開発の最も大きな特徴である。

第Ⅱ部　サスティナブルな学校づくりのために

# 学校改善計画のためのアクティビティ

## はじめに

　ここでは、サスティナブル・スクールのためのナショナル・フレームワークと学校改善計画の間のギャップを埋める 13 の参加型アクティビティを掲載した。

　アクティビティの目的は、各校がサスティナブル・スクールを目指すための進展の計画、実行、観察、評価をサポートすることである。どの地点から学校がそれを開始するのか、そして学校の需要がどこにあるのかによって、これらのアクティビティを個別に、複数を組み合わせて、または学校の意図にそった順序で用いることができる。

第3章　ホールスクールのためのワークショップ・ツール

## アクティビティは誰のためのものか？

本ツールの参加プロセスでは、以下のような学校コミュニティ内の大人の能力を育てることを目的とする。

- 自己評価、学校改善計画と学校の発展に責任がある校長と学校のリーダーシップチーム
- イニシアティブや持続可能な開発への取り組みについての行動計画の発展や遂行において重要な役割を担う教師とスタッフ
- 困難かつ責任ある戦略的役割を通じて学校を支援する学校理事
- 持続可能な開発の促進を望む地方当局
- 学校やそのコミュニティとともに持続可能な開発に取り組んでいるその他の組織、教育機関、関連する諸団体、企業

これらは生徒に対しても適用可能である。

## 問　い

学校のニーズ、開始点と目標、またいかに今後の進展を評価するのかを明確にするために、次の4つの問いについて考えてみよう。

> 問1：学校が、その発展と改善目的の達成のために持続可能な開発を適用しようとしている理由、またサスティナブル・スクールとはどのようなものであると理解しているか？

**アクティビティ1**：ケアを育む
　「ケア」する学校はどのように見えるのか、どのように感じるのか、どのような印象を与えるのかを模索し、現在ケアが学校でどのように育まれているかを検証する。

**アクティビティ2**：サスティナブル・スクールを定義する
　学校コミュニティ独自の地域の文脈や目的を反映した「サスティナブル・スクール」の定義をあらかじめ定める。

> 問2：学校はサスティナブル・スクールとなるための過程のどの地点にいるかを理解しているか？

**アクティビティ3**：参加の輪を広げる
　リーダーシップチームが持続可能な開発を個人および専門職として理解するにあたって

要となった影響を確認し、学校が進展するにともない参加を呼びかけるべき主要な関係者を特定する。

**アクティビティ4**：サスティナブル・スクールのためのリーダーシップ
　サスティナブル・スクールを率いるための能力とスキルを特定し、それを向上させるための計画を立てる。

**アクティビティ5**：私の学校のあゆみ
　持続可能な開発に取り組むにあたり、今後の基盤となる過去の活動を特定する。

**アクティビティ6**：s3を始める
　学校で自己評価ツールの中核としてのs3をいかに利用するか、または必要に応じて調整するかを理解する。

**アクティビティ7**：成功への足掛かり
　サスティナブル・スクールのためのナショナル・フレームワークの中長期的な提言を紹介し、各校がそれぞれの進展をたどることができるようにする。

**アクティビティ8**：「扉」を開ける
　サスティナブル・スクールのためのナショナル・フレームワークの8つの「扉」にもとづく現在進行中の取り組みを特定し、今後の発展のためのアイデア出しを支援する。

> **問3**：学校はその発展と改善目的の実現を目指して持続可能な開発を用いるための戦略的計画をもっているか？

**アクティビティ9**：サスティナブル・スクールを発展させる
　生徒の学力とウェルビーイング、学校環境の活動、コミュニティとの関わり、またはその他の学校改善目標に寄与する可能性のある発展や即効性のある実践（quick wins）のために、鍵となる優先事項を創り出すための過程である。

> **問4**：学校は新たなプロジェクトやイニシアティブを計画するためのツール、そして今後のアクティビティの参考とするために実施中および実施後の学びを捉えるためのツールをもっているか？

**アクティビティ10**：実施計画
　各校がその発展目標を整理するために利用できる基本的な実施計画モデルを提示する。

**アクティビティ11**：実施中の学び
　進展を確認するために30分で構成された評価プロセスを提案する。

**アクティビティ12**：実施後の学び
　イニシアティブ、プロジェクト、プロセスの結果を明確にし、記録するための参加型の方法を提案する。

**アクティビティ13**：エビデンスと評価文書

第3章 ホールスクールのためのワークショップ・ツール

エビデンスを用いて自己評価文書を書くためのガイダンスを行う。

下の図はこれらのアクティビティがいかに「計画、実行、評価」の学校改善計画サイクルを支持しているかを示す。■の区分は計画段階を支持するアクティビティを、□の区分は実行段階を、■の区分は評価段階をそれぞれ表している。各校のニーズに合わせて個別にまたは複数を組み合わせながら、これらのアクティビティを利用してほしい。最も重要だと感じるアクティビティから始めること。

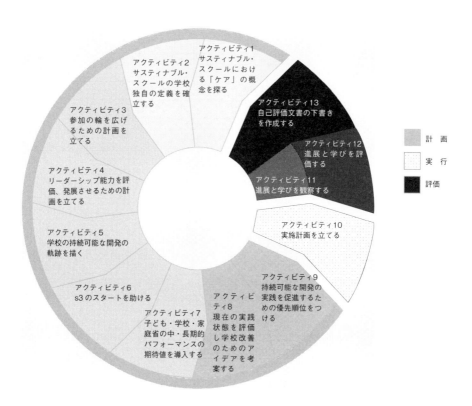

第Ⅱ部　サスティナブルな学校づくりのために

# アクティビティ1：ケアを育む

　このアクティビティでは、「ケア」する学校はどのように見えるのか、どのように感じるか、どのような印象を与えるのかを模索し、現在ケアが学校でどのように育まれているかを検証する。

## 背　景

サスティナブル・スクールはその校風、授業、日々の実践を通じて、若者が生涯を通して持続可能な暮らしを送ることができるように教育する。それを導くのは以下のようなケアの関わりである。

- 自分自身のため（健康とウェルビーイング）
- 互いのため（文化、距離、世代を超える）
- 環境のため（地域的にも地球規模にも）

　この簡潔な関与についてはすでにより詳しく説明した通りである（「サスティナブル・スクールとは」を参照のこと）。詳細は www.teachernet.gov.uk/sustainableschools でも確認することができる[※]。

## 概　要

　参加者は「ケア」の精神を文化の中心に置く学校の特徴をリストにあげ、ブレインストーミングする。次にこのリストを使い、現在どのように学校内でケアの精神を育んでいるか、そして学校文化のこの側面をどのように伸ばしていくことができるのかを考える。

## アウトプット

- 「ケアする学校の本質」をあげたリスト
- 学校文化のこの側面の現状と、いかにそれを育成することができるかについての個人の

---

※訳注：現在アクセスできなくなっているため、次のURLを参照のこと。SSA（Sustainable Schools Alliance）http://sustainable-schools-alliance.org.uk/sustainable-schools-framework/

考え
- 「ケアの文化の重要性」のポイントをあげたリスト

## 所要時間

30分

## 必要なもの

- 色付きマーカーペン
- 模造紙
- 参加者全員分の鉛筆またはペン
- リソース・シート1.1:「ケアの文化」(各参加者につきA4サイズで一枚)

## 準　備

これは、サスティナブル・スクールのためのナショナル・フレームワークに関する予備知識が全くないことを想定し、学校コミュニティ内のすべての人が貢献する機会を得る素晴らしい導入アクティビティであると捉える。

## ステップ

**ステップ1**　子ども・学校・家庭省がサスティナブル・スクールとは「ケア」を学校文化の中心とする学校である、と言及してきたことを説明する。ケアには3つの側面がある。
- 自分自身のため(健康とウェルビーイング)
- 互いのため(文化、距離、世代を超える)
- 環境のため(地域的にも地球規模にも)

これを参加者に説明するための詳細情報は、本アクティビティの「背景」のセクションを参照のこと。

**ステップ2**　参加者は次の質問について2分間考える。「その文化の中心にケアの精神がある学校はどのように見えるのか、どのように感じるか、どのような印象を与えるのか、等々」
- ケアの3つの側面すべてについて考えるよう、参加者に念を押す。

**ステップ3**　参加者は考えたことを共有する(単語またはフレーズ)。

第II部　サスティナブルな学校づくりのために

|  |  |
|---|---|
|  | ・模造紙に「ケアする学校の本質」という題を記入し、その下に書き留めていく。 |
| ステップ4 | リストが完成したら、そこから何を読み取ることができるか参加者に尋ねる。このリストが指し示す彼／彼女らの考える学校文化とは何か（現在の状態もしくは今後なりうる姿）？ |
| ステップ5 | 各参加者にリソース・シート1.1：「ケアの文化」を配布する |

- まず、一列目の最初に記載されている質問に対し、各自で答えを記入する。現在、学校でいかにケアのこの側面を育んでいるか？
- 次に、ペアを組んで各自の答えをパートナーと共有する。
- その後2列目の最初に記載されている質問に対し、各自で答えを記入する。学校でケアのこの側面をいかによりよく育むことができるか？
- 再度ペアを組んで各自の答えをパートナーと共有する。
- 最後に、ペアを組んだパートナー同士でなぜこれが重要であるのかをディスカッションし、その中で出た意見を最後の列に記入する。

**ステップ6**　ペアを組んだパートナー同士で、学校文化におけるケアの重要性について検討したことを簡潔にグループ全体に発表するための準備時間を設ける。

- 各ペアで行われた話し合いの内容をグループ全体に発表するように伝える。
- 模造紙に「ケアの文化の重要性」と題名を記入し、その下に主要点を書き留める。

**ステップ7**　参加者にこのアクティビティのアウトプットをどのように使いたいか尋ねる（学校文化の中心にケアの精神がある学校の本質のリスト、学校の現状といかにケアの文化をよりよく育てることができるかについての評価）。

本ツールは子ども・学校・家庭省（2007b）より出典。

## リソース・シート1.1：ケアの文化

本シートはアクティビティ1で用いる。使い方はアクティビティ参照のこと。

| ケアの対象 | 私の学校は左記の対象へのケアをいかに育んでいるか | 私の学校は左記の対象へのケアをいかによりよく育んでいるか | 左記の対象へのケアが重要である理由 |
|---|---|---|---|
| 自分自身 | | | |
| 相互（近くの人も遠方の人も、現在と未来の世代も） | | | |
| 環境（地域レベルおよび地球規模レベル） | | | |

##  アクティビティ2：サスティナブル・スクールを定義する

このアクティビティでは、学校コミュニティ独自の地域の文脈や目的を反映した「サスティナブル・スクール」の定義をあらかじめ定める。

### 背 景

広く使われる持続可能な開発の定義、いわゆるブルントラント委員会による定義は「未来の世代のニーズを満たす能力を損なうことなく、現在の世代のニーズを満たす発展」であり、つまり世界の生態系の均衡を破壊することなく、という意味である。この定義は有益な開始点ではあるが、持続可能な開発を考慮し始めた学校は、人によって解釈が異なることに気づくだろう。

リサイクル、二酸化炭素排出量の抑制、フェアトレードといった規定の行動は、私たちがいかに現在の状況を捉えているかに対する反応である。しかし急速に変わりゆく世界において、このような既存の措置が十分であるか、または今後それが正しい措置であるかは確信することはできない。同時に私たち一人ひとりが、将来を明るくするためにさまざまなことで貢献できるということはわかっている。

持続可能な開発に対する貢献における学校の役割は、本文書内ですでにより詳しく触れている（サスティナブル・スクールの2つの側面を参照のこと）。詳細な情報は www.teachernet.gov.uk/sustainableschools で確認できる※。

### 概 要

参加者は地域のコミュニティの文脈で持続可能性を掘り下げて理解し、学校のために「サスティナブル・スクール」の定義またはあり方を定める。

### アウトプット

- 地域の持続可能性に関連するさまざまに絡み合う要素
- サスティナブル・スクールの前提となる定義、またはそのビジョンを確立するために学

---

※訳注：現在アクセスできなくなっているため、次のURLを参照のこと。SSA（Sustainable Schools Alliance）http://sustainable-schools-alliance.org.uk/sustainable-schools-framework/

校が利用できる特色または特徴のリスト

## 所要時間

60分から75分

## 必要なもの

- フリップチャートサイズの紙4枚以上をつなぎ合わせて長方形にした大きめの紙
- ポストカードサイズの4色の色紙（くず紙が望ましい）または4色の大きめの付箋
- 地域の特徴ある景色、建築物、歴史、人、食べ物、習慣、活動等自分のコミュニティを反映するポストカードサイズの写真（各参加者につき一枚）
- 色付きマーカーペン
- 模造紙
- 便箋
- 参加者人数分の鉛筆またはペン
- テープまたはブルタック（粘着ラバー）
- リソース・シート2.1：「サスティナブル・スクールを定義する」（各参加者にA4サイズで一枚）

## 準備

このアクティビティを始める前に、地域コミュニティの写真を集める必要がある。これは参加者の注意を学校周辺または学校のある地域の文脈に集中させるために欠かすことができない。観光が盛んな地域に住んでいるのであれば、その地域のポストカードを使うこともできるだろう。そうでない場合はデジタルカメラで写真を撮り、普通紙にプリントする。

## ステップ

**ステップ1** 地域コミュニティの写真を部屋中央の机の上、または床に並べる。
- 各参加者はその写真の中から一枚選ぶ
- 次にペアを組み、その写真を選んだ理由をパートナー同士で共有する

**ステップ2** 参加者は着席し、ポストカードサイズの4色の紙を一枚ずつ各参加者に配布する。
- 選んだ写真を検討し、その中で表現されているものが影響している、また

はそれによって影響されている社会的、環境的、経済的、市民または行政的要因を各一つずつ参加者はあげる。
- 社会的、環境的、経済的、市民／行政的という４つの要因にそれぞれ異なる色を振り分ける。
- 各参加者は４つの要因に割り当てられた色の紙に一つずつ回答を記入する。

ステップ３　模造紙に「私たちのコミュニティ」とタイトルを書き、その紙を部屋の前方に貼る。
- まずは社会的要因について、一人の参加者が回答を発表する。その回答に対して評価、批判はしない。
- その回答を模造紙の中心に貼る。
- 次の参加者はその回答に何らかの形で関連する要因を４つの中から一つ選び貼る。
- 最初と２番目のものを並べて線で結ぶ。
- グループが関連する要因を発表できなくなるまで、このプロセスを繰り返す。
- グループに関連する要因がなくなり、まだすべての回答を貼っていない参加者がいる場合、その人が要因を一つ発表し、再度プロセスを始める。
- すべての要因を模造紙に貼り終わるまでこのプロセスを続ける。
- ２つ以上の相関図ができ上がった場合は、関連する要因の間に線を引いて２つの図をつなぐことができるかどうかを見る。

ステップ４　サスティナブル・スクールには学習過程であるという側面と、国の優先事項に貢献するという側面の二面がある。この複雑に要因が関連し合う相関図を参加者は見て、これらがいかに関連しているかを考える。参加者グループに以下の質問をし、大判の紙に主要な点を書き留めていく。
- この複雑で相関する要因は私たちのそれへの見方と、取り組みにどのように影響しているか？
- それらに対処するために「専門家」や政府は私たちにどのような行動を取るよう呼びかけているか？
- さらなる研究または検討から利益を得るのはどの要因か？
- この中での教育の立ち位置はどこか？
- 持続可能なコミュニティに貢献するために生徒に何が必要か？
- 私たちの学校の役割とは何か？

ステップ５　リソース・シート2.1：「サスティナブル・スクールを定義する」を各参加者に配布する。
- まずは各自が「私たちのサスティナブル・スクール」というフレーズから導き出される上位３つの回答をあげる。回答は必ず「です」「もっている」「提供する」「影響を与える」などの動詞で終えるように指示する。
- 次に３人から４人の小グループに全体を分け、その中で各自が回答を共有

する。その後、グループ内で出た回答に優先順位をつけ、最も重要な3つのポイントを全体に対し発表する準備をする。

**ステップ6** 「私たちのサスティナブル・スクール」と模造紙にタイトルをつける。
- 小グループの一つに彼/彼女らが定めた上位3つの回答を聞く。
- それを模造紙に記入する。
- その他のグループにそれに関連するポイントが話し合いの中であがったかどうかを聞き、似通ったものがある場合、それらを一つのグループとしてつくる。
- すべての回答が出そろうまで続ける。

**ステップ7** でき上がった網の目上の図とこの話し合いを記録したすべての紙に着目するよう参加者を促す。
- 「私たちのサスティナブル・スクール」の後に書き入れた回答のリストを見て、持続可能な開発に対して、生徒が積極的な貢献をするための準備ができるような場所のイメージが浮かんできたか聞く。
- 必要に応じてリストを修正する。

**ステップ8** 参加者にこのアクティビティのアウトプット、出てきた意見をどのように使いたいかについて尋ねる。
- 彼/彼女ら自身の「サスティナブル・スクール」の定義を発展させるために使いたいのか?
- その理念を発展させるために使いたいのか?
- 学校の使命、方向性または校風の文書(または学校方針に関係するもの)を見直すために使いたいのか?
- 学校外にスタディ・グループを設立し、その周辺地域の持続可能な開発の問題に貢献するための機会を探るために使いたいのか?

第Ⅱ部 サスティナブルな学校づくりのために

## 2.1 リソース・シート2.1：サスティナブル・スクールを定義する

本シートはアクティビティ2で用いる。使い方はアクティビティ参照のこと。

| 私たちのサスティナブル・スクール… |
|---|
| 私の上位3つの回答： |
| 1.（動詞で終える）※ |
| 2.（動詞で終える） |
| 3.（動詞で終える） |

| 私たちのサスティナブル・スクール… |
|---|
| グループ内での上位3つの回答： |
| 1.（動詞で終える） |
| 2.（動詞で終える） |
| 3.（動詞で終える） |

※訳注：先の「ステップ5」の説明にも記されているように「です」「もっている」「提供する」「影響を与える」動詞を用いた文章を書くことが求められている。例えば「私たちのサスティナブル・スクールは持続可能な未来への価値観を形成する」や「（……）節約を実践する」などである。

## 3 アクティビティ3:参加の輪を広げる

このアクティビティではリーダーシップチームが持続可能な開発について個人として、また専門職として理解する要となった影響を確認し、学校がそれを進展させるにつれ、参加を呼びかけるべき関係者を特定できるようにする。

### 背　景

持続可能な開発の発展において重要な役割を担うリーダーシップチームのメンバー、学校長、学校経営陣、教師、その他スタッフの情熱や関心は多くの場合、彼／彼女らの人生の中で鍵となった経験に起因する。

それらは彼／彼女らの幼少期や学生時代の経験からきていることもあるかもしれない。広範囲のあらゆる人々や出来事がそれらの経験に影響を与えているかもしれない。当時はかなり否定的なものと捉えていた経験もあれば、思い出に残るような肯定的なものもあるかもしれない。

これまでの経験がいかに自身の知識、スキル、価値観、態度の形成に影響を与えてきたのかとふり返ることで、学校の持続可能な開発によって提示される限界と機会についてのよりよい見通しを得ることができる。

すべての関係者、つまり学校が持続可能な開発に取り組むことで影響を受ける人々は誰かについて計画段階で認識すべきである。彼／彼女らの支援と協力があれば、取り組みの成功はより確かなものになる。取り組みに誰が関わり、彼／彼女らとどう関わるのが最善であるのかを注意深く考え、計画することが必要だろう。学校には関係者を意思決定に参加させる義務があり、そして彼／彼女らが参加することがサスティナブル・スクールの特徴である。

### 概　要

参加者は持続可能な開発について、個人的および専門的な理解を形成する上で要となった影響を特定し、学校コミュニティにおける関係者は誰なのか、そして、いかに効果的に彼／彼女らと関わるかについてのよりよい理解を培う。

### アウトプット

- 個人的な旅のマップ（周囲との共有は参加者次第）

第Ⅱ部　サスティナブルな学校づくりのために

- 関係者、彼／彼女らの参加の障害の可能性となる要因、そしてそれに対する創造的な対処法を示す表

## 所要時間

40分

## 必要なもの

- 色付きマーカーペン
- 模造紙
- 参加者人数分の鉛筆またはペン
- テープまたはブルタック
- リソース・シート3.1:「軌跡図」（各参加者にA4サイズで一枚）
- リソース・シート3.2:「参加の輪を広げる」（各参加者にA4サイズで一枚）

## 準　備

アクティビティ1やアクティビティ2のアウトプットを掲示する（それらをすでに完了している場合）。これらがある場合には各自それら掲示物に近づき、よく見直す。

## ステップ

**ステップ1**　次の質問に対する答えをブレインストーミングする。持続可能な開発を目指す道のりで多くの人を巻き込んでいくことの利点は？
- その題を「参加の輪を広げることの利点」とした模造紙に回答を書き留めていく。

**ステップ2**　リソース・シート3.1「旅のマップ」を配布する。
- 各自でこれに取り組むために必要な指示を説明する。
- 紙の中心に円を描く。円は彼／彼女ら自身を示し、円の中に自身の名前を記入する。

**ステップ3**　持続可能な開発とサスティナブル・スクールについての理解に関連するような個人の知識、スキル、価値観、態度の形成に鍵となったすべての影響について考える。鍵となった影響については、リソース・シート3.1の下部を参照のこと。
- これは他者と共有する目的のものではないので、各自が思うことを何でも

## 第3章 ホールスクールのためのワークショップ・ツール

リストにするよう説明する。
- 自身を表す円付近に強く影響を受けた要因を記入する。その要因とは例えば「友人」というように大まかでも、具体的な氏名を記入してもよい。
- 肯定的な影響力をもつものは円の縁を濃くする。

**ステップ4** これら要因についてより詳細に考える。その要因は一方的であったのか（参加者が影響を受けた）、または双方向的なものだったのか（参加者もまたその要因に影響を与えた）？
- 影響力が向かった方向に矢印を引く。
- 影響力をもつ要因がそれぞれの要因に対し双方向的に影響を与え合ってはいないかどうかを考える。
- 要因同士に関連性がある場合には、影響力の方向に破線で矢印を引く。
- 参加者が望まないかぎり、「旅のマップ」を皆と共有する必要はないことを再度明確にする。

**ステップ5** 参加者はペアを組み、リソース・シート3.2：「参加の輪を広げる」を配布する。
- 5分間、記載されている文について考え、そこにあげられている質問についてディスカッションを行い、最も重要な3つの疑問、問題点を書き留める。
- 各ペアはグループ全体にそれらのポイントを発表する。そしてその内容を模造紙に記入していく。

**ステップ6** 模造紙に縦3列の線を引き、それらにそれぞれ「誰」「障害となる可能性があるもの」「創造的な解決策」と題をつける。
- 今後協力を募る可能性がある新たな参加者のリストをブレインストーミングする。それらを紙に記入し、各回答の下には少し余白を残しておく。ブレインストーミングする時間は2分間と決めておくとよいだろう。
- 次にそのリストを一つずつ見ていき、そのリストにあがった個人や団体が協力を渋る理由となりうる事柄をリストにする。時間、移動手段、託児問題等が例としてあげられるだろう。それらを2番目の縦列に記入していく。
- 最後にそのような障害に対処するための創造的な方法を考え、それらを3番目の縦列に記入する。

**ステップ7** 以下の質問、またはその他独自の質問を基盤にして十分にディスカッションし、このアクティビティから生まれたアウトプットを統合する。
- このアクティビティのアウトプット、出てきた意見をどのように使いたいか？
- 参加の輪を広げるために私たちができることは何か？

本ツールはHren&Birney(2005)より出典。

## 3.1 リソース・シート3.1：旅のマップ

本シートはアクティビティ3で用いる。使い方はアクティビティ参照のこと。

鍵となった影響を引き出すためのキーワード。あくまでキーワードであり、他の要因も考えられる。

| | | | |
|---|---|---|---|
| 世界的な出来事 | 教師 | アート／アーティスト | メディア |
| 国内の出来事 | 学校のスタッフ | 友人 | 家族 |
| 教育政策 | 知事 | ライター | |
| 校長 | 学校政策 | 政治家 | |
| 児童 | 学校制度 | コミュニティイベント | |

第3章 ホールスクールのためのワークショップ・ツール

## リソース・シート3.2：参加の輪を広げる
本シートはアクティビティ3で用いる。使い方はアクティビティ参照のこと。

> 「私たちはありのままの世界を見るのではなく私たちの価値観を通じて世界を見る」

持続可能な開発に関してどのように他者を引き入れるかを考えるとき、上記の文が問いかける問題点や疑問は何か？

参加の輪を広げる際の重要な疑問／問題点

1.

2.

3.

第Ⅱ部　サスティナブルな学校づくりのために

# アクティビティ４：サスティナブル・スクールのためのリーダーシップ

　このアクティビティではサスティナブル・スクールを率いるための能力とスキルを特定し、そのために必要な素質を向上する計画を立てる。

## 背　景

　組織内での役職で持続可能な開発を率いるための個人の能力が決まるわけではない。持続可能な開発を計画し実行するために先を見越して行動する役割を担うすべての人がリーダーである。

　リーダーシップにおける能力について考えると、リーダーとして成功するための能力と、持続可能な開発に取り組むリーダーとなるための能力との差異について疑問が生じる。

　リーダーとして成功するために必要な能力については、Fullan（2001）が提唱した以下の５つの中核となる能力を考えることが有益である。

- 倫理的目的—その人の仕事の基盤にある利他的動機を明確にする表現
- 変化を理解する—教育と組織学習に関する最新の研究と実践、これをいかに学校改善に活かすかについての理解
- 情報を共有する—新たな知識を発展させ、それを効果的に伝達するための関与
- 関係性を築く—個人とチームを成長させ、深い信頼と協力関係を築くための能力
- 統一性を生む—個々に複雑性のある学校実践の構成要素に取り組むとともに、各要素の関係性とそれぞれが全体に対していかに貢献しているかを理解する能力

　これら中核となる能力以外に、最近、国立学校リーダーシップカレッジ（NCSL）がサスティナブル・スクールのリーダーの顕著な特徴を研究し、何よりも彼／彼女らは「楽観的で外向的な視点をもっている」「地域、そしてグローバル・コミュニティにおける学校の立ち位置を意識している」と結論づけた（NCSL, 2007）。主な特徴は以下のように要約される。

- 楽観的で外向的な視点—楽観的な世界観をもちながら、学校の経験を校門の外の周辺地域とグローバル・コミュニティに広げること
- 達成志向—生徒の学習経験を豊かにし、学習達成度を高める具体的な持続可能な開発の結果を出すこと
- 参加型—計画、実行、評価に参加型アプローチを通して、幅広い関係者（特に教職員と

第3章 ホールスクールのためのワークショップ・ツール

生徒）が関わり合い、持続可能な開発に求められるリーダーシップを広めていくこと
- システム論的な視点－世界とその中における自分達の立ち位置についての統合的かつ全体的な理解と、それを他者に伝えるための能力をもっている

持続可能な開発のためのリーダーシップの概念は多くの学校にとって非常に新しいものであることから、現在の、または次のスクール・リーダーが事前にすべてを理解していることや、高いレベルでその役割を遂行することを期待するのは理不尽である。そうではなく、持続可能な開発を率いたいと考えている人々は、自らが目指すレベルの仕事をするために要求される個人的成長、自己啓発の一環と見なすべきである。

このための、行動基準評定尺度（behaviourally anchored rating scales：BARS）の策定と利用が効果的な方法である。リーダーシップのBARSを策定するにはまず、重要視される、またはその役割に不可欠だとされるスキルや能力の特定が必要である。その後、尺度にしたがい、行動例をあげる。これらは自己評価、個人そして専門職としての目標設定のために活かされる。

例えば、「グローバル・スーパーヒーロー」に求められる能力とは、BARSでは以下のようになるであろう：

レベル1：優良な行いをすることに関わる
レベル2：がんを撲滅する
レベル3：貧困をなくす
レベル4：世界平和を達成する

## 概　要

参加者は持続可能な開発のためのリーダーシップにとって不可欠な中核スキルや能力を特定し、BARSスタイルの自己評価を発展させ、そのツールを用いて個人および専門職としての成長に必要な要素を特定する。

## アウトプット

- 持続可能な開発のためのリーダーシップに必要な能力またはスキルのリスト
- 自己評価と、個人・専門職としての目標設定のための行動の要となる評価尺度（BARS）

第Ⅱ部　サスティナブルな学校づくりのために

### 所要時間

60分。BARSをより発展させるために追加時間が必要なこともある。

### 必要なもの

- 色付きマーカーペン
- 模造紙
- 参加者人数分の鉛筆またはペン
- テープまたはブルタック
- リソース・シート4.1：「持続可能な開発のためのリーダー」（各参加者にA4サイズで一枚）
- リソース・シート4.2：「自己評価」（各参加者にA4サイズで一枚）

### 準　備

このアクティビティに入る前に、学校は「サスティナブル・スクール」の明確な定義を確立する必要がある（アクティビティ2を参照のこと）。学校のパフォーマンス評価や評価手順について知っておくことも有益だろう。

### ステップ

**ステップ1**　参加者はどのような人が環境、または持続可能な開発に熱心に取り組んでいるのかを知っている人の中から考える。作家、テレビ番組のプレゼンター、政治家、著名な環境活動家、アーティスト、友人、家族等が含まれるだろう。
- 参加者は、彼／彼女らがあげた人物の個人名を模造紙に記入する。
- 参加者は、それらの人物がもつ特有のスキルまたは能力について考える。そしてそれを各人物の名前の横に記入していく。
- 参加者に、それらのスキルや能力は一般的に「よい」リーダーシップと関連づけられるものか、または、環境ないし持続可能な開発に特化したものか聞く。一般的なものにはG（general）、持続可能な開発特有のものにはU（Unique）と各スキルや能力の横に記入する。

**ステップ2**　リソース・シート4.1：「持続可能な開発におけるリーダー」を各参加者に配布する。
- リソース・シート上部の持続可能な開発におけるリーダーシップに必要な

第3章　ホールスクールのためのワークショップ・ツール

スキルと能力の例をふり返る。それらについての簡潔な説明はこのアクティビティの「背景」を説明した箇所で触れている。参加者自身の経験からこれらの説明を広げてみるように促す。
- 次に、参加者は学校での持続可能な開発を進めるにあたり、リーダーにとって必要であると思われる上位3つのスキルまたは能力を各自リストにする。
- それが終わったら参加者はペアでそれぞれの回答について話し合う。参加者はペアでの話し合い中にそれぞれの回答を修正、追記してよい。
- 一人の参加者が回答を一つだけ発表する。これを模造紙に記入し、それと類似する回答はないかを他の参加者にも聞き、それが出たら類似する回答をグループにする。
- すべての回答が出されるまでこれを繰り返す。

**ステップ3**　リソース・シート4.2：「自己評価」を配布する。
- 参加者はグループリストを見て、自身が伸ばしたいと思う5つのスキルまたは能力を選ぶ。最初の縦の列にそれらを記入する。
- 次に、取り組みの「スタート」から、「よい」「とてもよい」「優れている」実践へと進展する際の一連の行動過程を考え、それを表に記入する。この例としてアクティビティの「背景」のセクションを参照する。
- その後ペアを組み、互いのBARSリストを共有する。参加者はこの過程の中で自身のリストを修正しても構わない。

**ステップ4**　参加者は各自専門職としての成長目標を定め、このアクティビティをまとめる。
- それらの目標に対し、参加者に測定可能な成果を特定するよう促す。
- それらをリソース・シート4.2の下部に記入してもらう。

第Ⅱ部　サスティナブルな学校づくりのために

## リソース・シート4.1：持続可能な開発におけるリーダー

サスティナブル・スクールを率いるための以下のスキルと能力はあくまで一例である。各学校によって最も重要なスキルや能力は異なるだろう。

| 変化のために必要な一般的なリーダーシップに関連するスキルと能力 | サスティナブル・スクールを率いることに関連するスキルと能力 |
|---|---|
| ・ 倫理的目的<br>・ 変化を理解する<br>・ 情報を共有する<br>・ 関係性を築く<br>・ 統一性を生む | ・ 楽観的で外向的な視点<br>・ 達成志向<br>・ 参加型<br>・ システム論的な視点 |

学校において効果的な持続可能な開発におけるリーダーに必要だと思われる上位3つのスキルまたは能力は？　またそれが重要だと思う理由は？

1.

2.

3.

## 4.2 リソース・シート4.2：リーダーシップの自己評価

本シートはアクティビティ4で用いられる。使い方はアクティビティ参照のこと。

| スキルまたは能力 | レベル1 スタート | レベル2 よい | レベル3 とてもよい | レベル4 優れている |
|---|---|---|---|---|
|  |  |  |  |  |
|  |  |  |  |  |
|  |  |  |  |  |
|  |  |  |  |  |
|  |  |  |  |  |

私の専門職としての成長目標：

1.

2.

3.

測定可能な成果：

1.

2.

3.

第Ⅱ部　サスティナブルな学校づくりのために

# アクティビティ5：私の学校のあゆみ

　このアクティビティでは過去の活動を掘り起こし、持続可能な開発に取り組むための今後の土台をつくる。

## 背　景

　このアクティビティは以下のことに適している：

- 持続可能な開発についての自校の理解と実践の形成において重要な要因となった影響を特定する。
- これまでの教職員と新たな教職員の間で、サスティナブル・スクールに必要なものについての理解を深く共有させる。
- 学校内の異なる部署の間で効果的な実践を共有する。
- 今後の計画と行動を周知させる。

　参加者は、持続可能な開発を進める学校の取り組みの出発点となった現在と過去のイベント（プロジェクト、プログラム、アクティビティ）を特定し、その歩みの地図を描く。これは校内の目立つ場所に掲示すべきである。それはこれまでの仕事を認識し、称賛するとともに今後の方向性を示す重要な役割を担うであろう。

　このエクササイズはすべての教職員が参加することに意味がある。新しい教職員を引き入れるための最善の策を考えるべきであろう。新規メンバーは1年以上勤務する教職員とペアを組んでもよいかもしれない。

## 概　要

　参加者は自身が学校の持続可能な開発に関して計画、実行、評価を行うもとになるイニチアティブ、アプローチ、原則、評価方法を特定する。

## アウトプット

- 出来事とアクティビティが時系列に描かれた展示サイズの掲示物。

## 所要時間

60分。このエクササイズから生まれた「旅のマップ」から掲示物をつくる場合には別途時間を割く必要があるだろう。

## 必要なもの

- 色付きマーカーペン
- 模造紙
- 参加者人数分の鉛筆またはペン
- テープまたはブルタック
- リソース・シート5.1:「旅のカード」(必要枚数)

## 準備

このアクティビティを始める前にサスティナブル・スクールの定義を学校内で定めておく必要がある。アクティビティ2「サスティナブル・スクールを定義する」が学校独自の定義を定めるのに役立つだろう。エクササイズを始める前に、壁に模造紙を貼りつけ、時系列の背景をつくる。これに「旅のマップ」と題名をつける。

## ステップ

**ステップ1** 参加者は小グループに分かれ、学校の持続可能な開発を促進させたプロジェクト、プログラム、アクティビティなどのイベントについて考える。必ず新しい教職員が1年以上勤務する教職員と組めるようにすること。

**ステップ2** 旅のカード、または白紙に各イベントについての情報を各グループが記入する。白紙を使う場合には以下の表題で情報を記入するよう指示する。
- イベントの名前
- そのイベントがあった時期
- 持続可能な開発の結果(意図したものと意図していなかったもの)
- 学んだこと(効果的だったこと、今後の仕事に活かしたいこと)

**ステップ3** 各小グループが順番にイベントについて簡単な説明をして、それらを時系列に貼っていく。

第Ⅱ部　サスティナブルな学校づくりのために

**ステップ4**　時系列にすべてのイベントのカードを貼りつけたら、参加者にそこから何を読み取ることができるか確認する。
- 現在「旅」のどの位置にいるか？
- 次にやるべきことを示す、それらのイベントから何を学んできたか？

**ステップ5**　参加者はこれらのイベントの中に掘り下げて考えるに値するものがあるか、学校コミュニティまたは他校と共有する価値のある重要な学びとなるものがあるかどうかを確認する。

**ステップ6**　「旅のマップ」を掲示する場所を決める。職員室などの目につきやすい場所に貼り、学校コミュニティ全体でそれを共有することができるようにする。より見やすく親しみやすいものにするために、これに写真や生徒の作品を入れてもよいだろう。

本アクティビティは Hren & Birney（2005）より出典。

## 第3章 ホールスクールのためのワークショップ・ツール

**5.1** リソース・シート5.1：軌跡のカード
本シートはアクティビティ5で用いられる。使い方はアクティビティ参照のこと。

---

自分が関わった各持続可能な開発の関連プログラム、プロジェクト、イニシアティブにつき、一枚の「旅のカード」を完成させる。

イベント／プログラム：

年度／関連分野：

実施期間（日付）：

結果（想定していたものと実際のもの）：

学びのポイント：

第Ⅱ部　サスティナブルな学校づくりのために

# アクティビティ6：s3を始める

このアクティビティは核となる自己評価ツールであるs3を学校でいかに利用し、調整すればよいのかを理解する助けとなる。

## 背　景

学校は現在、Ofstedが策定した自己評価表（self-evaluation form, SEF、2005年導入、2007年改定）を用いて学校の進捗を評価することが義務づけられている。SEFと同様に構築された「s3: サスティナブル・スクール自己評価（sustainable school self-evaluation）」(DCSF, 2006b)はサスティナブル・スクールを築くための学校の努力を記録し、また報告するという、2つが同時に、また自発的に行われるという方法をとる。

最近のOfsted (2003) の研究は、サスティナブル・スクールは現実の場所で現実の人々と現実の生活の課題に取り組むことを目的に、ダイナミックで活気ある学びの環境を生徒に提供すると指摘する。そのような学校において、生徒は学校が持続可能な開発を進める上での関心の中心であり、多くの場合それを率いる立場にある。

s3は、学校が実行中の取り組みを認識して正しく評価し、次のステップを計画できるようにするため、持続可能な開発がいかに学校にとって有益であるかを記録するために策定された。それは学校のOfsted SEF作成チームが使うものとされていたが、生徒を含む多様な学校関係者も使用することができる。学校に対して持続可能な開発支援を行う地方自治体の中には、サービスの質を評価するためにs3を使用しているところもある。

このツールは2つのパートに分けることができる：

- Part A　Ofsted SEFをもとにつくられた質問群。これはSEF作成に関わったことがある教職員にはなじみのある分野であり、持続可能な開発がいかに学校改善に貢献しているかを評価するものである。
- Part B　「サスティナブル・スクールのためのナショナル・フレームワーク」の8つの「扉」に関する学校の進捗に特化した質問群。これは学校が、国の優先課題である持続可能な開発にいかに貢献しているかを評価する。

このアクティビティを始める前に、すべての質問を使うのか一部だけを使うのかを決めておく必要がある。s3を使用するのが初めての場合、学校の発展段階に最も関連のある質問を選出するのが有益だろう。学校が十分に進展した持続可能な開発の実践をしている場合はすべてあるいはほぼすべての質問を使うことになるだろう。

# 第3章　ホールスクールのためのワークショップ・ツール

必要に応じて修正しながら、s3 の質問を使用する。このツールを使いこなせるようになるまでには時間がかかるが、その時間は持続可能性が学校の重要な目標をいかに支援するかについて洞察する価値ある時間である。このツールは PDF とマイクロソフト・ワードフォーマット（編集可能）で www.teachernet.gov.uk/ sustainableschools/tools/s3 からダウンロードできる[※]。

## 概　要

s3作成に携わるチームはその中の質問を見直し、学校のニーズによりよく対処するために修正が必要であるかどうかを検討する。

## アウトプット

- 学校に特化した s3 を作成するための計画、またはツールをそのまま使うことへの合意。

## 所要時間

60分。参加者が事前にツールを見ておく時間が別途必要だろう。

## 必要なもの

- s3 をプリントアウトしたもの、またはその電子版
- 色付きマーカーペン
- 模造紙
- テープまたはブルタック

## 準　備

このアクティビティをする前に、s3 のマイクロソフトワード版を配布しておく。
模造紙を5枚用意し、質問をそれぞれの紙の表題にする（質問は各紙一つ×5枚＝計5つ）。

---

※訳注：現在アクセスできなくなっているため、次の URL を参照のこと。SSA（Sustainable Schools Alliance）http://sustainable-schools-alliance.org.uk/sustainable-schools-framework/

第Ⅱ部　サスティナブルな学校づくりのために

　ステップ

**ステップ1**　s3 を使用する理由や使用方法についてよりよく理解するために、既成の概念にとらわれない思考を促す質問を用いるように説明する。
- 参加者にはさまざまな質問をするが、そのとき質問されていることだけに集中し答えてほしいと説明する。
- 互いの答えによく耳を傾け、質問から話が逸れ始めたらそれを指摘するように促す。

**ステップ2**　5つの質問を導入する。
1. s3について何を知っているか？どのような事実を知っているか？
2. s3のデザイン、その可能な使用についてどのようなことを直観的に感じるか？　どのように感じるか？　何が好ましく、何が好ましくないか？
3. s3について問題になりそうな点、私たちの学校でそれがうまく機能しないかもしれない理由は？
4. 広い意味で、Ofsted による自己評価過程の一部としてのs3を用いることが可能性として学校にどのような利益となるか？
5. 私たちの自己評価にかかる統合的な役目としてs3を導入し、使用するために、どのような創造的なアイデアをもっているか？

**ステップ3**　一つずつそれらの質問をあげ、各質問に関して十分に話し合う。
- グループの人数が多い場合、例えば一度に発言するのは一人だけ、人の答えを批判しない等のルールをつくるとよいだろう。
- 各質問に割く時間を定めておく。各質問に対し5分から7分がよい。それより短い時間で終わる場合には次の質問に移る。
- 紙に参加者の発言を記録する。
- 質問に関係のない発言に注意する。

**ステップ4**　今後どうしたいかを参加者に尋ねる。
- 学校独自のs3を作成したいのか？
- 書いてあるままにすべての、もしくは一部だけの質問を使いたいのか？
- 学校で使うs3の作成過程の管理に誰が責任をもつのか？　作業のスケジュールはどうするか？

本アクティビティは de Bono's の「Six thinking hats」(2000) より出典。

# 7 アクティビティ7：成功への足掛かり

　このアクティビティは、子ども・学校・家庭省の「サスティナブル・スクールのためのナショナル・フレームワーク」における中長期的なパフォーマンスの期待値を導入し、各校がそれぞれの進捗をたどることができるようにする。

## 背　景

　子ども・学校・家庭省に、持続可能な開発にどう取り組むべきか、また「どの程度のパフォーマンスが期待されているのか？」とアドバイスを求める声が学校から寄せられている。「サスティナブル・スクールのためのナショナル・フレームワーク」には子ども・学校・家庭省が学校に示した、2020年までに8つの「扉」においてどの程度達成してほしいかという提言が含まれている。しかし多くの学校にとって、それらの提言は長期的目標であるように思われている。

　はじめから高いレベルのパフォーマンスを見せることを学校に期待するのは現実的ではないので、2020年までの期間を考慮し、計画的に進めていくのに役立つ点数制度を用意した。この制度は「s3：サスティナブル・スクール自己評価」（DCSF, 2006b）と合わせて用いるので、このアクティビティに入る前にs3を使って学校のパフォーマンスを評価する必要がある。

- Part A　Ofsted SEFにより分類された質問群。
- Part B　「サスティナブル・スクールのためのナショナル・フレームワーク」の8つの「扉」によって分類された質問群。

　学校が2010年、2015年、2020年の時点で、獲得を期待されている数値に関してはリソース・シート7.2：「パフォーマンスのスコアシート」を参照してほしい。学校がこれ以上の改善は不要と否定したり最小限に評価したりするよりも、正直に評価して「優れている」サスティナブル・スクールを目指すほうが明らかに望ましい。

## 概　要

　参加者はs3で自身が自己評価をした表に基づき、リソース・シート7.2：パフォーマンスのスコアシートを記入する。そしてSWOT分析を行い、この結果を用いていかに持続可能

## 第Ⅱ部　サスティナブルな学校づくりのために

な開発の実践を進めていくかを意思決定する。

### アウトプット

- s3による評価に基づいた累積スコア。「サスティナブル・スクールのためのナショナル・フレームワーク」の期待値を学校がどれだけ満たしているかを示す。
- 強み、弱み、機会、脅威（strengths, weaknesses, opportunities and threats, SWOT）の分析。

### 所要時間

40分。ここで得た情報を用いて、学校改善や改善計画を報告する時間が別途必要だろう。

### 必要なもの

- 色付きマーカーペン
- 模造紙
- テープまたはブルタック
- リソース・シート7.1：「2020年に期待されること」（参加者人数分のA3サイズ以上の紙）
- リソース・シート7.2：「パフォーマンスのスコアシート」（参加者人数分のA3サイズ以上の紙）

### 準　備

このアクティビティに入る前にs3の結果を評価する必要がある。

### ステップ

**ステップ1**　模造紙にコピーしたリソース・シート7.1：「2020年に期待されること」を掲示し、各提言を確認する。
- これらは目標であることと、政府はs3の自己評価に基づいた暫定的なパフォーマンス指標を制定したまでであることを、参加者に再度周知する。

**ステップ2**　模造紙にコピーしたリソース・シート7.2：「パフォーマンスのスコアシート」を掲示する。
- それと関連するs3の「達成度のまとめ」（これらはそれぞれs3のPart AとBの最後にある）に基づき2つの表を埋めていく。

## 第3章 ホールスクールのためのワークショップ・ツール

- s3 の Part A または B のみ完了している場合でも、このエクササイズおよび関連部分を行うことができる。

**ステップ3** データを元に現在の持続可能な開発の実践の強みと弱みを分析する。
- 模造紙に「強み」と表題をつける。
- 参加者は持続可能な開発の実践における全体的な強みをあげ、それを紙に記入する。
- 模造紙に「弱み」と表題をつける。
- 参加者は持続可能な開発の実践における全体的な弱みをあげ、それを紙に記入する。

**ステップ4** 再度データを見る。現在の持続可能な開発の実践をさらに進めていくべき状況なのかどうか、また進める場合の危険または障害は何か分析する。
- 模造紙に「進めるべき状況」と表題をつける。
- 参加者は持続可能な開発の実践をさらに進めるべき状況をあげ、それを紙に記入する。
- 模造紙に「危険または障害」と表題をつける。
- 参加者は持続可能な開発の実践、発展計画の実行を阻む危険または障害をあげ、それを紙に記入する。

**ステップ5** このアクティビティで生まれたアウトプットをどのように利用するか決める。
- これをいかに学校や学校コミュニティに伝達するか？
- この情報を SEF においていかに利用するか？
- この情報を学校改善計画においていかに利用するか？

第Ⅱ部　サスティナブルな学校づくりのために

## リソース・シート7.1：2020年に期待されること

本シートはアクティビティ7で用いられる。使い方はアクティビティ参照のこと。

| Ofsted SEF の項目 | 2020年までにすべての学校が…ことを提言する |
|---|---|
| 学校の特徴 | 持続可能な開発を自らの精神的支柱に据えること、自分達の管理業務の中にそれを示すこと、自分達の授業の中にそれを埋め込むこと、そして自分達のコミュニティでそれを促進する |
| 学習者、親／保護者、コミュニティ、その他関係者の意見 | 関係者の声を聴き、持続可能な開発を地域にまたそれをこえて促進する際のより幅広い役割と学校の喫緊の関心とを調和させながら、意思決定に彼／彼女らを巻き込む |
| 目標達成と学力 | 持続可能な開発を通して生徒のやる気を高め、彼／彼女らが学ぶことの楽しさをより多くもつこと、究極的には目標を達成し、学力を上げる |
| 個人の発達とウェルビーイング | 自らのウェルビーイングに影響をもたらす要因についての生徒達の理解を手助けすること、また彼／彼女らが体験する状況や環境において自らの生活を改善する能力を伸ばすように持続可能な開発を促進する |
| 教育の質 | カリキュラムと課外活動の全体を持続可能な開発のための教育を行うための手段と見なし、すべての生徒達が勉学と直接体験を通して、必要とされる知識や技能、価値観を養うことができるアプローチを使う |
| リーダーシップとマネージメント | カリキュラムとキャンパス、コミュニティにわたって、持続可能な開発の中心的なテーマを促進するリーダーシップと学校運営の方法を採用する |

出典）子ども・学校・家庭省（2006b）より

第3章　ホールスクールのためのワークショップ・ツール

## リソース・シート7.1：2020年に期待されること

本シートはアクティビティ7で用いられる。使い方はアクティビティ参照のこと。

| 扉 | 2020年までにすべての学校が…ことを提言する |
|---|---|
| 食べ物と飲み物 | 健康的で地産地消の持続可能な食べ物を提供するモデルとなり、飲食の提供における環境への強い関与や社会的責任、動物保護を示し、また地元の仕入れ先を最大限に活用する |
| エネルギーと水 | 効率のよいエネルギーの使用、また再生可能エネルギーの利用と水の保全のモデルとなり、風力や太陽光、バイオマス・エネルギー、断熱、雨水貯水、廃水リサイクルのようなさまざまな可能性について学校を使っているすべての人に紹介する |
| 通学と交通 | 持続可能な交通のモデルとなり、車は絶対に必要なときのみの使用に限られ、より健康的で、汚染や危険がより少ない交通状況につながるような他の模範となる手段がある |
| 購買と無駄づかい | 無駄づかいを最小限にすることと持続可能な調達のモデルとなり、地産地消によって環境および倫理水準を高く掲げた商品とサービスを活用すること、また可能なかぎり節約したり、再利用や修理したり、リサイクルしたりすることによって蓄えられたお金の価値を高める |
| 校舎と校庭 | 校舎を管理し、可能なところでは学校を使うすべての人に持続可能な開発とは何かを目で見てわかるような方法で設計も行うこと、校庭を通して生徒が自然界をより身近に感じ、外での遊びを通して想像力を育み、持続可能な生活について学ぶことができるようにする |
| 包摂と参加 | 社会的包摂のモデルとなり、人権や自由、文化、創造的な表現が永続的に尊重されることを教えながら、すべての生徒が学校生活に完全に参加することができるようにする |
| 地域のウェルビーイング | 地域の企業市民（コーポレート・シティズンシップ）のモデルとなり、地域の人々の生活の質と環境を改善する活動を通して教育的使命が豊かになる |
| グローバルな側面 | 地球市民（グローバル・シティズンシップ）のモデルとなり、世界のほかの地で暮らしている人々の生活を改善する活動によって教育的使命が豊かになる |

出典）子ども・学校・家庭省（2006a）より

## 7.2 リソース・シート7.2：パフォーマンスのスコアシート

本シートはアクティビティ7で用いられる。使い方はアクティビティ参照のこと。

s3のPart AとBの各最後にある「達成度のまとめ」表で付けた「スコア」に基づき以下の表を完成させる。

| Part A：学校改善を支援する | 合計点 | 質問数 | 平均点 |
|---|---|---|---|
| 1 学校の特徴 | | 1 | |
| 2 関係者の意見 | | 4 | |
| 3 目標達成と学力 | | 1 | |
| 4 個人の発達とウェルビーイング | | 6 | |
| 5 教育の質 | | 3 | |
| 6 リーダーシップとマネージメント | | 1 | |

Part Aの合計得点　/90

# 7.2 リソース・シート7.2：パフォーマンスのスコアシート

本シートはアクティビティ7で用いられる。使い方はアクティビティ参照のこと。

| | Part B：持続可能な開発を支援する | 得　点 |
|---|---|---|
| 1 | 食べ物と飲み物 | |
| 2 | a.エネルギー | |
| | b.水 | |
| 3 | 通学と交通 | |
| 4 | 購買と無駄づかい | |
| 5 | a.校舎 | |
| | b.校庭 | |
| 6 | 包摂と参加 | |
| 7 | 地域のウェルビーイング | |
| 8 | グローバルな側面 | |

Part Bの合計得点　　　／90

総合点（Part A＋B）　　／180

## パフォーマンス

以下の点数が、大まかな指針として子ども・学校・家庭省がすべての学校に達成してほしいと期待している得点である：

- 2010年までにすべての学校は60から119点をとれるようにすること。この得点の内訳を見ると、まずまず「よい」の結果からなり、どの項目も「とてもよい」とするには少し足りない。
- 2015年までにすべての学校は120から150点をとれるようにすること。この得点は「とてもよい」の結果からなり、個別にみると半分は「とてもよい」で半分は「優れている」である。
- 2020年までにすべての学校は151から180点をとれるようにすること。この得点は半分が「とてもよい」、半分が「優れている」以上からなり、どの項目においても「優れている」をマークしている。

s3のPart AまたはPart Bのいずれかのみを終了している場合は、上記の数字を2で割る。

第Ⅱ部　サスティナブルな学校づくりのために

# アクティビティ8:「扉」を開ける

このアクティビティは「サスティナブル・スクールのためのナショナル・フレームワーク」の8つの「扉」を支持する現在進行中の取り組みを確認し、今後の発展のためのアイデアを出すよう促す。

## 背景

「サスティナブル・スクールのためのナショナル・フレームワーク」(DCSF, 2006a)の中核には8つの「扉」があり、より統合的アプローチの中の一つでありながらもそれぞれが実践を改善するための開始点となる可能性を秘めている。これらの「扉」は、持続可能性をその運営の中核として取り組む学校の能力を形成することを狙いにしたさまざまなリソースによって支えられている。

食べ物と飲み物、エネルギーと水、通学と交通、購買と無駄づかい、校舎と校庭、包摂と参加、地域のウェルビーイング、グローバルな側面という8つの「扉」は、英国の持続可能な開発計画に非常に顕著なものであり、その計画を支えている。これらはまた、世界の持続可能な開発に関する重要な課題に対して、生徒と学校コミュニティが独自の回答を考える特別な機会となる。

「扉」が網羅するテーマは目新しいものではない。多くの学校が20年以上にわたりこれらの分野で独自の実践を発展させてきた。言い換えれば、これらは国が熱意をもって描こうとしているビッグ・ピクチャーと学校が生み出す実際のイノベーションをつなげるのである。

各扉はカリキュラム(授業の提供と学習)、キャンパス(それが行われる価値と方法)とコミュニティ(広い影響力とパートナーシップ)を通して掘り下げられる。これらは独立した実践要素と捉えられているが、統合的な方法で取り組まれたときにその真の可能性は開花する。

## 概要

参加者は、学校で現在進行中の8つの「扉」を支持するイニシアティブ、プロジェクト、アクティビティを確認し、それらアクティビティにおいて2つ以上の「扉」が統合し、カリキュラム、キャンパス、コミュニティに関わっている箇所を特定する。その後で、参加者はその発展のための優先順位のリストをつくる。

# 第3章 ホールスクールのためのワークショップ・ツール

## アウトプット

- 8つの「扉」を網羅する現在のイニチアティブ、アクティビティ、プロジェクトと今後の発展のためのアイデアが載っている展示サイズの掲示物。
- アクティビティ9「サスティナブル・スクールを発展させる」を使ってさらに優先事項を絞ることができそうな長所と今後取り組む「改善分野」のリスト。そしてこれは「s3：サスティナブル・スクール自己評価」(DCSF, 2006b) を完成させるためにも使うことができる。

## 所要時間

60分から90分。

## 必要なもの

- 特別資料
- 色付きマーカーペン
- 模造紙
- メモ用紙
- 参加者人数分の鉛筆またはペン
- テープまたはブルタック
- 8枚の扉サイズの「扉」ポスター

## 準 備

　このアクティビティに入る前に、学校はアクティビティ2「サスティナブル・スクールを定義する」を使い、皆が同意する定義を定める。アクティビティ5「私の学校のあゆみ」を用いて学校が現在まで行ってきた包括的なアクティビティリストを生み出すのも有益だろう。「扉」の分析スタイルに合わない持続可能な開発の実践の側面があれば、このリストはそれについて考えるのに役立つだろう。さらにそれは、成功した／しないにかかわらず過去の出来事と、過去から学んだ今後の優先事項を発展させるための教訓を浮き彫りにするであろう。

　8つの大きな「扉」ポスターを作成し、それらを部屋の周囲に掲示する。それぞれ「サスティナブル・スクールのためのナショナル・フレームワーク」の「扉」を表題とする。「扉」の上部を「長所」、下部を「改善分野」とする。

第Ⅱ部　サスティナブルな学校づくりのために

　ステップ

ステップ1　まずはアクティビティ2のアウトプットまたはそれ以外の合意されているサスティナブル・スクールの定義、またはそのビジョンを掲示する。アクティビティ5「私の学校のあゆみ」を完了している場合には、そのときのアウトプットも合わせて掲示する。
- それらのアウトプットをおさらいするように参加者を促す。
- 参加者はアウトプットを説明、または要約する。
- 参加者がそれらをより明確に理解するために皆で質問し合い、協力して答えるように促す。

ステップ2　各「扉」は、英国の持続可能な開発戦略「未来を守る」(HMG, 2005) に著しく表されていると説明する。
- 各「扉」は学校改善のため、また学校の持続可能な開発の実践を改善するための開始点となる。
- それらがカリキュラム（授業の提供と学習）、キャンパス（それを行う価値と方法）とコミュニティ（広い影響力とパートナーシップ）を通して統合的に全体の部分として取り組まれたときにきわめて有益となる。
- こうすることで、学校が「ケア」の原則と実践をすべての中核に置けるようになる。これには以下が含まれる：
  - 自分自身のため（私たちの健康とウェルビーイング）
  - 互いのため（文化、距離、世代を超える）
  - 環境のため（地域的にも地球規模にも）

ステップ3　各8つの「扉」の責任者を任意で募る。このアクティビティでは、彼／彼女らが「扉」の「ホスト」となる。つまりこれは他の参加者が「扉」から「扉」へと移動をしている間、彼／彼女らは「扉」の元に留まることを意味する。
- ホストはすべての重要なポイントを記録し、訪れる参加者を迎え、軽く参加者同士の見解を交換するよう促し、参加者が自分の考えを構築したり、つなぎ合わせたりするように指示する。
- ホストはまたこのアクティビティの最後にこの話し合いをまとめる。

ステップ4　参加者の数次第で全体を2人以上の小グループ8つに分ける。
- 各グループそれぞれ一つの「扉」から始め、その「扉」に関して学校で実践している取り組みの長所について考える。
- 彼／彼女らがカリキュラム、キャンパス、コミュニティを通して学校が「扉」に取り組む方法に焦点を置く。
- ある取り組みの作用として、目標とした「扉」と別の「扉」が統合されたことに意識を向ける。

第3章　ホールスクールのためのワークショップ・ツール

- それらを紙の上部の「長所」と表題を記入してある部分に書き入れる。
- 現在の実践を改善する方法、または新たな実践についてのアイデアについて考える。
- カリキュラム、キャンパス、コミュニティを通してそれらに取り組む方法に着目する。
- 「扉」に対し、より統合的アプローチをとるための機会に着目する。
- それらを紙の下部の「改善分野」と表題を記入してある部分に書き入れる。

**ステップ5**　各グループがそれぞれの最初の「扉」ポスターに取り組む時間を5分から10分とる。
- 次のポスターへと進み、そこの担当ホストとともに前グループの回答を見直し、追加情報やアイデアをそこに加える。
- 2番目（そしてそれ以降も同様）の「扉」ポスターに取り組む時間を3分から5分とる。

**ステップ6**　これをすべてのグループが8つの「扉」ポスターを一周するまで続ける。

**ステップ7**　各扉のホストはその「扉」についての情報やアイデアを要約、報告する。
- 参加者にここから生まれたアイデアをどのように進めていきたいのかを聞く。彼／彼女らはポスターを校内に掲示し、保護者や生徒が彼／彼女らのアイデアを書き込めるようにしたいのか？　「扉」のホストは、さらなるリーダーの役割を担い、アイデアを発展させるのか？　この情報はs3を周知させるために使用することができるのか？
- アクティビティ9「サスティナブル・スクールを発展させる」は、今後取り組む行動の優先事項を決定するための過程である。

　このアクティビティは学校が「サスティナブル・スクールのためのナショナル・フレームワーク」の「扉」について実際に何をしているのかを把握することから始める。逆のアプローチを取る類似のツールがNCSLによって開発されている。それは8つの「扉」のフレームワークから始め、それらへの学校改善のための現在の実践を把握し、計画するツールである。

第Ⅱ部　サスティナブルな学校づくりのために

# アクティビティ9：サスティナブル・スクールを発展させる

　このアクティビティは、生徒の目標達成とウェルビーイング、学校の環境活動、コミュニティとの関わり、またはその他の学校改善目標に貢献するであろう発展や即効性のある実践のための鍵となる優先事項をつくり出すためのプロセスである。

## 背　景

　これは、グループに行動の鍵となる優先事項を生み出す準備が整っていく過程である。ある学校は、新しい野心的なプロジェクトを始めるためのリソースをもっているが、ある学校は「小さな一歩」的アプローチをとる。計画段階でどちらかの行動をとる可能性が出てくるであろうが、どちらのアプローチが「即効性のある実践」につながるか、どちらが短期プロジェクトで、どちらが長期的目標なのかを認識することが重要である。

　即効性のある実践とは、生徒と学校に即座に便益をもたらし、高い確率で実現可能である行動であり、それはまた持続可能な開発に向けた推進力と関わりを構築する際に有益である。これらは通常、既存の長所を足場とし、時間、人、お金といった資源とともに達成される。

## 概　要

　参加者は発展と「即効性のある実践」のための鍵となる優先事項を考え、効果と実現可能かどうかの分析をする。

### アウトプット

- 発展と「即効性のある実践」のための鍵となる優先事項のリスト

### 所要時間

60分

### 必要なもの

- アクティビティ8「『扉』を開ける」で生まれたアウトプット

### 第3章　ホールスクールのためのワークショップ・ツール

- 色付きマーカーペン
- 模造紙
- 参加者人数分の鉛筆またはペン
- テープまたはブルタック

準　備

このアクティビティに入る前に参加者はその発展のための優先事項を考えておく必要がある。これはアクティビティ8「『扉』を開ける」を行うことで達成される。

ステップ

**ステップ1**　アクティビティ8「『扉』を開ける」で生まれたアウトプットを掲示する。
- 「扉」ポスターをよく見て、そのときのことをおさらいするように参加者に促す。

**ステップ2**　8枚の大きめの付箋紙（または同じくらいの大きさの紙）を各参加者に配布する。

パート1：行動案と即効性のある実践

**ステップ3**　最初の「扉」ポスターを掲示し、長所と改善分野を見直す。

**ステップ4**　参加者は改善の必要があるとされた分野に取り組むために学校がとるべき最も重要な行動を考える。
- 各行動の文書を8つの異なる付箋紙に記入する。これらの文書は行動を示す言葉で始める、または動詞で終わらせるよう提案する。

**ステップ5**　「扉」ポスターの横に白紙を掲示する。
- 一人の参加者が行動案を一つ発表する。
- それを白紙に貼り付ける。このアイデアを批判することはしない。
- 他の参加者にそれと類似する案があるかを尋ね、類似するものは群にする。
- 必要に応じて、その他のアイデアをまとめて新しい表題をつける。
- 掲示されている「扉」についてすべてのアイデアが出そろうまで続ける。

**ステップ6**　もう一枚、白紙を「扉」ポスターの横に掲示する。

**ステップ7**　紙の下部に横線を引く。
- 線の右側に矢印を書く。
- この線を「実現可能性」とする。
- 実現可能性とは、ある行動の実施のしやすさを示すものであると説明する。高い実現可能性があるアクティビティ（線の右側に位置する）は人、時間、

お金といった既存の資源とともに達成され、学校の権限内で意思決定が行われる。実現可能性の低いアクティビティ（線の左側に位置する）は追加資源と外部からの承認が必要か、または、学校の手の届かない範囲にある可能性がある。

**ステップ8** 紙の左側に縦線を引く。
- 線の上部に矢印を書く。
- この線を「効果」とする。
- 効果とは潜在的な有益性、またはその行動の効果の度量を示すものであると説明する。高い効果がある行動（線の上部に位置する）は広い分野における重要な達成と長期的利益を表す。効果の低い行動（線の下部に位置する）は重要ではあるが、学校コミュニティの一部にしか得とならない、または短期的価値しかないものである。

**ステップ9** その「扉」に対する行動のアイデアを一つずつ選出する。アイデアの中には他の類似するアイデア群の中から既出のものもあることを念頭に置く。
- 期待される効果と行動案の実現可能性をもとに、行動のアイデアを効果／実現可能性のポスターに貼る。
- この「扉」についてのすべてのアイデアがポスターに貼りつけられたら、付箋の位置に皆が同意することを確認する。

**ステップ10** 「即効性のある実践」と、より詳細な計画と発展を必要とする行動案（実現可能性が低いアイデア）を区別するために付箋の間に参加者は縦線を引く。
- ポスターの右端に位置する即効性のある実践とは、高い実現可能性と各種いろいろな効果をもつアイデアであることを説明する。それらのアイデアは簡単に実現可能であり、完了すれば実現可能性の低い行動への弾みになる。

**ステップ11** この過程（ステップ3から10まで）を残り7つの「扉」でも繰り返す。
- 快適なペースでこの過程を進める。特定の行動案に問題がある場合には、それを後で考慮するように脇においておく。
8つすべての「扉」の「即効性のある実践」を特定したら、それらに共通点がないか見てみる。
- 学校で実践する特定の行動案、カリキュラム、キャンパスまたはコミュニティの側面で2つ以上の「扉」のつながりが見られないか？ これらは「即効性のある実践」のための優先度の高いものになるかもしれない。
- 各「扉」の表題に対応する「即効性のある実践」を忘れずに記録し続ける。

## パート2：行動案と目標

**ステップ12** 即効性のある実践ではない行動案を検討し、この行動案は目標として書き直すことを説明する。

第3章　ホールスクールのためのワークショップ・ツール

- 目標とは短期、中期、長期といった特定の時間的制約がある計測可能な行動文書である。
- これらの目標は、現在使用できない財政的資源、教職員の能力またはその他の資源を必要とするかもしれない点で即効性のある実践とは異なる。それらはまた単に実施するのに長い時間を要する場合もある。

ステップ13　「即効性のある実践」の線の左側に書いた行動案を検討し、共通点を探すことで目標を定め始める。
- 行動案の中のどれが「大きなアイデア」か、何がその大きなアイデアを発展させるのか？
- それぞれを別の模造紙にリストし、類似するまたは関連する行動案を群にする。

**行動案の中には独特で大きな群の一部に加えることができないものもある。それらは単独で紙に書き込む。**
- 群は学校のリーダーシップ、学校運営計画、学校政策、コミュニケーション、パートナーシップ、財政、技術、地域社会との関係といった伝統的な学校改善のトピックからなる。
- また、「エコ・スクール」「ヘルシー・スクール」「インターナショナル・スクール・アワード」などの政策、旅行計画、課外活動などのイニシアティブやプロジェクトで進行中の作業から群が生まれることもあるだろう。

ステップ14　参加者全体で協議し、群のグループ化について合意を得る。
- 群のグループ化が合意されたら、参加者は小グループに分かれて各群の目標を書き出す。
- 合わさっていく行動案がある一方で、変わらないままのもある。
- 一つの群に複数の目標が生まれることもある。
- 個別のほうが適切だと思われる行動案を群に入れないように注意する。

ステップ15　再度参加者全体で協議し、目標について合意を得る。
- 食べ物と飲み物、エネルギーと水、通学と交通、購買と無駄づかい、校舎と校庭、包摂と参加、地域のウェルビーイング、そしてグローバルな側面といった「扉」のどれがそれらの目標を促進するかに着目する。「扉」が統合的な方法で取り組まれる場所を観察する。

ステップ 16　各「扉」についてのアウトプットを要約する。
- 模造紙の上部に「扉」の表題を書き入れる。
- 長所と改善分野を表題の下に書く。
- その下に即効性のある実践と目標という行動案をリストにする。

参加者にこのアウトプットをどのように使いたいかを聞く。

第Ⅱ部　サスティナブルな学校づくりのために

## アクティビティ10：実施計画

このアクティビティで提示する基本的な実施計画のモデルを利用して、学校の発展目標を整理する。

### 背　景

一般的に多くの学校が新規プロジェクトやイニシアティブを計画するときには、知識やスキルの発達や新たな単元の学びにつながる生徒の経験を促したり、カリキュラムを開発したりする。持続可能な開発を計画することはカリキュラム（授業の提供と学習）、キャンパス（それが行われる価値と方法）とコミュニティ（広い影響力とパートナーシップ）にわたるのでそれぞれ異なる。

もちろんいかなる実施計画も学校の特定の状況とニーズに合わせて調整されるべきである。実施計画の基盤をここで掲載する簡単な表のフォーマットにしてもよいし、学校の既存のテンプレートを用いてもよい。

実施計画に使うフォームは、簡単に確認することができるカレンダー形式のチェックリストであるべきで、それは進展計画を立てるときと、起こり得る問題を明らかにするときに役立つ。

### 概　要

参加者は「POP」分析を行い、選んだ実施計画のテンプレートにその情報を記録する。

### アウトプット

- 「POP」分析と実施計画。

### 所要時間

所要時間は計画されている作業の領域次第で異なる。

### 必要なもの

- 色付きマーカーペン

### 第3章　ホールスクールのためのワークショップ・ツール

- 模造紙
- メモ用紙
- 参加者人数分の鉛筆またはペン
- テープまたはブルタック
- リソース・シート10.1:「POP分析」(各参加者にA4サイズ一枚)
- ツールとしてのリソース・シート10.2:「実施計画テンプレート」

## 準　備

このアクティビティに入る前に、実施したい取り組みの戦略ポイントを確認する必要がある。

## ステップ

**ステップ1**　リソース・シート10.1:「POP分析」を配布する。
「POP」分析の質問を導入する。

**目的（Purpose）**
1. なぜこれをするのか？
2. 誰がこれから利益を得るのか？
3. これはどのような戦略目的に貢献するのか？

**結果（Outcomes）**
1. 何を達成するか？
2. いつまでに達成するのか？
3. どの程度まで？

**過程（Process）**
1. どこから始めるのか？
2. どのような資源と経験が必要か？
3. いつまでにどのような段階を踏む必要があるか？
4. 各段階の責任者は？

**ステップ2**　POP分析を完成するための方法は一つではない。ニーズに最も合ったプロセスを選ぶとよい。
- 参加者はペアまたは小グループに分かれ、POP分析の質問に答える。その後、全グループで出た答えを発表し合う。グループで各質問に対する答えを考え、グループとしての答えを導き出す。
- または各質問を参加者全員で議論し、答えを記録していくこともできる。

**ステップ3**　ディスカッション中またはその後、グループの答えをもとに実施計画テンプレートを埋めていく。リソース・シート10.2:「実施計画テンプレート」に一例が載っ

ている。

**ステップ4**　プロジェクト計画チームに以下の点を考えてみるように促す。

- その計画は既存の資源を効果的に利用し、それらの資源を発展させるために貢献するか？
- その計画は過去の成功や実績に基づいているか？
- その計画は他の新規または進行中のプロジェクトへの関わりを認識し、それらを完了するための関与を高く評価しているか？
- その計画は上記の要素を考慮に入れ、持続可能な開発の実践において足りない部分を特定し、それに優先順位をつけ、時間をかけてそれらに取り組むための戦略を生み出すか？
- その計画は進捗を管理し結果を評価する段階や節目を特定しているか？

## 10.1 リソース・シート10.1　POP分析

本シートはアクティビティ10 で用いられる。使い方はアクティビティ参照のこと。

| 目　的 |
|---|
| 1.　なぜこれをするのか？ |
| 2.　誰がこれから利益を得るのか？ |
| 3.　これはどのような戦略目的に貢献するのか？　これは「サスティナブル・スクールのためのナショナル・フレームワーク」、その他のイニシアティブやプロジェクトおよび法律による要請にどのように関連しているか？ |

| 結　果 |
|---|
| 1.　何を達成するか？ |
| 2.　いつまでに達成するのか？ |
| 3.　どの程度まで？ |

## 10.1 リソース・シート10.1　POP分析（続き）

本シートはアクティビティ10 で用いられる。使い方はアクティビティ参照のこと。

| 過程 |
| --- |
| 1. どこから始めるのか？ |
| 2. どのような資源と経験が必要か？ |
| 3. いつまでにどのような段階を踏む必要があるか？ |
| 4. 各段階の責任者は？ |

第3章　ホールスクールのためのワークショップ・ツール

## 10.2　リソース・シート10.2　実施計画テンプレート

本シートはアクティビティ10で用いられる。使い方はアクティビティ参照のこと。

| プロジェクト |
|---|
| プロジェクト名： |
| 開始日：　　　　　　　　　　　　予定完了日： |
| プロジェクトチームリーダー： |
| プロジェクトチームメンバー： |

| 目　的 |
|---|
| 「扉」との関連性： |
| カリキュラムとの関連性： |
| キャンパスとの関連性： |
| コミュニティとの関連性： |
| その他の戦略との関連性： |

| 結　果 |
|---|
|  |

## 10.2 リソース・シート10.2　実施計画テンプレート（続き）

本シートはアクティビティ10で用いられる。使い方はアクティビティ参照のこと。

| 過　程 | | | | |
|---|---|---|---|---|
| タスク | 完了の基準 | 責任者 | 必要な資源 | 完了日 |
| 1. | | | | |
| 2. | | | | |
| 3. | | | | |
| 4. | | | | |

第3章　ホールスクールのためのワークショップ・ツール

# アクティビティ11：実施中の学び

　このアクティビティではその進捗を確認するために、30分で構成されたふり返りのプロセスを提案する。

## 背　景

　このアクティビティは以下のことに役立つ。
- 簡単に実施計画の進捗をモニターする。
- 学びを意識的で明確なものにする。
- 学びを記録し共有する。

　このアクティビティはある取り組みが終了した段階ですぐに行うべき形成評価である。参加者はどうなることを予期していたか、実際にはどうなったのか、そしてその過程から何を学んだかについて話し合う。学びは、優良実践を発展させるための、具体的かつ実施可能なアドバイスとして発表され、記録される。

　このエクササイズは取り組みの計画と実施に関わったすべての人が参加することで意味をなす。

## 概　要

　参加者は最近の取り組みで何が起きたかを話し合い、優良実践を発展させるためのアドバイスとして学んだことを記録する。

## アウトプット

- 形成評価

## 必要なもの

- 色付きマーカーペン
- 模造紙
- テープまたはブルタック

第Ⅱ部　サスティナブルな学校づくりのために

準　備

　このアクティビティはプロジェクトの計画と実施に関わったすべての人が参加することで意味をなす。このアクティビティに入る前に、学校はこれにすべての人が参加できるかどうか、そして実施計画と現在までの取り組みから生まれた重要なアウトプットをまとめておくよう確認しておく。

ステップ

**ステップ1**　「実施中の学び」アクティビティを導入する。
- 参加者にこのアクティビティの目的は、進行中のプロジェクトについての学びを確認、共有することであると伝える。
- アクティビティは30分で終わると伝え、スムーズなディスカッションを心がける。より時間をかけて議論する必要があるものは必要に応じてメモをとっておく。
- 自身でメモをとっておくことによって、ここから出てきたアドバイスが後に書面で回覧されるとき、その理解を助けることになる。

**ステップ2**　以下の4つの主要な問いを導入し、それを手短に話し合い、より深い回答を促すために二次的な質問を使う。

問1：本来であれば何が起きているはずか？
- その取り組みの目的は何か？
- 目的は明確か？
- それは測定可能か？
- 皆がそれに同意しているか？

**意見の不一致に着目し、それについて簡潔に話し合うが、その場で解決する必要はない。**

問2：実際には何が起きているのか？
- 現時点までの結果は？
- それは測定可能か？
- 皆がそれに同意しているか？

　繰り返しになるが、意見の不一致がある場合はそれに着目し簡潔に話し合う。必要があればここでは責めたり褒めたりすることではなく、理解と学びを目的としていることをグループに再認識させる。

問3：肯定的、否定的な要因は何か？
- 期待していたことと実際の結果の間にギャップがあるか？
- 期待していたことよりもうまく行っているのか、うまく行っていないのか？

- 成功または失敗につながった要因は？（必要に応じて「なぜですか？」と聞いて話を掘り下げる）

　　　問4：何を学んだか？

　ここであげられる教訓は、他の教育者や今後のプロジェクトのための具体的かつ実施可能なアドバイスとして段階づけて記録するとよい。

　　　　具体的かつ実施可能なアドバイスとは：
- 具体的である（明確で正確なもの）
- 実施可能である（再度同様に行うことができる）
- アドバイスとして提供される（今後の取り組みのために）

**ステップ3**　行動のための示唆をあげ、合意に至るためにさらなる話し合いが必要な場合、誰がそれをいつまでに進めるのかを決める。

**ステップ4**　会議後、アドバイスを書面にして回覧する。プロジェクト、プログラム実施中、または今後のプロジェクトを計画する際に適切に参照されるようにする。

このツールの初出はHren & Birney（2005）。Heaney（2004）をもとにしている。

第Ⅱ部　サスティナブルな学校づくりのために

# アクティビティ12：実施後の学び

このアクティビティはイニチアティブやプロジェクトまたはプロセスの結果を明確にし、記録する参加型手法を提案する。

## 背　景

このアクティビティは以下のことに役立つ。
- 実施計画完了後の評価を行う。
- 学びを意識的で明確なものにする。
- 学びを記録し共有する。
- プロジェクトを終了させる。

この総括評価のアクティビティはプロジェクトまたはプログラムの終了後に行われる。参加者は何を予期していたか、実際にはどうなったのか、そしてその過程から何を学んだかについてディスカッションを行う。学びは、優良実践を発展させるための、具体的で実施可能なアドバイスとして発表され、記録される。

このアクティビティは取り組みの計画と実施に関わったすべての人が参加することで意味をなし、そのプロジェクトまたはプログラムに参加した生徒代表、またはその他の参加者も含めるとよい。また、今後ここで学んだ教訓を活かす鍵となる同僚にも参加してもらうとよい。

## 概　要

参加者は最近の取り組みで何が起きたかを話し合い、優良実践を発展させるためのアドバイスとして学んだことを記録する。

## アウトプット

- 総括評価

## 所要時間

60分

第3章　ホールスクールのためのワークショップ・ツール

## 必要なもの

- 形成評価とその他重要なアウトプット
- 色付きマーカーペン
- 模造紙
- テープまたはブルタック

## 準　備

このアクティビティには多少の準備を要する。進行役はすべての重要な役割を担う人々に都合のよい日程をアレンジし、以下のものを準備する必要がある。

- プロジェクトの企画書、これまでの会議の議事録、生徒の作品、写真、観察と評価を含むすべての重要書類
- 模造紙
- マーカーペン

進行役の役割は時間調整と返答を記録することであり、ディスカッションに貢献することではない。

## ステップ

**ステップ1**　次のことを参加者に伝える。この会議の目的は、今後のプロジェクトやプログラムが、これから評価する取り組みより大きな成果をあげられるようにすることである。そのために今回の取り組みから何を学んだのかをチームで確認することになる。「実施後の学び」のツールを使う目的は責めたり褒めたりすることではない。

**ステップ2**　問い（以下）は、評価の体系化によって5つのポイントからなり、それを参加者が答える。それぞれの質問に回答する時間は10分とする。

**ステップ3**　順番に各質問をし、二次的な質問を用いて深い反応を引き出す。参加者に数分間、各質問について考える時間を与え、その質問についての話し合いに入る前に、自身の答えを記録するように促す。すべての答えを批判せずに記録する。

問1：プロジェクトまたはプログラムの目的は何であったか？
- どのようなことに取り組もうと設定したか？
- 実際に達成したことは？
- 非公式な目的はあったか？

問2：結果は？
- 生徒または参加者の経験はどのようなものであったか？
- 教職員の経験はどのようなものであったか？
- コミュニティの経験はどのようなものであったか？
- 期日は守られたか？
- すべての関係者が満足しているか？

問3：このプロジェクトまたはプログラムでうまく行ったことは？
- なぜそれがうまく行ったのか？
- それをうまく行かせようとチームが取り組んだことは？
- 今後のプロジェクトまたはプログラムもうまく行かせるためにはどうしたらよいか？
- 仮に今後のプロジェクトまたはプログラムのリーダーになった場合、どのようなアドバイスをするか？

問4：もっとうまくやれたはずのことは？
- チームが結果を出すことができなかった要因は？
- それを引き起こしたチームに不足していたものは？
- 今後のプロジェクトまたはプログラムをうまく行かせるためにはどうしたらよいか？
- 仮に今後のプロジェクトまたはプログラムのリーダーになった場合、どのようなアドバイスをするか？

問5：このプロジェクトまたはプログラムをふり返り、この結果にどの程度満足しているか？
- 1-10段階評価で満足度はどのくらいか？
- 「10点満点」にするためには何がどうなればよかったか？
- 実際生まれた成果物とそれが生まれるまでの過程、それぞれの満足度をどう評価するか？

**ステップ4** 総括的な話し合いから何か活動が生まれる場合、誰がいつまでにそれを実行するのかを決める。

**ステップ5** 会議の後、具体的で実施可能なアドバイスを書面にして共有する。それらは必ず今後のプロジェクトを計画する際に参照されるようにする。

このツールの初出は Hren & Birney（2005）、Heaney（2004）をもとにしている。

第3章　ホールスクールのためのワークショップ・ツール

## アクティビティ13：エビデンスと評価文書

　このアクティビティは、得られたエビデンスを用いて、自己評価文書を書くためのガイダンスを提供する。

### 背　景

　s3: サスティナブル・スクール自己評価（DCSF, 2006b）を行うにあたり、学校はまず、実践した持続可能な開発の特定の側面について、彼／彼女らの活動を評価する。次にその評価を説明する評価文書を書く。
　「評価文書」という用語は、これらの説明の総称として用いられるが、それらは「記述的」であり「評価的」でもある。これに加え、学校は「発展のための鍵となる優先事項」を特定する。これはまた違う種類の文書であり、「解釈的」な文書を作成することを意味する。
　簡潔に言えば、記述的な文書は以下について説明する。
- 何が起きたのか
- 期待された結果
- そのうちどの程度達成されたのか
- 生徒の目標達成やウェルビーイング
- 学校の環境活動または地域社会との関わりといった学校改善のある側面への貢献
- 評価する基盤となったエビデンスの出典（と所在地）

　評価文書とは、
- そのアクティビティの利点や価値についての自己評価チームの見解を説明する
- その実践の長所と短所を特定する

　記述的な文書と評価文書は「なぜそう評価したのかを説明する」ために用いられる。学校は多くの裏づけ、理由を述べながら、Ofsted の自己評価を説明する。それらの裏づけや理由の多くは持続可能な開発のエビデンスとなり得ると捉えられるべきである。それには以下のものが含まれる。
- 学校改善または発展計画
- 実施計画
- 会議の報告と議事録（学校の委員会会議、部署会議、リーダーシップチーム会議、学校の理事会会議等）
- 生徒、親または保護者、学校の理事または地域社会へのアンケート
- 手順と方針の再考
- 出席記録

第Ⅱ部　サスティナブルな学校づくりのために

- 規律の記録（問題行動報告）
- 生徒の達成データ
- 授業観察
- 学校の遊び場での観察
- 科目評価
- 生徒、学校の委員会、教師、学校理事または親や保護者とのディスカッション
- 生徒の活動の実例
- 環境活動の監査
- 健康と安全監査
- 生徒が率いた、または促進した活動の分析
- 自発的な活動または学習機会の取り入れに対する評価
- 「教室外での学び」に対する評価
- 外部講師からの評価
- 外部から受ける賞による評価
- 「PSHE（Personal, Social and Health Education：個人・社会的健康教育）」または「シチズンシップ」への備えのための分析
- 外部機関との関連性の評価
- 校庭の使用法についての分析
- 外部資源の使用法についての分析

解釈的な文書は
- そのアクティビティについて自己評価チームがどのように感じているのかを表す
- または今後のチームの計画、アイデア、願望や願いについて自己評価チームがどのように感じているのかを表す

　解釈的な文書はその取り組みが行われた背景、または今後取り組まれるかもしれない背景を考慮する。これは「発展のための鍵となる優先事項」を明らかにする。

## 概　要

　参加者はケーススタディを分析し、そこで用いられた記述的、評価的、そして解釈的な文書を明らかにする。

## アウトプット

- 「なぜそう評価したのかを説明する」ための学びのポイントと、「発展のための鍵となる優先事項」を明確にする。

## 所要時間

40分

## 必要なもの

- 色付きマーカーペン
- 模造紙
- 参加者人数分の鉛筆またはペンと3色の色鉛筆
- テープまたはブルタック
- リソース・シート13.1:「ケーススタディ」(各参加者にA4サイズで一枚)
- リソース・シート13.2:「なぜそう評価したかと鍵となる優先事項を説明する」(各参加者にA4サイズで一枚)

## 準　備

このアクティビティはs3を実際に始める前にそれを完成するように指名されたチームとともに取り組む。

## ステップ

**ステップ1**　リソース・シート13.1:「ケーススタディ」とリソース・シート13.2:「なぜそう評価したかと鍵となる優先事項を説明する」を配布する。
- 参加者がケーススタディを読み、リソース・シート13.2にある個人で取り組む作業を終えるまで10分から15分時間を割く。

**ステップ2**　参加者はペアを組み、互いの答えを共有する。
ペアで学びのポイントを完成させ、全体への発表に備える。

**ステップ3**　ペアは彼/彼女らの学びのポイントを発表する。それらを模造紙に記入する。

**ステップ4**　参加者にこのアウトプットをどのように使いたいか、そしてこのアクティビティから何を学んだのかを尋ねる。

第 II 部　サスティナブルな学校づくりのために

## リソース・シート13.1：ケーススタディ

本シートはアクティビティ13 で用いられる。使い方はアクティビティ参照のこと。

D1　カリキュラムやキャンパス、コミュニティに、どの程度、健康的で持続可能な飲食を取り入れているのだろうか？

注釈：これは「s3：サスティナブル・スクール自己評価」の問D1 に対する実際のケーススタディ（固有名詞は変えてある）である。このケーススタディは、豊かな情報に満ちており、自己評価を説明するときや、発展のための鍵となる優先事項をあげるときに使用できるだろう。

「健康的な食事はこの8、9年の間、学校にとってなくてはならないものであり続けており、これはジェイミー・オリバー登場前からである」と教師、ヴェリティ・ビッシー氏は言った。これは子ども達がしっかり栄養をつけることなしに学業に集中することはできないという校長のもつビジョンと精神の賜物であるという。「彼女はかつてケータリングをやっており、学校の調理場が大嫌いだったので、それを変えることにしたのだ」とビッシー氏。上役がそれを率先したということで、その計画が学校全体へ効果的に拡大し、学校のすべての部門において行われる一体的なものとなった。

### アクティビティ

健康的な食事を取り入れるため、学校は献立を再考し、学校栄養士が毎学期学校を訪問し、給食メニューが栄養バランスのとれたものであることを確認する。果物、野菜、オーガニックのパン（学校で焼かれる）、牛乳とサラダが毎日の給食で用意された。

学校は健康的なお弁当の規則をつくった。保護者はそれを必ず守り、スクール・ニュートリション・アクション・グループ（学校栄養行動グループ）が注意深く管理する。皆が水分補給できるよう、飲料水がすべての教室に一日中用意された。

この活動を大人たちに知ってもらうために、いくつかの学校アクティビティを用意した。学校は、毎週健康的な食生活を促進する学校食堂を開き、これは保護者たちに非常に好評であった。「夜の試食会」が催され、ここで保護者に学校の献立に何が含まれているのかを知ってもらい、子どもにお弁当を持たせるのではなく学校給食を食べてもらうこと、また、家庭でも健康的な食事を提供するように促した。

学校は、学校の評議会や保護者の意見を参考に、地域社会のグループが校内の部屋をイベントのために貸りる際の会合用メニューも用意した。そして学校は保護者のレシピを載せた

第3章　ホールスクールのためのワークショップ・ツール

料理本も作成した。また、「健康的な暮らし週間」も実施し、地元の納入業者とも良好な関係を築いた。

学校は学校計画の概要を載せたカリキュラム・マップを開発し、毎年確実に健康的な暮らしを担当する部署があるようにしている。科学・デザイン・技術のコーディネーターがその継続を監督する。学校には約20人の若手からなるサスティナビリティ・クラブがあり、週1回集まっている。彼／彼女らは、地域のグループと連携がある教師の熱意により、その士気を保ち続けている。このグループは古新聞でソラマメを育てるための植木鉢をつくり、デザインコンペのための屋上庭園づくりを計画している。また、彼／彼女らは屋上に発電のための風力タービンを建てる呼びかけも行っている。

持続可能な食糧システムを維持するために、学校は、農場や地域の魚市場訪問を行い、食べものがどこからやってくるのか生徒に教えている。また、学校は校内や地域社会において、リサイクルの意識を高める取り組みもしている。

学校評議会も非常に熱心である。朝食カウンターにてノーシュガーのシリアルを提供するキャンペーンを行い、その後シリアルから、生のフルーツやドライフルーツとヨーグルトに変わった。生徒が自分の分のフルーツをカットするのである。

## 利　点

数字は嘘をつかない。学校給食の取り入れは学校が調理場の管理を始めて以来3年でほぼ20％上昇した。またこのプログラムで、貧しい家庭の子ども達に無料で朝食を提供する朝食クラブを導入して以来、生徒の朝の問題行動を15％低下させるという肯定的な影響を与えている。すべてのスタッフに対する手作りスープやサラダバーといった健康的な食生活の導入は、より多くの教職員が学校で提供される食事をとるようになった。

本校はユニセフ・チルドレン・チャンピオン・スクールであり、学校がすることはすべて「すべての子どもが重要」の政策に関連していなければならない。

特別支援が必要な子ども達にとって、野菜の育て方の授業は、育てることが彼／彼女らに自信を与え、疎外感を感じさせないことから非常に人気がある取り組みである。学校には、自閉症の子どもとともに食べ物を育て、調理場から出る生ゴミを堆肥として使う庭師がいる。自閉症の生徒の典型的な行動として偏った食生活があげられるが、豊富な食糧に触れたおかげで彼／彼女らの偏った食生活は改善された。

「食べ物さえあれば人々はあなたのところに集まってくる」とビッシー氏は語る。

第Ⅱ部　サスティナブルな学校づくりのために

## 挑戦と次のステップ

　学校給食は現在80%オーガニックである。これが100%でない唯一の理由は、イスラム教の戒律に従い、食肉処理されたオーガニックの肉を調達することが不可能だからである。学校の地理的関係で、地元の食材だけを調達することも難しいが、ベストを尽くしているとテイラー氏は語る。例えば小麦粉等の粉物、乾物は地元の会社から、すべての新鮮な果物や野菜は地元のファーマーズマーケットから、そしてオーガニックの牛乳や学校で最終的に焼く未調理のパンは地元の生産者から調達している。仕入れコンサルタントが必要に応じて学校を訪れ、地元企業との関係を良好にするために機能している。

第3章 ホールスクールのためのワークショップ・ツール

## リソース・シート13.2:ケーススタディ

本シートはアクティビティ13で用いられる。使い方はアクティビティ参照のこと。

1 まずはケーススタディを読み、色鉛筆で記述的、評価的、または解釈的な言葉やフレーズに下線を引く。

記述的な文書とは
- 何が起きたか
- 期待された結果
- 期待された結果のうちどの程度達成されたか
- 生徒の達成やウェルビーイング、学校の環境活動、またはコミュニティとの関わりといった学校改善のある側面への貢献
- その評価を下す基盤となったエビデンスの出典（と所在地）

評価的な文書とは
- そのアクティビティの利点や価値についての自己評価チームの見解を説明する
- その実践の長所と短所を特定する

解釈的な文書は
- そのアクティビティについて自己評価チームがどのように感じているかを表す
- または今後のチームの計画、アイデア、願望や願いについて自己評価チームがどのように感じているかを表す

2 次に「食べ物と飲み物」の「扉」の問いの観点からこのケーススタディを評価する
D1 カリキュラムやキャンパス、コミュニティに、どの程度、健康的で持続可能な飲食を取り入れているのだろうか？

☐ スタート—健康的で持続可能な学校の飲食をどのように採用するのかについて考えたことがない、あるいは、考え始めたばかりである。

☐ よい—学校の飲食における健康と持続可能性を促進するための機会をモニターし、理解している。この分野において自分達の実践を高めるための計画に生徒、教職員、地域を巻き込んでいる。また、学校のカリキュラムで諸課題を扱っている。

☐ とてもよい—生徒と教職員に健康的で持続可能な飲食の取り組みについて伝え、モニターすることに関わらせ、必要なときは外部の専門家に依頼している。自分達のアプローチが生徒のウェルビーイング、および／または環境に配慮した学校の実践に役立っている

289

第Ⅱ部　サスティナブルな学校づくりのために

というエビデンスがある。
- □ 優れている―生徒と教職員が学校外での生活で健康的で持続可能な飲食について学んだことを活かし、地域の人々と自分達の学びを共有するように促している。関係者を自分達の実践の進み具合についての定期的な評価に巻き込んでいる。自分達のアプローチによって、学校の全体的な効果が高められ、地域コミュニティのニーズに応えられているというエビデンスがある。自分達の実践を他者と共有している。

3　次にケーススタディ内の記述的、評価的な情報をもとに簡潔ながらも正確な「なぜそう評価したのか」の理由を書き出す。

どのような付加的なエビデンスが評価を説明するのに役立つか？

4　ケーススタディ内の解釈的な情報をもとに自分が思う「発展の鍵となる優先事項」を書く。

第3章　ホールスクールのためのワークショップ・ツール

5　最後に自身の自己評価で使うことになる重要な学びのポイントを3つまで書き出す。

1.

2.

3.

第II部　サスティナブルな学校づくりのために

# 次はどこへ？

## 実践を共有する

　各学校はそれぞれの道筋とペースをもって持続可能な開発を意識し始めている。ある学校はその活動を校外での事故のリスクといった一つの物事に取り組むことによって始めている。またある学校はホールスクール・アプローチをとり、長期的成功への計画を立てる前にサスティナブル・スクールの定義を確立している。なかにはヘルシー・スクールといった既存のプログラムを基盤にする学校もあれば、生徒や保護者があげる問題提起に応えようとする学校もある。学校がどこから始めるか、持続可能な開発のどの側面を最優先するかは関係ない。重要なのは始めること、そして自信が高まるにつれ、より熱心に取り組むことである。

　以下のガイドラインが、持続可能性の実践と、それらの学校改善への貢献についてケーススタディ型の報告書を作成する際の助けになるだろう。個人情報を保護するために報告書では個人名は伏せるべきである。

　報告書を書く際には次にあげる構成を参考にして欲しい。

### タイトル

　メインタイトルは取り組んだ持続可能な開発の側面、学校の種類、完了した取り組みの改善目標を反映するものを選ぶ。

### 要　約

　学校名と種類、生徒の年齢層、在籍者数、完了した取り組みの改善目標、3つか4つに絞った取り組みの結果。要約は、読み手がそのケーススタディの内容を理解し、自身の興味と合致するかどうかを判断できるものでなければならない。

### 導　入

　完了した取り組みの目的と目標は何だったのか？　なぜそれが目的、目標となったのか？　期待されていた結果は？　それらはどのように確認、記録されたのか？　関わっていたのは誰か？

第3章　ホールスクールのためのワークショップ・ツール

## 結果の報告

何が起きたのか？　うまく行ったのか？　目標は達成できたのか？　教育的観点から見て予想していなかったことやイノベーションは起きたか？　どのような事実、根拠が集まったのか？

## 要　約

関連する改善ポイントをあげる
- 生徒の目標達成とウェルビーイング
- 教職員、保護者等にとっての結果
- 学校の環境活動の結果
- 地域との関わりと学び
- その他の結果

## 普　及

学んだことをどのように他者へ伝えるか？普及の方法として教職員会議でのプレゼンテーション、または地元、地域、全国で、これに関心を寄せる個人やグループの集まる会議、その他に、ウェブサイト、専門的学術誌や新聞に記事として寄稿することがあげられる。

第Ⅱ部　サスティナブルな学校づくりのために

## 役立つ情報※

「サスティナブル・スクール分野のティーチャーネット（The Sustainable School Area of Teachernet）」には子ども・学校・家庭省が学校の持続可能な開発に向かう歩みを支援するために委任した参考文献とガイダンスがすべて揃っている。
ウェブサイトのアドレスは www.teachernet.gov.uk/sustainableschools である。

### 持続可能な開発関連の政府のウェブページ

ウェブサイト：www.sustainable-development.gov.uk
独立アドバイザーと監視機関：www.sd-commission.org.uk
持続可能な開発の指標：www.sustainable-development.gov.uk/progress/index.htm
子ども・学校・家庭省の持続可能な開発実施計画：　www.dcsf.gov.uk/aboutus/sd

### その他の役立つ情報

エコ・スクール：www.eco-schools.org.uk
インターナショナルスクール：www.globalgateway.org.uk/default.aspx?page=1343
子どもの権利を大切にする学校賞（Rights Respecting Schools Award）：
　　　　http://rrsa.unicef.org.uk
ヘルシー・スクール（Healthy Schools）：www.wiredforhealth.gov.uk
「すべての子どもが重要」（Every Child Matters）：www.everychildmatters.gov.uk
エクステンデッド・スクール（Extended schools）：
　　　　www.teachernet.gov.uk/extendedschools
グローバル・ゲートウェイ（Global Gateway）：www.globalgateway.org.uk
グローイング・スクール（Growing Schools）：
　　　　www.teachernet.gov.uk/growingschools
ラーニング・アウトサイド・ザ・クラスルーム（Learning Outside the Classroom）：
　　　　www.teachernet.gov.uk/teachingandlearning/resourcematerials/outsideclassroom

---

※訳注：旧政権下で制作された URL であるため、現在アクセスできない情報があるが、英国でサスティナブル・スクールや ESD の運動を展開する SEEd が「国民的知見」としていくつかのサスティナブル・スクール関連の情報を扱っている。

# 第3章 ホールスクールのためのワークショップ・ツール

## 参考文献

Birney, A., Jackson, E., Symon, G. and Hren, B. (2008).サスティナビリティをともに学ぶ：ツール、アクティビティ、アイデア (*Learning for Sustainability Together: a collection of tools, activities and ideas*), WWF-UK, Godalming.

de Bono, E. (2000). 6つの考える帽子(*Six Thinking Hats*), Penguin Books, London.

DCSF (2006a).児童、コミュニティ、環境のためのサスティナブル・スクール：サスティナブル・スクールのコンサルテーションに対する政府の反応（*Sustainable Schools for Pupils, Communities and the Environment: Government response to the sustainable schools consultation*)，DCSF, London. www.teachernet.gov.uk/sustainableschools

DCSF (2006b). s3: サスティナブル・スクール自己評価 (*s3: sustainable schools self-evaluation*), DCSF, London. www.teachernet.gov.uk/sustainableschools

DCSF (2007a).子ども計画：明るい未来を築く (*The Children's Plan: Building brighter futures*), TSO, London.

DCSF (2007b). 戦略的、挑戦的で説明責任をもつ：トップのためのサスティナブル・スクールの手引き (*Strategic, Challenging and Accountable: A governor's guide to sustainable schools*), DCSF, London. www.teachernet.gov.uk/sustainableschools

Fullan, M. (2001). 変化の文化の中でのリーダーシップ(*Leading in a Culture of Change*), Jossey Bass.

Heaney, D. (2004). 教訓を学ぶワークショップの手引き (*A Guide to Running Lesson Learning Workshops*), WWF-UK, Godalming.

HMG (2005).未来を守る：英国の持続可能な開発戦略への取り組み (*Securing the Future: Delivering UK sustainable development strategy*), TSO, London. www.sustainable-development.gov.uk.

Hren, B. and Birney, A. (2005). 経路：サスティナブル・スクールのための発展のフレームワーク (*Pathways: a development framework for school sustainability*), WWF-UK, Godalming. www.wwflearning.org.uk/wwflearning-home/resourcecentre/resources-alpha/

NCSL (2007).サスティナブル・スクールを率いる：研究が明らかにすること (*Leading Sustainable Schools: What the research tells us*), NCSL, Nottingham. www.ncsl.org.uk/sustainableschools

Ofsted(2003). 始めの一歩を踏み出す…ESD に向けて (*Taking the First Steps Forward: towards an education for sustainable development*), Ofsted HMI 1658, London. www.ofsted.gov.uk/assets/3389.doc

Vare, P. and Scott W. (2007). 変化のために学ぶ：教育と持続可能な開発の関係性を探究する (*Learning for a Change: Exploring the relationship between education and sustainable*

第Ⅱ部　サスティナブルな学校づくりのために

*development*), Journal of Education for Sustainable Development, Vol.1(2) 191–198. www.bath.ac.uk/cree/publications.html

本書は以下より取り寄せることができる：
子ども・学校・家庭省出版（DCSF Publications）
PO Box 5050
Sherwood Park
Annesley
Nottingham
NG15 0DJ

電話0845 6022260　FAX 0845 6033360
引用の参照番号：00245-2008BKT-EN　ISBN: 978-1-84775-125-6　PPAPG/D35(3764)/0308/53
©Crown Copyright 2008
www.dcsf.gov.uk
子ども・学校・家庭省より出版

# 第4章 サスティナブル・スクールが与える影響を裏づけるエビデンス※

概要

　本冊子は、英国の小学校、中学校をはじめとする各教育機関の指導者層向けに、若者がサスティナブル・スクールでの学びから得る教育的・社会的利益を明確に示すものである。「すべての子どもが重要（Every Child Matters）」の成果で特徴づけられたように、5つのテーマの下で、若者のウェルビーイングの向上と学校改善へのサスティナブル・スクールとESDの影響をもとにした15項目のヒントを提示する。私たちは、これらが学習者の目標達成に寄与し、自信、責任感、他者へのケアのある市民の育成に取り組む学校の役に立つように期待する。5つのテーマは次のとおりである。

1. 学校を改善する――若者の学びとウェルビーイングを高める
2. 若者の学びの経験を統合する
3. 若者の参加を促す
4. 学校、コミュニティ、家庭生活に貢献する
5. サスティナビリティの実践をモデリングし、検討して、計画する

　各テーマでは、エビデンスを簡単にまとめたものとともにヒントが示されている。本冊子の巻末にエビデンスのも

---

※訳注：日本に限らないことであるが、「学校でESDに取り組んで何の役に立つのか、かえって学力が下がるのではないか」という疑義が呈されることがある。こうした疑問に答えるために、ここでは英国政府による管理職向けの冊子（翻訳）を掲載する。そこでは、ESDのような教育はさまざまな効用をもたらしているという結果が多くの研究成果としてあげられており、学習自体にも好影響が見られることが指摘されている。

> ととなる資料の出典を掲載している。
>
> 　サスティナブル・スクールの影響を裏づけるエビデンスは、英国を中心に国際的にも増えてきており、こうした研究や政策、実践者の論文をもとにしている。エビデンスに関する数多くの資料によると、現在、サスティナブル・スクールは学力を上げ、ウェルビーイングを高めているとある。これはサスティナブル・スクールが若者の学びにしっかり取り組んでいるためであり、それによりモチベーションの向上と学習態度の改善がなされたと言える。また、健全な学校環境とライフスタイルも推進されている。さらに、サスティナブル・スクールが学校と保護者、地域社会との間で有益な連携を築いていることで、コミュニティのまとまりを強めているというエビデンスも示された。

## 1．学校を改善する──若者の学びとウェルビーイングを高める

「何年か前には、中心的な活動の邪魔になるのではないかという危惧から、ESDをOfsted［Office for Standards in Education：教育水準監査院］に強調してこなかった。今では、……ESDの取り組みが生徒の成績、態度、健康に直接的な変化をもたらすことに確信をもっており、それゆえ学校監査官との議論も満足している。……疑いなく、持続可能な開発への取り組みを通して、私たちの生徒達には、互いに、また自然環境やより広いコミュニティをケアする意識が育っている。……これは、子ども達の未来へ向けた準備になっている。」

ウエストサセックス、バーダムCE小学校校長
（ブレークレイ-グローバーら (2009) より引用）

### 1.1　サスティナビリティを学校発展計画の重点課題にしよう

　これは、若者が自分の暮らしに重要と考える意味のある現実世界に焦点を合

わせられるように、授業と学習を改善する。こうすることで学校と学びの関連性が高められ、若者が関わり、楽しめるようになる。現在も未来においても若者が理解とスキルを身につけ、持続可能に暮らし、働くことができるように促進される。

　Ofsted (2009) は3年以上にわたって14校を訪問し、サスティナビリティに焦点を合わせると広範囲にわたってポジティブな結果が出ることを見出した。若者達はサスティナビリティが自分の生活と未来に大きく関わることを知り、サスティナビリティに関心をもつようになった。より持続可能な暮らしを導く重要性に関する知識と理解が増えているというエビデンスがあげられた。また、学習態度の改善、授業出席率の上昇、学力や目標達成率の向上といった学習へのより積極的な態度を示すエビデンスも多く集められた。重要なことに、調査結果から、サスティナビリティが学校での授業と学習を改善する重要な要因となることがわかった。こうした結果は他の研究でも示されており、例えば、イギリスのポリットら (2009)、アメリカの研究ではダフィンら (2004) やファルコ(2004)、バートシュら (2006)、NEETF(2000)、SEER(2005)、アーンストとモンロー (2004)、アスマンとモンロー (2004) といったものがある。

## 1.2　サスティナビリティを利用して多様性を受け入れる包摂的な校風にしていこう

　このことは教師の仕事、若者の学びとウェルビーイングを支え、ケアの行動計画を作成したり、コミュニティのつながりを発展させたりするためのより積極的な状況を生み出す。

　ナショナル・カレッジ [National College for School Leadership: 国立学校リーダーシップカレッジ] に関係する56校の調査からバーニーとリード (2009) は次のことを見出した。サスティナビリティに焦点を合わせた学校にはケアの倫理観とより公正で多様性を受け入れる包摂的な学校と社会を築くための共通のビジョンが示されている。このことは、若者の学びとウェルビーイングだけではなく、教職員やより広いコミュニティにもプラスの利益をもたらしている。ポリットら (2009) の調査研究やDCSF(2008) の白書『21世紀の学校 (21st Century Schools)』では、サスティナブル・スクールが地域ならびにさらに遠くのコミュニティにわたってより強い相互関係と理解を醸成

することに貢献すると説かれている。

### 1.3 学校施設と周辺の環境の質を改善しよう

これは子どものウェルビーイングの環境的側面に焦点をあて、「すべての子どもが重要（Every Child Matters）」の計画に十分に取り組むことを支援している。学校環境の質を改善することで、若者の身体的および精神的な健康や安全性が強化され、子どもの全人的な発達、学び、楽しみ、態度がさらによくなる。

持続可能な開発委員会(2009)とトーマスとトンプソン(2004)の研究によると、若者のウェルビーイングと環境の質は密接につながっており、その環境における若者の毎日の暮らしと学びの経験、そして環境それ自体の健全さがウェルビーイング全体に重要とある。NASUWT［National Association of Schoolmasters Union of Women Teachers: 全国女性教員校長組合］（ブロードハーストら 2008）の研究は、学校を取り巻く物理的環境の質が学校内の生徒の態度、出席率、学業成績、親のサポートの度合いなどに影響を与えると示す。トーマスとトンプソン(2004)は、悪い環境になるほど、子どもが自由に遊ばなくなること、また環境問題に将来取り組む習慣や関与が育たなくなることを見出した。この研究は若者を取り巻く環境の質を改善するのに学校が重要な貢献をしていることも示す。『よい子ども期の探究（Good Childhood Enquiry）』（レイヤードとダン、2009）を参照されたい。若者がよりよい学校環境を欲しているという確かな証拠が示されている。

> しかし、若者の学びで社会変化や環境改善を優先することには注意を要する。
>
> スペシャリスト・スクール・アカデミーズ・トラストから援助を受けた研究(スコット、2008)は、学校がサスティナビリティの向上のために生徒の学びをすっかりおろそかにするとは信じ難いが、とりわけ特定の主張や行動指針を推し進めることが目的であるような方法では、確かに授業や教材とのバランスを欠く結果になり得ると指摘している。

## 2．若者の学びの経験を統合する

「持続可能な開発は単に教室での一教科にとどまらない。それは、学校が煉瓦やモルタルなどをいかに使用しているのか、さらには学校がどのように自分でエネルギーを生み出しているのかに見出される。私たちの生徒はただ単に持続可能な開発が何かなどと伝えられるようなことはないだろう、彼／彼女らはそれを実際に目にし、その中で活動するだろう。それこそサスティナブルなライフスタイルが何を意味するのかを探究できるような生活や学習の場である。」

　　　　　　　　　　　　トニー・ブレア首相（2014）（Teachernet から引用）

### 2.1　個々の概念をつなげよう

　教科横断でサスティナビリティを捉える機会を設け、課外活動や教室外での活動、また学校運営とこれらを統合させる。これにより、若者は諸問題のつながりを理解し、自らの理解を深めることができる。

　Ofsted(2009) とガイフォード(2009) が3年にわたって 15校の英国の小学校と中学校を対象にして実施した補足的な調査によると、もっともうまくいっている学校ではサスティナビリティが特別な行事や諸活動にも連動するなど十分に練られたカリキュラムの不可欠な要素となっていたこと、また教室内外でサスティナビリティを実感できていたことがわかった。Ofsted はこうした学校でよりよいふるまいや出席率の増加、学力の向上など、学習に向かう態度がよりよくなっているといった事例を見つけた。ポリットら (2009)、パーシー-スミス (2009)、ポッシュ(1999) も参照されたい。

### 2.2　学校とコミュニティを学習リソースとして見よう

　若者が学校とコミュニティのエネルギーや資源の利用をモニターし、その改善に関わる。このことによって、より持続可能で効率的に暮らすこと、また環境の質とウェルビーイングとのつながりについての彼／彼女らの学びが深まる。

　Ofsted(2009) とガイフォード(2009) の研究によると、学校と生徒と教職

員が電気と水の使用を監視および削減したり、持続可能な通学手段を査定し計画を立てたり、校庭とそこでの動植物の環境を改善したり、給食室で使うための食材を栽培したりするなど、学校のサスティナビリティを改善することに責任をもったとある。こうした学校では生徒と教職員全員が関わることで、学校文化にサスティナビリティが根づいた。例えばガイフォードの研究に出てくる生徒達は、サスティナビリティについての学習を健康なライフスタイル、エネルギーの節約、リサイクル活動の点から説明し、自分の行動や責任感とこの学びを関連づけていた。Ofsted(2008) も参照されたい。

### 2.3 自然と文化の世界を大切にしよう

若者がより広い世界でアクティブに経験できるようにし、学校を基盤とする学びとこれを統合させよう。このことが動機づけとなり、若者の健康とウェルビーイングの意識を高め、地域社会と自然環境を結びつけた自らの場の感覚を促す。

多くの研究が子どもの身体的および精神的な健康とウェルビーイングを促進するために子ども期における自然との接触や環境的経験の大切さを説いている。例えば、SDC [Sustainable Development Commission]（2009）、フルムキン（2001）、ファーバー・テイラーとクオ（2006）、ルーヴ（2004）、チャウラーとフランダース・クッシング（2007a）を参照されたい。コミュニティとのつながりを推進するために学校を基盤とする活動に向けてなされた子ども・学校・家庭省のための研究（ダイソンとガラノー、2008）では、さまざまな学校コミュニティの活動によって多様性に関する若者の知識と態度がよりよくなるとともに、自らの文化や背景についてのよりよい理解につながったと示された。ダフィンら（2004）は、アメリカでは地域社会と自然環境に関係する教育プログラムが若者の自分の地域への愛着や市民参加、環境管理を促したと指摘した。

しかしこれらの大部分が教師の専門性の開発にほとんど意味をなさず、達成されると考えることには注意が必要である。
ナショナル・カレッジに関係する 56 校にわたる調査（ポリットら、

> 2009)は、教職員研修を充実させることがサスティナブル・スクール・アプローチには必要であること、また、サスティナブル・スクールのリーダーシップにできるだけ多くの教職員とチームが関わることが役立つことを明らかにした。同様に、Ofstedの研究（2009）では適切な教職員研修と支援によってすべての教師が学校を持続可能にするやり方を理解することができると指摘した。

## 3．若者の参加を促す

> 「私たちは、私たちの世界がどのように動いているかに発言権をもちたい。……私たちの世界で何が起きているのか、私たちが起こそうとしている変化をサポートする方法に……気づいてもらいたい。子ども達には、相互に、そしてコミュニティを尊重するように育ってもらいたい。」
>
> サウス・グロスタシャーのキングスフィールドスクール 8年生
> （バラットハッキングら（2006）の調査データより）

### 3.1　積極的であれ、若者の未来に希望を与えよう

　建設的で意味のある活動に参加することで、若者は関与することの意義を知り、自分達に何ができるか、いつ協働的な社会活動が必要であるのかを理解する。若者の未来観についてのヒックスとホルデン（2007）の研究によると、若者は年齢を問わず、いくつかある未来への心配事を貫くテーマとして環境をあげており、こうしたことを疑問視したり対処したりするには協働および積極性、支援のある学習環境が必要であることがわかった。また、協力的で建設的な活動に参加することで当事者としての意識を高め、若者が学びに従事することができ、未来に向けた希望をより感じることができることを示した。ケンブリッジ・プライマリー・レビュー［Cambridge Primary Review］（アレクサンダー、2009）、チャウラーとフランダース・クッシング（2007b）の研究でも同様の結果が報告された。

## 3.2　若者の環境およびコミュニティの見方に注意し、彼／彼女らの声に耳を傾けよう

　重要課題を話し合い、対応する機会をもつことで、若者はアクティブ・シティズンシップに求められる自信と（社会的かつ分析的な）スキルを獲得するだろう。トーマスとトンプソン（2004）による、チルドレンズ ソサエティーのための（レイヤードとダン、2009）、および ESRC [Economic and Social Research Council: 経済社会研究会議] のための（バラット ハッキングら、2006）研究から、若者が自分達の地域社会と環境の質（例えば、動植物の生息地、遊びや社交のための安全な場所、犯罪や破壊行為、交通の危険などに関して）を気にしていることがわかった。また、若者が地域の改善に声を上げたり貢献したりすることを欲している一方でそうした機会が少ないと感じていることも示した。イギリスの2つの都市部で行われた調査では、若者が自分達の地域社会の要望を発信し、持続可能な地域開発に貢献するための場を学校が提供できることを明らかにした。このようなプロセスを通して、若者は自信と自尊心を高め、リーダーシップや参加、意思決定のスキルを培った（バレットとバレット・ハッキング（2008）と、バレット・ハッキングとバレット（2009））。

## 3.3　すべての若者が諸問題について考え、取り組めるようにしよう

　生徒会やエコグループ、他の教科や課外活動のような枠組みの中で若者が真剣に参加しリーダーシップをもって取り組めば、それが学校、コミュニティ、自分達の暮らしに積極的に貢献する機会となる。

　ナショナル・カレッジ（バーニーとリード、2009）および ESRC（パーセル-スミス、2009）のための調査から、サスティナビリティへの学校とコミュニティのアプローチを話し合い、意思決定し、行動する過程に若者が参加することで、将来の社会参加とリーダーシップの素地が形成され、結果的に日頃のふるまいがよくなったというエビデンスが得られた。Ofsted（2010）は、生徒の委員会や生徒集会、生徒会、グリーンチームなどに若者が参加すること、また積極的な生徒だけでなくより多くの生徒が関わることで高く設定した目標も達成されたことを明らかにした。キーティングら（2009）も参照のこと。同様に、ガイフォード（2009）は、どの年齢の若者も一般的に生徒会、とりわけ、生徒が会議を運営し、結果を発信して、行動を起こす場が学校内での

意思決定に関わる好機であると見なしているということを報告する。若者とともに環境活動に参加した人々の経験に着目したアメリカの調査で、シュスラーら（2009）は環境活動を通して若者が、個人およびコミュニティの変容に今後も関わり、それに貢献していく可能性があることを明らかにした。ハリス（2009）も参照されたい。

> しかし、若者にとって絶望的すぎる描写には注意しよう。希望を感じなければ、人は能動的で積極的な役割を担えなくなるだろう。
> 
> ヒックスとホルデン（2007）は、学校が問題を強調しすぎると、若者の心配や無関心を増大させることになることを明らかにした。ケンブリッジ プライマリー レビュー［Cambridge Primary Review］（アレクサンダー、2009：198）の調査によると「悲観主義は行動する力をもったときに希望をもつ……気候変動が原因で自分達が打ちのめされる必要はないと自信のあった子ども達は、漠然とした恐れをエネルギー削減やサスティナビリティのための事実的な情報や実践的な戦略に目を向けるように学校が導いた子ども達であった。」

## 4. 学校、コミュニティ、家庭生活に貢献する

> 「当初はリサイクルやエネルギー節約という認識だったが、今では各要素がどのように関連し、地域社会、国、地球にどう影響を及ぼすのかを理解している。一番よかったのは子ども達とともに私も学んでいること。私たちは間違えたり、時々袋小路に出くわしたりすることもあるが、そうしたこともあってホリスティックでよりよい理解ができている。」
>
> 学校長（バーニーとリード(2009)から引用）

### 4.1 若者の望みを真剣に受けとめよう

プログラムの策定には、若者がもつコミュニティの知識と地域生活の質をよ

りよくしたいという望みを考慮しよう。そうすることで、若者は学校の価値を見出すことができる。

　シャルクロスら（2007）は、ヨーロッパの3ヵ国の小学校を対象としたEUの調査を行い、学校の物理的環境といった生徒達が直接関心のある題材を含む環境に関わる活動は、彼／彼女らの学びを促すと示した。イングランドの2つの対照的な都市環境にある中学校で行われた経済社会科学会議のための調査（バレット・ハッキングら、2006、バレット・ハッキングとバレット、2009）によると、学校がコミュニティ開発に関与すると、またカリキュラムに生徒の日々の経験や地域課題を取り入れると、若者の関わりやモチベーション、学びが高まったとある。スペンサーとウーレイ（2000）、トーマスとトンプソン（2004）、SDC（2009）を参照されたい。

## 4.2　若者を学校内外のコミュニティグループと活動させよう

　現実世界での活動に取り組み、問題解決のために行動することで、教育上の経験を意味づけることができ、モチベーションを高めることができるとともに、学びを深める。このことは家庭と学校、コミュニティと学校の関係を強め、若者の社会的および文化的アイデンティティ、場の感覚、学校とコミュニティにおける誇りを育てる。

　2006年から2009年に行われたイングランドの学校における市民権についての報告書の中で、Ofsted（2009）がコミュニティに関連する問題に若者が関わった多くの事例では、地域課題の理解やそれらの解決に必要な民主的なプロセス、チームおよびリーダーシップのスキルの向上を含み、いくつかの学習成果が出ていると言及する。キーティングら（2009）はいかにコミュニティでの活動が教室での学習を広げ、促進するのかを含めて、上述した内容と同様の成果を明らかにした。Ofstedもまた、地域環境の再生やコミュニティ施設の改善など、コミュニティに真の利益をもたらすことを示した。環境保全プロジェクトのようなコミュニティ組織とともにする経験学習が、環境的行動やコミュニティ意識、コミュニティメンバーと若者、学校間の関係をよりよくすることなどを含め、若者の関わりと学びに好影響を与えうると国際調査を通して明示した。シュネラー（2008）、ボグナー（1999）、パワーズ（2004）を

参照されたい。

## 4.3 若者を野外学習に参加させよう

ガーデニング、食べ物の栽培、環境保全のような学校内外の活動に参加することで、若者が健康的な食事とライフスタイル、環境の質とウェルビーイングとの相互関係を捉えることができる。若者がグリーン経済で働くなどの未来への経済的貢献の礎にもなるかもしれない。

農業・田園教育（Farming and Countryside Education）のための調査でマーロン（2008）は世界中から集められたエビデンスをもとにして、若者が構内や地域社会、さらに遠いところで、探検ごっごや経験学習の活動に従事しているとき、心遣い、目標達成、身体的・精神的健康、社会的交流、自己理解、自尊心においての改善があったように、彼／彼女らの生き方が確実に変わることを明らかにした。マーロンは野外学習が若者の環境への責任感および自らの環境の変化へのレジリエンスを高めることを示した。ベルとディメント（2008）、ブレア（2009）などによる国際調査では、ガーデニング、動植物の生息地の回復、植樹などの構内での活動が若者の学びや環境意識、社会的行動、人間関係に寄与することを提示する。この調査はさらに、子ども達の遊びや学習経験の質の向上を目指して設計された校庭は、若者の身体的、精神的、社会的およびスピリチュアルなウェルビーイングに好影響をもたらし、ヘルシー・スクールのイニシアティブに貢献することを示すのである。

> 悪い実践として見てきたことを変えようと若者を動員するには注意が必要である。若者が学校と親やコミュニティの価値対立に巻き込まれることがある。
>
> ガイフォード（2009）は、学校と家庭の間にサスティナビリティに向けた学びに関する緊密な合意がある場合に最も大きな効果があったと示した。しかし、関連するライフスタイルやふるまいを含めサスティナビリティに関する学びが伝達するか否か、またするとしたらどのように伝わるか、については相容れない証拠があげられている。例えば、デュバルとジント（2007）、ウゼル（1994; 1999）を参照のこと。こうした調査に由来す

> るエビデンスは、例えば親と学校、コミュニティ間の良好な関係を築くといった、学校と家庭の間の合意形成がない場合に生じる緊張を取り除く方策を示唆する（ウゼル、1999）。

## 5．サスティナビリティの実践をモデリングし、検討して、計画する

> 私たちには教育者として、また、大人としての義務がある。それは若者に持続可能な暮らしについて教えること。こうするための最善策は、よい実践を示すことである。
>
> ウェオブレイ高校 学校拡張プロジェクトコーディネータ
> （DFES(2006) より引用）

**5.1　学校がサスティナビリティを真剣に考えているということを若者に示そう**

　自分が何を教えているか、どう行動しているか、またどう他者と協力しているのかといったことをあなた自身が考えることが、若者が概念としても実践的な方法でもサスティナビリティそのものに関わることの助けになるだろう。

　ガイフォード(2009) によると、生徒達は学校にサスティナビリティが重要であることを示すように望んでいた。バーニーとリード(2009) は、サスティナビリティが校風から授業と日々の指導案にいたる学校運営すべての中心にある場合、若者は、持続可能な社会の実現に必要な知識、スキル、理解力を培うことができると指摘した。北アメリカで行われたヒッグスとマクミランの徹底的な研究(2006) は、サスティナビリティ教育がうまく発展している4つの異なる学校によって、各教職員のロールモデル、学校施設、学校運営、参加型の学校統治、学校文化を通してサスティナビリティに取り組むことでサスティナビリティについての学びと持続可能な行動の適応がともに促進されることを示した。チャウラーとフランダース、クッシング(2007b) を参照されたい。

## 5.2　サスティナブル・スクールの実践のモデル化と開発に若者を巻き込もう

　修学旅行の計画や地域のガーデニング、エネルギー効率などのサスティナブル・スクールの管理に関わることで、若者はサスティナビリティの実践について学び、こうした分野でさまざまな就業の機会に触れるだろう。

　サスティナビリティに関心のある6つの学校で行ったパーシー-スミス(2009)の調査は、校内のガーデニングへの積極的な参加といった実践的で経験的な学びを通して、持続可能なライフスタイルの面で学びに基づいて行動することができていると示した。この研究はサスティナビリティを単なるスキルや知識というよりも文化的実践として発展させることや、学習者と同じように「変化を起こす当事者」となることが学びに大きな影響をもたらすことを示す。ガイフォード(2009)は、学校内部のサスティナビリティを向上させるために計測する効率性をモニターし、記録し、報告する過程に生徒が関わると、教育成果や社会的ネットワーク、モチベーションを高めると価値づけた。ウゼルら(1994)、ウゼル(1999)、Ofsted(2010)を参照のこと。

## 5.3　正直になり、オープン・クエスチョン・アプローチを奨励しよう

　若者に不確実性に関する問題や情報への異なる視点ももたせよう。こうしたことがサスティナビリティの複雑さや、どうすべきかについて意思決定するときに担う役割、学びの重要性を認識するのに役立つ。

　市民権についての最近のOfsted(2010)の報告書で、学校のゴミの削減・リサイクル、資源の再利用の方法を調査した5年生の取り組みが「優れている」と評価された。生徒達はサスティナビリティへの特定のアプローチによるプラスとマイナスの両結果について話し合い、リサイクルが必ずしも消費の削減につながらないことや、再利用が製造業の経済に与える影響についてなど、複雑な問いに取り組んだ。リッキンソンらの研究(2009)で報告された調査は、学習者とその経験に焦点をあて、理解を高めるために若者自身の見方や関心の上に上手な教えがいかに成り立ち得るのかを示す。パーシー-スミス(2009)は活動中心の学習形態をとることで、若者が問題についてさらに効果的に調べられ、現実世界の複雑性を理解することができ、結果として効果的な介入方法を考案することができたと報告した。

> しかし、説教することには注意が必要である。これは逆効果だと若者は言う。だから問題を調査するときは誠実で開かれた心で取り組もう。
> 　ガイフォード (2009) によると、環境問題について何を考えるべきかを指示するのは効果的でないことを明らかにした。また、学校が活動的、参加型、共同的な学習アプローチをとることで、若者が楽しく学べ、達成感をもち、学習成果を日常生活に活かせることを示す。

謝　辞

　この報告書は、バース大学の教育・環境研究センターのエリザベス・バラット・ハッキング、ウィリアム・スコット、そしてエルサ・リーによって書かれた。私たちに情報源を提供してくれたすべての人々と各機関に感謝する。特に、私たちとともに働きアイデアを発展させてくれた、私たちのユーザーグループに感謝する。

　本文は、こちらのサイトからダウンロードまたはコピーすることができる。www.teachernet.gov.uk/publications※

---

※訳注：現在アクセスできなくなっているため、次の URL を参照のこと。SSA（Sustainable Schools Alliance）http://sustainable-schools-alliance.org.uk/sustainable-schools-framework/

【参考文献】

Alexander R (ed.) (2009). *Children, their World*, their Education. London: Routledge.

Athman J & Monroe M (2004). The Effects of Environmentbased Education on Students' Achievement Motivation. *Journal of Interpretation Research*, 9(1) 9-25.

Barratt Hacking E & Barratt R (2009). Children Researching their Urban Environment: developing a methodology. *Education 3-13*, 37(4) 371-384.

Barratt Hacking E Scott WAH Scott, Barratt R, Talbot W, Nichols D & Davies K (2006). Education for Sustainability: schools and their communities. In J Chi-Kin Lee & M Williams (eds.), *Environmental and Geographical Education for Sustainability: cultural contexts*. New York: Nova Science Publishers, 123-138.

Barratt R & Barratt Hacking E (2008). A Clash of Worlds: children talking about their community experience in relation to the school curriculum. In AD Reid, BB Jensen, J Nikel and V Simovska (eds.) *Participation and Learning. Perspectives on Education and the Environment, Health and Sustainability*. Dordrecht: Springer, 285-298.

Bartosh O, Tudor M, Ferguson L & Taylor C (2006). Improving Test Scores Through Environmental Education: Is It Possible? *Applied Environmental Education & Communication*, 5(3) 161-169.

Bell AC & Dyment JE (2008). Grounds for Health: the intersection between green school grounds and health-promoting schools. *Environmental Education Research*, 14(1) 77-90.

Birney A & Reed J (2009). *Sustainability and Renewal: findings from the leading sustainable schools research project*. Nottingham: National College for Leadership of Schools and Children's Services, www.nationalcollege.org.uk/docinfo?id=33296&filename=sustainability-and-renewal-full-report.pdf

Blair D (2009). The Child in the Garden: an evaluative review of the benefits of school gardening. *Journal of Environmental Education*, 40(2) 15-30.

Blakeley-Glover J, Reynolds J & Arnold M (2009). *Review of Public Service Regulations*. London: Sustainable Development Commission.

Bogner FX (1999). Empirical Evaluation of an Educational Conservation Programme Introduced in Swiss Secondary Schools. *International Journal of Science Education*, 29(11) 1169-1185.

Broadhurst K, Owens K, Keats G & Taylor E (2008). *One More Broken Window: the impact of the physical environment on schools*. Birmingham: NAS/ UWT, www.nasuwt.org.uk/TrainingEventsandPublications/NASUWTPublications/Publications/OneMoreBrokenWindow/NASUWT_004587

Chawla L & Flanders Cushing (2007a). *Benefits of Nature for Children's Health, Fact Sheet Number 1*. Denver: Children, Youth and Environments Center for Research and Design, University of Colorado at Denver and Health Sciences Center, www.cudenver.edu/Academics/Colleges/ArchitecturePlanning/discover/centers/CYE/Publications/Documents/Benefitsofnature-FactSheet1-April2007.pdf

Chawla L & Flanders Cushing D (2007b). Education for Strategic Environmental Behaviour. *Environmental Education Research*, 13(4) 437-452.

DCSF (2008). *21st Century Schools: a world-class education for every child*. Nottingham: Department for Children, Schools and Families, http://publications.dcsf.gov.uk/default.aspx?PageFunction=productdetails&PageMode=publications&ProductId=DCSF-01044-2008

DFES (2006). Sustainable Schools for Pupils, Communities and the Environment Government Response to the Consultation on the Sustainable Schools Strategy.

London: Department for Education and Skills, http://publications.teachernet.gov.uk/eOrderingDownload/Government%20Response%2004294-2006.pdf

Duffin M, Powers A, Tremblay G & PEER Associates (2004). *Report on Cross-Program Research and Other Program Evaluation Activities 2003-2004.* Place-based Education Evaluation Collaborative (PEEC), www.peecworks.org/PEEC/PEEC_Reports/0019440A-007EA7AB.0/03-04%20PEEC%20Cross%20Program%20Eval%20web.pdf

Duvall J & Zint M (2007). A Review of Research on the Effectiveness of Environmental Education in Promoting Intergenerational Learning. *Journal of Environmental Education,* 38(4) 14-24.

Dyson A & Gallannaugh F (2008). *School-level Actions to Promote Community Cohesion: a scoping map.* Technical Report. London: EPPI-Centre, Social Science Research Unit, Institute of Education, University of London, http://eppi.ioe.ac.uk/cms/LinkClick.aspx?fileticket=SAM%2fn%2bkGkTs%3d&tabid=2416&mid=4479&language=en-US

Ernst J (Athman) & Monroe M (2004). The Effects of Environment-based Education on Students' Critical Thinking Skills and Disposition Toward Critical Thinking. *Environmental Education Research,* 10(4) 507-522.

Faber Taylor A & Kuo FE (2006). Is Contact with Nature Important for Healthy Child Development? State of the evidence. In C Spencer and M Blades (eds.) *Children and their Environments: learning, using and designing spaces.* Cambridge: Cambridge University Press, 124-140.

Falco E H (2004). *Environment-based Education: improving attitudes and academics for adolescents.* Evaluation Report. South Carolina: South Carolina Department of Education.

Frumkin H (2001). Beyond Toxicity: human health and the natural environment. *American Journal of Preventive Medicine,* 20(3) 234-240.

Gayford C (2009). *Learning for Sustainability: from the pupils' perspective.* Godalming, Surrey: World Wide Fund for Nature, http://assets.wwf.org.uk/downloads/wwf_report_final_web.pdf

Harris F (ed) (2009). *Letting Students Lead: sustainable schools in action.* Devizes: Wiltshire Wildlife Trust, www.wiltshirewildlife.org/Schools/v3rK4Rl4ae0G9eoD9D%2Bu7DA%3D%3D/images/2009/2/40ppbooklet.pdf

Hicks D & Holden C (2007). Remembering the Future: what do children think?. *Environmental Education Research,* 13(4) 501-512.

Higgs AL & McMillan VM (2006). Teaching though Modeling: four schools' experiences in sustainability education. *Journal of Environmental Education*, 38(1) 39-53.

Keating A, Kerr D, Lopes J, Featherstone G & Benton T (2009). Embedding Citizenship Education in Secondary Schools in England (2002-08). *Citizenship Education Longitudinal Study Seventh Annual Report* (DCSF Research Report 172). London: DCSF, www.nfer.ac.uk/nfer/publications/CEE05/CEE05_home.cfm?publicationID=354&title=Embedding%20citizenship%20education%20in%20secondary%20schools%20in%20England%20(2002-08):%20Citizenship%20Education%20Longitudinal%20Study%20seventh%20annual%20report

Layard R & Dunn J (2009). A Good Childhood: searching for values in a competitive age. London: Penguin. See also: The Good Childhood: what you told us about learning. (Evidence Summary 3). www.childrenssociety.org.uk/resources/documents/good%20childhood/Learning%20evidence%20summary_2718_full.pdf

Louv R (2005). *Last Child in the Woods: saving our children from nature-deficit disorder*. Chapel Hill: Algonquin Books.

Malone K (2008). *Every Experience Matters: an evidence based review of the role of learning outside the classroom on the development of the whole young person*. Stoneleigh: Farming and Countryside Education.

NEETF (2000). *Environment-based Education: creating high performance schools and students*. Washington DC: National Environmental Education Training Foundation, www.neefusa.org/pdf/NEETF8400.pdf

OFSTED (2008). Schools and Sustainability: a climate for change. Manchester: Office for Standards in Education, www.ofsted.gov.uk/Ofsted-home/Publications-andresearch/Browse-all-by/Documents-by-type/Thematicreports/Schools-and-sustainability

OFSTED (2009). Education for Sustainable Development. Improving Schools ? Improving Lives. Manchester: Office for Standards in Education, Children's Services and Skills, www.ofsted.gov.uk/Ofsted-home/Publications-andresearch/Browse-all-by/Documents-by-type/Thematicreports/Education-for-sustainable-development-improving-schools-improving-lives

OFSTED (2010). Citizenship Established? Citizenship in Schools 2006/09. Manchester: Office for Standards in Education, Children's Services and Skills, www.ofsted.gov.uk/Ofsted-home/Publications-andresearch/Browse-all-by/Documents-by-type/Thematic-reports/Citizenship-established-Citizenship-inschools-2006-09

Percy-Smith B et al. (2009). *Exploring the Role of Schools in the Development of Sustainable*

第Ⅱ部　サスティナブルな学校づくりのために

Communities. *Full Research Report ESRC End of Award Report, RES-182-25-0038.* Swindon: ESRC, www.esrcsocietytoday.ac.uk/ESRCInfoCentre/ViewOutputPage. aspx?data=%2fFrXHTl993pfeSohL4pLOmAEpQoxKycupdvva5APYtyOVZliRH81 tn1Js6o1LNAGsahb7%2b2lj9Nc6cxro7JTinNnz2TGLbk6Oi4QMI%2faZJlHBtz82kq xUm8Hx8BqaKJjMVFYsT7Xul0qNjYLhWc5Zlz1kBiGhCWr6abzaaKxKOskOf3i4 5loAp8tuTGjgGNf5p68pdLyQrRADTkO36vb3aRhGelaWIeY%2fXo0WYQD6AlsX KoEQ3ujivpBsXflR58Ihmf%2bDCYX%2fPvVdMt56gHJtpo0ntxuU7NPQ2pzHrwla tArOW19y%2bUOINvA9iVdVU7OH4c8bpn6FgnH%2bC%2bVykqQ5xwR0HphA3 vM4etuu%2bMANUrXNylS7mixgg%3d%3d&xu=0&isAwardHolder=&isProfiled= &AwardHolderID=&Sector=

Porritt J, Hopkins D, Birney A & Reed J (2009). Every Child's Future: leading the way. Nottingham: National College for Leadership of Schools and Children's Services. www.nationalcollege.org.uk/index/docinfo. htm?id=33294&filename=every-childs-future-leadingthe-way.pdf

Posch P (1999). The Ecologisation of Schools and its Implications for Educational Policy. *Cambridge Journal of Education*, 29(3) 341-348.

Powers AL (2004). An Evaluation of Four Place-based Education Programmes. *Journal of Environmental Education*, 35(4) 17-32.

Rickinson M, Lundholm C & Hopwood N (2009). Environmental Learning: insights from research into the student experience. London: Springer.

Schneller AJ (2008). Environmental Service Learning: outcomes of innovative pedagogy in Baja California Sur, Mexico. *Environmental Education Research*, 14(3) 291-307.

Schusler TM, Krasny ME, Peters SJ & Decker DJ (2009). Developing Citizens and Communities through Youth Environmental Action. *Environmental Education Research*, 15(1) 111-127.

Scott WAH (2008). *Raising Standards: making sense of the sustainable school.* London: Specialist Schools and Academies Trust. www.sustainableschools-ne.org.uk/ Documents/SSAT%20Raising_standardsV3%20Sus%20Schools.pdf

SDC (2009). *Every Child's Future Matters*, 3rd Edition. London: Sustainable Development Commission. www.sd-commission.org.uk/file_download. php?target=/publications/downloads/ECFM_report.pdf

SEER (2005). *California Student Assessment Project Phase 2: the effects of environment-based education on student achievement.* San Diego: State Education and Environment Roundtable. www.seer.org/pages/research/CSAPII2005.pdf

Shallcross T, Robinson J, Pace P & Tamoutseli D (2007). The Role of Students'

Voices and their Influence on Adults in Creating more Sustainable Environments in Three Schools. *Improving Schools*, 10(1) 72-85.

Spencer C & Woolley H (2000). Children and the City: a summary of recent environmental psychology research. *Child Care Health Development*, 26(3) 181-197.

Teachernet (nd) www.teachernet.gov.uk/sustainableschools/leadership/leadership_detail.cfm?id=2

Thomas G & Thomson G (2004). *A Child's Place: why environment matters to children*. London: Green Alliance/ DEMOS, www.green-alliance.org.uk/uploadedFiles/Publications/A%20Childs%20Place%20Final%20Version.pdf

Uzzell D (1994). *Children as Catalysts of Environmental Change (Final report)*. London, England: European Commission Directorate General for Science Research and Development Joint Research Centre.

Uzzell D (1999). Education for Environmental Action in the Community: new roles and relationships. Cambridge *Journal of Education*, 29, 397-413.

# おわりに
## ～ビジョンとしてのESD～

　ESDは「持続可能な開発のための教育」であると訳されていますが、それはどんな教育でしょう。本文でも触れたように、一般的には、持続可能な未来の担い手を育成する教育であると言われていますが、はたして教育の理念なのでしょうか、内容なのでしょうか、手法なのでしょうか。

　「国連ESDの10年」では、上記のいずれも用いられてきました。サスティナブルな社会をつくるためには環境と社会に対する正義が不可欠であるとか、気候変動などの地球規模の諸問題について教えなくてはならないとか、そのためには批判的思考などの技法が重要であるとか、喧々囂々と議論されてきたのです。

　しかし、本書を結ぶにあたり、ユネスコは「ビジョン」としてのESDを標榜してきたことを強調したいと思います。ESDは従来の教育に新たに方向づけをするビジョンである……このメッセージは、「ESDの10年」が始まる当初からユネスコによって主張されてきました。ESDをビジョンとして捉えることによって、ありとあらゆる現実的制約に囚われがちな教育に変容をもたらす原動力として機能することが期待されてきたのです。

　実際に、学校のビジョンとしてESDを導入した結果、長い間変わらなかった校長の学校運営の仕方が変わったり、教師の授業スタイルが変わったり、全く変わりばえのなかった職員室の雰囲気が一変したりという事例は珍しくありません。本書で取り上げたESDの実践も、ビジョンに支えられながら、あらゆる現実的な制約をこえて新しい学びを生み出し続けています。ビジョンは、まさにその字義どおり、現実のしがらみや旧習から我々を引き離してくれる「理想像」であり、「幻影」であると言えましょう。

　学校現場を考えると、ビジョンのもとにもたらされる変容は次の図のように表せるかもしれません。図の左側にある四角の部分には従来の学校教育の特徴が描かれています。朝の朝礼や職員会議という日常から、運動会や遠足というイベントまで学校教育という「総体」を形作ってきた要素です。そこには、効率性や計画性、合理性、生産性など、近代の発展を支えてきた原理を垣間見ることができます。しかし、ESDというビジョンを意識することによって、例えば、

# おわりに

朝礼は子ども達によって運営されるようになるかもしれません。また、職員会議には生徒代表が毎回参加して議決権も与えられているかもしれません。さらに、職員室はソファのあるサロンのように語り合える場になるかもしれません。ユネスコがいう ESD を通した「新たな方向づけ」とはまさに、四角い実践が個々の姿形を変え、その結果、うっすらと「教育の未来形」が見えてくるような変容の方向性だと言えます。

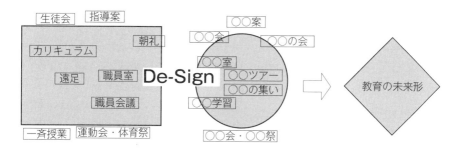

本書では、上図の真ん中の部分を意識し、さらにはその先にある教育の〈未来形〉を頭の片隅に置きつつ、学校教育を計画するのではなく、デザインすることを主眼においてみました。

本文でもふれたとおり、そもそもデザインとは、「デ・ザイン（De-Sign）」、すなわち、もともとあった共通の認識（合図＝Sign）を脱する（De-）という意味であったと言われます。これは、ちょっと勇気のいることかもしれませんが、本書が、旧来の教育から未来の教育への未知の旅を始めるための一助となれば幸いです。

最後に、サスティナブルな学校づくりへの我々の意思を受けとめ、本書の刊行をご高配くださった明石書店代表取締役社長の大江道雅様、細やかにご対応くださった編集担当の清水聰様に深く感謝申し上げます。

永田佳之・曽我幸代

※　本書に掲載した成果の一部は次の研究助成事業に負っています。
　　科学研究費事業基盤研究（B）（海外学術調査）「アジア諸国における教育の持続可能性とレジリエンスに関する総合的研究」（平成24～27年度、研究代表者：永田佳之、研究課題番号24402046）
　　科学研究費事業挑戦的萌芽研究「気候変動と教育に関する学際的研究：適応と緩和のための ESD 教材開発と教員研修」（平成27～29年度、研究代表者：永田佳之、研究課題番号15K13239）

# 編著・訳者紹介

**永田佳之**（ながた　よしゆき）聖心女子大学現代教養学部教育学科教授
（第Ⅰ部第2章1・3節、第3章編著、第Ⅱ部第2－4章監訳）

国際基督教大学大学院教育学研究科博士後期課程修了、博士（教育学）。
「ポスト『国連ESDの10年』の課題─国際的な理念と国内の実践との齟齬から見えてくる日本の教育課題─」（田中治彦・杉村美紀編『多文化共生社会におけるESD・市民教育』SUP上智大学出版、2014年）、"Fostering Alternative Education in Society: The Caring Communities of 'Children's Dream Park' and 'Free Space En' in Japan", *The Palgrave International Handbook of Alternative Education*. Lees, H. E. & Noddings, N. (eds.). Palgrave Macmillan. 2016、『気候変動の時代を生きる─持続可能な未来へ導く教育フロンティア─』（編著、山川出版社、2019年）、『変容する世界と日本のオルタナティブ教育─生を優先する多様性の方へ─』（編著、世織書房、2019年）、『ハーモニーの教育─ポスト・コロナ時代における世界の新たな見方と学び方─』（監修・監訳、山川出版社、2020年）、「'ESD for 2030' を読み解く─「持続可能な開発のための教育」の真髄とは─」（日本ESD学会編『ESD研究 Vol.3』、2020年）、『《黄金の林檎》の樹の下で─アートが変えるこれからの教育─』（編著、三元社、2021年）、「教育の人類中心主義を問い直す─再想像力ではぐくむ惑星意識─」（吉田敦彦・河野桃子・孫美幸編著『教育とケアへのホリスティック・アプローチ』勁草書房、2024年）、「教員の変容からはじまる持続可能な学校文化─アナクロニズムからアナキズムへ─」（菊地栄治編著『「ゆたかな学び」のための社会づくり研究委員会 報告書』教育文化総合研究所、2025年）など。

**曽我幸代**（そが　さちよ）名古屋市立大学人文社会学部心理教育学科准教授
（第Ⅰ部第1章、第2章2節、第Ⅱ部第1章編著、第2－4章訳）

聖心女子大学大学院文学研究科博士後期課程修了、博士（人間科学）。
「コモナリティから考えるホールスクール・アプローチ─社会変容をもたらす「共」のふるまい─」（吉田敦彦・河野桃子・孫美幸編著『教育とケアへのホリスティック・アプローチ』勁草書房、2024年）、「持続可能な社会とSDGs」（伊藤恭彦・小林直三・三浦哲司編『転換期・名古屋の都市公共政策　リニア到来と大都市の未来像』ミネルヴァ書房、2020年）、『社会変容をめざすESD─ケアを通した自己変容をもとに─』（単著、学文社、2018年）など。

新たな時代のESD

# サスティナブルな学校を創ろう

世界のホールスクールから学ぶ

2017年3月31日　初版第1刷発行
2025年4月15日　初版第3刷発行

編著・監訳　　永　田　佳　之
編著・訳　　　曽　我　幸　代
発行者　　　　大　江　道　雅
発行所　　　　株式会社 明石書店
〒101-0021 東京都千代田区外神田6-9-5
電　話　03-5818-1171
ＦＡＸ　03-5818-1174
振　替　00100-7-24505
http://www.akashi.co.jp

装幀　明石書店デザイン室
印刷・製本　モリモト印刷株式会社

（定価はカバーに記してあります）　　　　　　ISBN978-4-7503-4461-4

|JCOPY|〈出版者著作権管理機構　委託出版物〉
本書の無断複製は著作権法上での例外を除き禁じられています。複製される場合は、そのつど事前に、出版者著作権管理機構（電話 03-5244-5088、FAX 03-5244-5089、e-mail:info@jcopy.or.jp）の許諾を得てください。

## 国際理解教育ハンドブック
グローバル・シティズンシップを育む
日本国際理解教育学会編著
◎2600円

## 国際理解教育を問い直す
15現代的課題へのアプローチ
日本国際理解教育学会編編
◎2500円

## 日本型多文化教育とは何か
「日本人性」を問い直す学びのデザイン
松尾知明著
◎2600円

## よい教育研究とはなにか
流行と正統への批判的考察
ガート・ビースタ著
亘理陽一、神吉宇一、川村拓也、南浦涼介訳
◎2700円

## ことばと公共性
言語教育からことばの活動へ
牛窪隆太、福村真紀子、細川英雄編著
◎3000円

## ことばの教育の力
〈自由の相互承認〉の実質化をめざして
佐藤慎司、稲垣みどり、苫野一徳編著
◎2700円

## 持続可能な生き方をデザインしよう
世界・宇宙・未来を通していまを生きる意味を考えるESD実践学
高野雅夫編著
◎2600円

## グローバル・ヘルスと持続可能な社会
健康の課題からSDGsを考える
小林尚行著
◎2700円

## 知識・技能・教養を育むリベラルアーツ
公立高校社会科入試問題から読み解く社会の姿
小宮山博仁著
◎2500円

## 世界の大学図書館
知の宝庫を訪ねて
立田慶裕著
◎3200円

## メイキング・シティズン
多様性を志向した市民的学習への変革
ベス・C・ルービン著
池野範男、川口広美、福井駿監訳
◎2800円

## 14歳からのSDGs
あなたが創る未来の地球
水野谷優編著
國井修、井本直歩子、林佐和美、加藤正寛、高木超著
◎2000円

## SDGs時代の学びづくり
地域から世界とつながる開発教育
かながわ開発教育センター企画
岩本泰、小野行雄、風巻浩、山西優二編著
◎2000円

## 全国データ SDGsと日本
誰も取り残されないための人間の安全保障指標
NPO法人「人間の安全保障」フォーラム編
高須幸雄編著
◎3000円

## SDGsと地域社会
あなたのまちで人間の安全保障指標をつくろう!宮城モデルから全国へ
高須幸雄、峯陽一編著
◎3200円

## Come On! 目を覚まそう!
ローマクラブ『成長の限界』から半世紀 環境危機を迎えた「人新世」をどう生きるか?
エルンスト・フォン・ワイツゼッカーほか編著 林良嗣、野中ともよ監訳
◎3200円

〈価格は本体価格です〉